新編 日本のフェミニズム ● 1

リブとフェミニズム

FEMINISM IN JAPAN

新編 日本のフェミニズム 1

リブとフェミニズム

【編集委員】天野正子・伊藤公雄・伊藤るり・井上輝子
上野千鶴子・江原由美子・大沢真理・加納実紀代

【編集協力】斎藤美奈子

【解　説】上野千鶴子

岩波書店

増補新版の編集にあたって

【編集】天野正子　伊藤公雄　伊藤るり　井上輝子
上野千鶴子　江原由美子　大沢真理　加納実紀代
【編集協力】斎藤美奈子（五十音順）

一九九四年に「日本のフェミニズム」（全七冊、別冊一）を刊行してから約一五年。その時点で四半世紀を経ていた日本のフェミニズムの財産目録をつくろうというアンソロジーの試みは、読者に好意的に受けとめられ、歴史的な役割を果たしました。

刊行以後、九〇年代からの一五年間は、日本においてジェンダー政策が主流化し、女性学が制度的な知の再生産のもとで若手の研究者を次々に送り出すなど、多様で多産な時期でした。その成果に脅威を感じるかのように、フェミニズムに対するバックラッシュすら登場しました。

このまったく新しい状況に対して、わたしたちは新たな編者を迎え、「日本のフェミニズム」増補新版の刊行を決意しました。編集にあたって留意したのは以下の点です。

まず第一に、時代の変化に応じて新たに生まれた主題や、豊かな蓄積を生んだ分野の主題群を加えて、新たに「女性史・ジェンダー史」「グローバリゼーション」の二巻を立て、さらに、旧版の「権力と労働」

から「ジェンダーと教育」を、「表現とメディア」から「フェミニズム文学批評」を独立させ、計四巻を増巻しました。また、「男性学」の巻では当事者視点を尊重し、男性の解説者を迎えました。

第二に、歴史的な資料としての価値を尊重するために、旧版はそのまま残し、かつて採用できなかった重要な文献や、新たに付け加わった膨大な成果のなかから、精選してそれに増補するようにしました。

第三に、できるだけ多くの代表的な書き手を網羅するよう、一部抜粋や抄録などで紹介に努め、収録し切れなかった部分や採用を断念しなければならなかった文献については、解説で触れるようにしました。

本シリーズは、日本におけるまたは日本に関わる多様な女性や男性の経験を、自分のことばで語ったメッセージを収録したものです。日本のフェミニズムは、日本国籍を持つ女性や持たない女性、女性や男性、そしてそうした性別の分類を拒否する人々の関与によって築きあげられたものです。もちろんこのアンソロジーが日本のフェミニズムの成果を網羅したものであると主張するつもりはありません。が、旧版の編集意図にもあるように、日本のフェミニズムが世界史的な同時性のもとに、誰の借り物でもない独自の展開を遂げてきたこと、その蓄積は世界に向けて誇れるものであることを、読者は理解されることでしょう。そして、テーマ別に編集されたこのシリーズが、この豊かな森へ分け入りたい読者のための道しるべとなることを、編者一同、心から期待しています。

二〇〇八年　秋

日本のフェミニズム　編集にあたって

井上輝子
上野千鶴子
江原由美子
天野正子

一九七〇年のリブの誕生から約四半世紀を経過し、日本の第二波フェミニズムも、ようやくその歴史的展開を回顧し、つぎの時代を展望する新たな時期を迎えました。二〇世紀後半、最大の社会運動であり社会思想であったフェミニズムは、その達成をあとづけ、ふりかえるだけの蓄積と経験を積み重ねてきました。私たちは今、フェミニズムを、その絶えまない歴史的な歪曲や誤解のなかから救いだし、日本のフェミニズムとはいったい何だったのかを、もう一度批判的に捉えなおすべき時を迎えていると言ってもよいでしょう。

日本のフェミニズムは、その文化的土壌や歴史的背景のもとに、固有の存在理由を持っています。しばしば誤解されているようですが、日本のフェミニズムは欧米の借り物でも輸入品でもありません。世界の女たちが国境を越えていっせいに声をあげたように、日本の女たちも、固有の経験を自分たちのことばで表現し、フェミニズムの思想的達成に貢献してきたと言えます。

私たちはこのアンソロジーを編集するにあたり、七〇年代以降、日本語でオリジナルに書かれたフェミニズム思想のなかから、従来の知を組み替える力を持った文章を選び出すことを通じて、「日本のフェミニズム」の財産目録をつくることを試みました。「女の経験」が思想化されたこの達成が、性別や世代、国籍、文化の違いを越えて一人でも多くの読者に共有されることを願っています。そして、この歴史の水脈を汲み上げる作業が、女性をめぐる現在のさまざまな課題にとりくむ契機につながることを、願ってやみません。

一九九四年　秋

リブとフェミニズム●目　次

Ⅰ　リブの声

Ⅱ　主婦リブ

Ⅲ　リブの思想的鉱脈

増補編Ⅰ　リブ・フェミニズムを記録／記憶する

増補編Ⅱ　「男女共同参画」とバックラッシュ

増補編III　リブが語る老い

日本のリブ——その思想と背景

付　増補編解説　記憶を手渡すために

上野千鶴子

一　リブのイメージ

「〈女性解放〉っていう言葉はなにかシラジラしい、カッコ悪い響きを持っている。あまりピッタリこないけど、まあ言うならば大きいお尻でプラカード支えて練り歩く主婦連のオバハン達のイメージかな。このイメージを追っていくと、明治以来の女性解放の女闘士たちの中性的な若干ヒステリカルなイメージとだぶってくる。[1]」

一九七〇年八月に書かれた、田中美津の文章である。

「初期リブ運動ほどその主張が社会から反感を持って迎えられた運動も少ないだろう」と、江原由美子は言うが、リブの当事者でさえ、女性解放について否定的なイメージを抱いていたのだから、それから二〇年後、その当時は生まれていなかった若い女たちが、「フェミニズムって、ださーい」とくりかえすのも無理はない。

リブは、「全ブス連」「もてない女のヒステリー」等、マスコミからありとあらゆる非難、中傷、ばり、からかいを浴びてきた。田中が抱いた「女闘士」に対する否定的なイメージも、歴史の歪曲がもたらしたものかもしれないと、疑ってみることはできる。心ある女性が「わたしはリブではありませんが……」と前置きをして語ることで、女どうしのあいだに分断が持ちこまれたように、今日でもなお、「フェミニズムとはちがって……」が女に対するほめ言葉になる、いらだたしいねじれのなかに、わたしたちはいる。

リブの実像をその歴史的な誤解と歪曲から救い出し、伝達するにはリブのなまの声を聞くほかない。リブの原典を読んだ若いひとから、わたしは「これはわたしの知っているリブとはちがう」という感想を何度も聞いたが、つくられた「意外性」に驚く前に「わたしの知っているリブ」のイメージが、どのような権力の磁場で形成されたかを問うべきだろう。

二　リブと近代

リブをめぐる様々な誤解のなかで、いまでも通用しているのは、リブが「男なみの権利獲得をめざす男女平等要求」として受け取られていることである。だが、リブの用語をみれば、そこには「解放」はあっても、おどろくほど「平等」の言葉が見あたらないことに気づく。(2)

リブが提起する問題は、それ以前の女の運動とはちがっていた。わたしたちが、戦後七〇年代まで日本には「女の運動」はあっても「リブ」はなかった、と言うとき、女性解放をとらえるパラダイムがここで決定的に転換したことを意味している。それまでの女性運動の担い手は、労組婦人部や社会主義運動の中の女性たちか、さもなければ主婦連や母親大会の女たち、つまり「男に認められたい女たち」か「男にその存在を許された女たち」、「主婦」「妻」「母」などの「女役割」をになう女たちであった。そしてその「エリート女」や「ふつうの女」の背後には、それから排除された、侮蔑と救済の対象としての「娼婦」がいた。

リブが「女性」や「婦人」にかわって「女」というむきだしの言葉を選んだのも、これと関係している。

リブは制度による女の分断――それこそがなま身の女をいくえにも引き裂いていた――を拒否し、まるごとの自分を「女」ということばで受け入れようとする。

一九七〇年八月に書かれた田中美津の「便所からの解放」は、日本の女が地声で語った、もっとも早い時期のリブのマニフェストとして、今もなお力を失わない。

「どのような状況のもとでも、女として以外生きることのできない者にとって〈女であること〉を問いつめることを通じてしか〈女〉を〈人間〉に普遍化することはできない[3]。」

「便所」というのは、性の対象としての女をさす蔑称である。「公衆便所」という隠語は、戦時下で慰安婦をさすことばとして使われ、新左翼の学生活動家のあいだでも「男とすぐ寝る女」をさす差別語として公然と流通していた。バリケードのなかの「フリーセックス」は、「男につごうのいいセックス」の別名にほかならなかった。「便所からの解放」といういささか刺激的なことばで田中が言い表そうとしたのは、「主婦」と「娼婦」に分断された「女」の全体性を、その「性」を含めて回復したいという欲求だった。女の解放が性の解放でもあることをはっきり位置づけた点で、リブはそれ以前の女性運動と一線を画していた。

だが、その「解放」の道筋は、少しも「カッコヨク」ない。田中は「男に認められたい私」を発見して狼狽し、その「女の歴史性」を背負って、いま「あるがままの私」から出発する。そして自分のなかの「奴隷根性」と向き合うなかから、「とり乱し、とり乱しつつ」斬り込んでいく「カッコワルサ」の中にしか「解放」はない、と言い切る。リブの文体はしばしば「わかりにくさ」を言われるが、「女のことば」がない現実のなかで、いまだかつて語られたことのないものを表現しようという切実な思いに貫かれていた。

平等はあってもなぜ抑圧はなくならないのか、女はなぜ十全に〈女〉として生ききれないのか、なぜ〈女であること〉それ自体がスティグマになるのか……という問いのなかには、男の基準に合わせて認められないかぎり女は生きられない、という「変成男子《へんじょうなんし》」的な救済に対する拒絶があった。

日本のリブは、「男なみ化」を目指したことは一度もない。それどころか、社会が男の基準に合わせてできあがっていること、その中で「男なみ」をめざすことは、産業社会の価値に加担し、ベトナム戦争や入管法に見られるアジアへの排外主義と侵略の共犯者になることだ、という意識ははっきり自覚されていた。

リブと近代の関係についての次の江原の指摘に、わたしも同意する。

「リブ運動は、その総体の歩みを通じて、女性解放を「人間＝男性」の枠において位置づけようとしてきた近代女性解放思想を、逆に女性解放の枠において、「人間解放」の論理を批判し位置づける方向への問題の転換をはかった。」〔江原、文献案内①、一五四頁〕

三　リブと母性

「母性」は男にとってのアキレス腱、女にとっての切り札、社会がもっとも賞賛しながら搾取をためらわない女の「聖域」である。女性の抑圧の原因が、「産む性」であることと実体的にとらえられたために、どの国でも女性解放運動は「母性」と格闘せざるをえなかった。

「母性」の問題化を「母性」の拒否と短絡するフェミニズム理解は、くりかえし登場する。新左翼の男たちに影響力のあった思想家、吉本隆明は、フェミニズムは生殖拒否を通じて、女を「泥のようなニヒリズム」に導くという。(4)〔吉本・芹沢 1985〕

七二年に優生保護法改悪阻止の闘いをめぐって、リブはひとつの山場を迎える。「産む産まないは女の自由」という標語や、「子殺しの女はあたしだ」という叫び、ピル解禁の要求などは、たしかに中絶の承認、子殺しの擁護のように聞こえる。それを「母になりたくない女のエゴイズム」、さらに「ひそかに男になりたい女のニヒリズム」と曲解するのは、いつも男のディスコースだった。

だが日本のリブは、「母性」に対して自覚的に両義的だった。むしろ「母性の拒否」に振れた西欧の一部のフェミニズムにくらべれば、日本のリブは「母性」を一度も手放したことがないといっていい。(5)

「誰も子殺しの女を責めることはできない」とリブは子殺しの女に連帯を訴える。だがそれは「母性」の拒否を意味しない。そこで問われているのは、女を子殺しに追いつめる社会状況のほうである。「ほとんどすべての家庭は母子家庭だ。男はカネ以外では家の中では何の役にも立たない。最も自立しえぬ者ども、いつになったら気がつくのか」という「産んだ女」、深見史の告発は今でも有効だ（本巻一三八頁）。

「子殺しの女はあたしだ」という誤解を招く言い方で、リブは「産める社会を！　産みたい社会を！」と逆説的に訴えた。中絶に対する態度も、権利要求のような単純なものではない。「中絶は子殺しだ」という、一見「利敵行為」に聞こえる言いかたで、女に中絶を強いる社会を告発する。

「中絶させられる客観的状況の中で、己れの主体をもって中絶を選択する時、あたしは殺人者としての己れを、己れ自身に意識させたい。……あぁそうだよ、殺人者だよと、切りきざまれる胎児を凝視する中で、それを女にさせる社会に今こそ退路を断って迫りたい。⑹」

事実、リブは子どもをかかえて運動した。「東京こむうぬ」は「コンミューン」と「子を産む」をかけたコレクティヴ(共同体)だが、そのなかにいた武田美由紀の文章は「産まないがエゴなら、産むのだってエゴ」というしたたかな両義性を引き受けている。⑺子どもを「ガキ」と言い放ち、子どものエゴと自分のエゴが対立する日常を直視し、「勝手に産まされたてめえにかけて、私の存在に迫ってきたらええ!」と他者を引き受ける覚悟は、献身と自己犠牲の「母性」幻想を吹き飛ばす。リブは「母性幻想」を解体しようとしたが、「母性」をとことん問いつめ引き受けた。「東京こむうぬは産める状況をつくる!」というのが優生保護法改悪への彼女たちの回答であったが、女と子どもと男の共同体をつくる実験そのものが、一夫一婦によって営まれる近代家族のなかでの子育てへの、批判でもあった。⑻

優生保護法改悪阻止の運動は、障害者の「産まれる権利」とするどく対立したが、ここでもリブのことばは、単純な「産まない権利」の方向へはいかない。

「弱肉強食のこの世は、生産性の論理をもって成立している。車優先の歩道橋――老人、子供、病人、「障害者」無視のそれを想い浮かべればよい。企業にとって役に立つか立たないかをもって、ヒトの生命の尊厳を卑しめていくその論理は、あたしの生活を、意識を日常的に蝕んでいく。今回の優生保ゴ法改悪案(中絶禁止法)のその改悪の方向は、むろん生産性の論理、その価値観をより強く女の意識に植えつけようとするものだ。……満足な療養施設のひとつもない「現実」を背景に女は選択を強制されるのだ! 女だけがヒューマニズムで生きられる訳もないこの世で女と障害者はどのような出会いを持ちえるのか。⑼」

わたしは日本のリブの「母性」の強調を、半世紀前の『青鞜』以来の日本のフェミニズムの「伝統」と呼びたい衝動に駆られる。江原は「リブ運動の軌跡」(文献案内①)のなかで、日本のリブの母性主義的側面を認めながら、キリスト教圏では「中絶の権利」を獲得することが優先課題であったものが、日本では実質的に中絶へのアクセスが容易だったことが「産める権利」を主張する動きにつながった、と分析する。だがそれだけではない。母性が高い文化価値を持つからこそ、それに乗じる「文化の策略」が、日本のリブにもあったのではないか。そしてその意味では、日本のリブもまた「文化の呪縛」のうちにあるのではないか、という疑いは解けない[10]。

四 「被害者の正義」

リブが「ブスのヒステリー」であるとか、被害者の正義を掲げた「ルサンチマン・フェミニズム」という誤解もまた、消えない[11]。リブが問答無用の「被害者の正義」を主張する運動だというイメージは、リブに対する反感の一因になった。このイメージは、ピンクのヘルメットをかぶって、男性の職場へデモをかけるような「中ピ連」の「わかりやすさ」によって増幅された。

だが、ここでも、リブの主張は単純ではない。

「「女だから抑圧されている」ことをもって、自分の立場を一般化できる、そのような抽象的な「女」などどこにもいない。……女の闘いの出発の重みとは、被害者意識からでしかないと思っているのなら、そこに止まりうるようなものときめつけるなら、女の言葉にはならない闘いの前に一度立ってみるがいい。女がどんなに排外主義者になりうるか、家と夫と子供を守ることにいかにすさまじく醜くなりうるか、それは女自身が、自らのみじめさを前にして一番よく知っている。そういう状態に自分が手を貸している、ということに気づいたからこそ、男との関係、結婚という関係を、籍をいれて妻の座を体制的に確保するということを、女は自らの奴隷根性の根深さを知ることなしには考えはじめることはできなかった。被抑圧者と抑圧者に分けられるようには社会構造はできていない。闘いとは自分の姿の醜さとみじめさに堪えられなくなったときに始まりうる……。」[12]

「軍国の母と従軍慰安婦が戦争を支えた」というリブは、日本人としてのアジアに対する抑圧の責任もまた自覚していた。

「私の内にある抑圧された性の女と、抑圧民族である日本人としての抑圧する者の醜さ、誰にも出あえない支配者としての惨めさ、かなしみは別々の視点ではない。私とは、そういうひきさかれた者として、総体として存在する。日本陸軍慰安婦の九〇%は朝鮮女性だった。……日本女性と朝鮮女性は、慰安婦という、女の引き裂かれた性を本質的に共有している。だがしかし、日本女性慰安婦は、自分たちを同じ慰安婦である朝鮮女性に対し、抑圧者日本人として対し、自分を彼女等と区別している。区別することで、より一層転落していった。ここに私は、女として引き裂かれ、女と女の最も引き裂かれた関係をみる。」[13]

「便所からの解放」とならんで、この一文は、従軍慰安婦に対する日本の加害性について言及したもっとも早い例のひとつである。加害と被害の関係がねじれて存在している現実のなかにあって、リブの言葉は「抑圧者」だけでなく、抑圧の程度にランクをつける「被害者の正義」をも、ともに撃った。

五　リブは輸入思想か？

リブをめぐるあまたの誤解のなかで、くりかえし再生産されているのが「リブはアメリカの物まね」「輸入思想」だというものである。家族社会学者、有地亨は九〇年代になっても、一九七〇年一〇月二一日、国際反戦デーの「グループ闘うおんな」その他による女だけのデモをさして「アメリカのウーマンリブのデモから二ヵ月経って、リブは日本に上陸した」とくりかえす⑭〔有地 1993、一七三頁〕。この根強い思いこみの背景には、否定的なものはすべて外国からくるとする排外主義的な保守派の決まり文句があるだけではない。六〇年代末、広範にひろがった学生闘争を、「世界同時多発的」とは呼んでも「欧米からの輸入品」とは呼ばないのだから、ここには女性を自立した思想の担い手とは見なさない差別視がある。

リブが「輸入品」と誤解されたのは、カタカナ言葉の「リブ」がそのまま使われたことも原因のひとつだが、「リブ」の名前をになう手が積極的にひきうけるのは七一年八月の「リブ合宿」からである⑮。それ以降「リブ新宿センター」「リブ大会」など、運動の当事者たちは「リブ」を名のっていくが、それ以前にリブの実質がなかったと否定することはできない⑯。

藤枝澪子は、国際的な影響関係を認めたうえで、リブが「工業化諸国でほぼいっせいにスタート」した共通の要因として、つぎの四つを挙げる。「①工業化社会がうみだす膨大な中産階級の存在。②六〇年代の世界を特徴づけたラディカリズムの高揚と、新左翼運動の台頭。③従来の女性運動の形骸化ないし硬直化。④女性自身による情報ネットワーク、人的ネットワークの広がり。」〔藤枝 1985、四七―八頁〕

日本のリブは、藤枝の指摘するような共通性とともに、その固有の歴史的背景、そして自前の声と文体を持っていた。やがてそれは日本のフェミニズム理論に受け継がれていく。九四年の時点で、「六〇年末から七〇年代にかけてのウーマンリブ運動について、過激な一部の女性たちの行動はマスコミを賑わしたものの、ウーマンリブの運動が理論化されることはなかった」〔有地、前掲、一七四―五頁〕とあいかわらず男性研究者が言うのを聞くとき、リブを歴史の歪曲から救い出す仕事はまだまだ終わらないと、わたしたちは溜息をつくのである。

六　リブと新左翼

「リブは新左翼の胎内から十月十日、月満ちて産まれた鬼子だ」と、田中美津は書く。

リブをめぐる誤解のひとつに、リブの担い手が新左翼の女活動家、女闘士だというものがある。だがこの理解も正確でない。たしかにリブの初期の担い手には、もと新左翼の活動家がいた。事実、初期のリブの文体には、生硬な新左翼用語の影響があった。女の状況を語るのに、「勃起せよ」とか「インポテをのりこえよ」という男言葉をそのまま使う用法には、ものがなしい滑稽さがある。だが彼女たちは、「女自身の奴隷根性と、女性(おんなせい)に対する蔑視・抑圧を土台に成り立っている[17]」新左翼の男権主義に失望し、袂をわかったひとびとである。その経緯は、本巻に収録した「全学連第30回定期全国大会での性の差別＝排外主義と戦う決意表明」に、雄弁に語られている。

「何故、ダラクした敵の姿に自らを似せていくことで、私が、女が勝利出来ようか。」(本巻一〇一頁)

この問題提起に男性幹部は「分派主義」の非難で答え、一貫した男権主義で対応する。その限りで新左翼の家父長的体質は、少しも旧左翼と変わらない。

バリケードのなかで女は「かわいこちゃん」と「ゲバルト・ローザ[18]」、「救対(救援対策[19])の天使」と「公衆便所」に引き裂かれたが、これは戦前の日本共産党の「ハウスキーパー」問題以来、おなじみの構図である。さらにそれは、社会のなかの家婦と娼婦、主婦とホステスの対立を反映していた。新左翼の男権主義もまた一般社会と変わるところはなく、そのなかで男なみの理論武装をして成り上がる女活動家の「反体制エリート主義」をも、リブは批判したのだ。

新左翼が武闘主義に傾斜していくにつれ、女性との矛盾は深まる。一九七二年二月、連合赤軍の浅間山荘事件が起きる。その武闘路線の陰で、いく人ものメンバーに対して「総括」という名の殺人が行われていた事実は、大きな衝撃を与えた。

「……連合赤軍の「総括」の現実は、まさに「目的」遂行の役に立たぬ者は即存在を抹殺してゆくという男社会の生産性の論理が極限にまかり通った新左翼の本質を自ら破局の中で証明した。[20]」

七三年三月、連赤裁判に生後四カ月目の「首も坐らない」子どもをつれて傍聴にいったリブの女がいる。[21]妊娠したことで殺された女、アジトに子どもを置いて逃げた女。「女性(おんなせい)」が否定された連赤へのからだごとの抗議がそこにはあった。「新左翼の極まった現実の中で、女は殺されてゆくのだ。……その道行にはつきあえぬと、リブは女性(おんなせい)を肯定したところから[22]」始まった。

だが、「総括」の責任者に森恒夫とならんで永田洋子という女性がいたことは、リブに衝撃を与えた。田中美津は『いのちの女たちへ』の中で「男より、より主体的に男の革命理論を奉ろうとすれば、女はみな永田洋子だ」「男に向けて尻尾をふるこの世の女という女はすべて永田洋子なのだ」〔田中、出典一覧参照、二五七頁〕と、指摘しながら、「しかし、彼女は身重の女を殺し、あたしはリブに出会った——。彼女とあたしの分れ道は、どこにあったのだろうか」〔同書、二五八頁〕と自問する。田中はのちに「永田洋子はあたしだ」という一言を残して七五年メキシコに行ったまま七九年になるまで帰らないという選択をするが、そのなかには彼女の受けた衝撃の深さがうかがわれる〔田中 1983、文献案内①〕。そこには、永田洋子と自分の違いが紙一重であること、すべての女は永田洋子になる可能性を持っていることへの想像力がある。

七　リブの運動論

リブは新左翼の運動を批判し、独自の運動論をつくりあげた。それは「代表を置かない」という運動のスタイルや、「リブ新宿センター」という命名のしかた——各地にそれぞれ自律的なリブセンターが出来ることを予期していた——にもあらわれている。

たとえば思想集団エス・イー・エックス(SEXのこと)はこう書く。

「「革命しようとしている人が楽しくない革命なんか革命じゃないわ」と若草物語のオルコット女史が言ったかどうか知らないが、私達は言おうじゃないか。大義名分なしに楽しむことは市民社会的で日和見じゃないかといつも思っているうちに楽しみ方さえ忘れてしまった貧乏性の左翼女は欲望の畑に踏み込んだことのない処女だ。[23]」

七一年八月のリブ合宿も「やりたいことをやる」という参加者の自然発生性にまかされた「統制のとれない」ものであった。というより主催者であった「ぐるーぷ・闘うおんな」それ自体に、統制する意思がなかった。参加者のひとりであった井上輝子によれば、

「設定された目標達成のための効率を第一に考えるのではなく、目標設定自体が大きな争点であり、各自が自分で目標を設定すること自体に意義を見出していることの結果なのである。日本のリブ合宿が、「リブ合宿どうする」集会で幕を開けたのも、リーダーらしき人物による強力な指導の存在しなかったのも、こうしたリブ運動の特性の表れといえる。[24]」

のちにアメリカのリブの組織論、運動論が紹介されるなかで、「意識覚醒(コンシャスネス・レイジング)」や「無構造の構造」という用語が広まったが、アメリカから紹介されるまでもなく、日本のリブはすでにそれを実践していた。

そのなかでめずらしく「リーダーのいる」集団として知られていたのが、中ピ連(中絶禁止法に反対しピル解禁を要求する女性解放連合)であった。中ピ連はピンクのヘルメットでミス・インターナショナル・コンテストや婚約不履行の男の職場にデモをかけるなど[25]、マスコミ受けする目立つ行動で、いちやく男メディ

アのなかでリブの代名詞となった。そのためにリブに否定的なイメージを持つ人も少なくなかった。
それから二〇年後、「ウルフの会」で榎美沙子と共に活動した秋山洋子は、私的な回想録のなかで「リブ運動の中で、中ピ連とは何だったのかと問いなおすとき、少なくとも仲間だったと評価することはできないというのが私の正直な気持である」と書く(本巻一二七頁)。

秋山は、後に中ピ連代表になった榎美沙子がどこからか手に入れてきたピルの服用実験を試みる。その結論は、「ピルは決していいものではない」というものだった。[26] 八〇年代になって、ピル解禁が再び浮上したとき、八七年に、女のためのクリニック準備会(現在ウィメンズセンター大阪)は『ピル――私たちは選ばない』[1987]というパンフレットを刊行するが、その結論は七二年にすでに出されていた。

八　主婦リブ

その「一部の過激な女」たちに、無言の支持を与えたサイレント・マジョリティがいた。[27] すでに結婚していた女たち、主婦である。リブに直接の接触はなくとも、メディアを通じて伝えられるリブの主張は彼女たちにとって閉塞的な「主婦的状況」を超えるものと、共感を持って迎えられたのである。一九七三年に『女・エロス』が創刊、六号では「主婦的状況をえぐる」という特集をした。七二年には、斉藤千代を代表とする『あごら』が創刊、今日まで三二一号(二〇〇九年二月)を数えている。高橋ますみはあごら東海を拠点に活動した。さらに、六三年には田中喜美子が主婦の投稿誌『わいふ』を創刊、木下律子[1983]

や鈴木由美子〔1992〕、結木美砂江〔1991〕(→文献案内②)など、多くの書き手を送りだした。

日本のリブを見ると、「主婦リブ」とよぶほかない層が予想外の厚みをもって存在することがわかる。それは中産階級の主婦が、たしかにリブのメッセージに揺さぶられたことを意味する。彼女たちは家庭を壊さず、離婚も選ばず、制度のなかで子どもを産み育てていたが、自分たちの「主婦的状況」そのものの問題性を問いつめたのである。多様な主婦リブのなかで、彼女たちはベティ・フリーダンの「名前のない問題」[28]を追体験していた。それは「幸福幻想」のなかにある「ふつうの女のライフコース」そのものを、抑圧の根源とみなした。

七〇年代後半に入ってから、女性学が成立するが、原ひろ子は『女性学ことはじめ』(文献案内③)のなかで「主婦研究のすすめ」を書いている。すでに「婦人問題論」という研究領域があるのに、ことあたらしく「女性学」を旗揚げする動きを苦々しく思う研究者もいたが、「婦人問題論」が、文字どおり「ふつうの女」の規格からはずれた「問題婦人」、例えばもと売春婦の更生や母子家庭の問題等を扱う傾向があるのに対して、「女性学」はそのスタートから、社会が自明とする女のあり方を疑った。そのパラダイム転換のための土壌は、主婦自身の自問自答によってじゅうぶんに耕されていた。

伊藤雅子は東京郊外の国立市にある公民館に勤務する職員だが、一九六五年、日本で最初の託児付き講座を開設した。わずか週に一回の講座に出席するために、「子どもを預けてまで外に出たいの」という譴責の声を背後に聞き、泣き叫ぶ子どもの声に引き裂かれながら、手探りで変わっていく女性たちの記録が、国立市公民館市民大学セミナーの記録『主婦とおんな』(文献案内②)である。そのなかで伊藤はこう書いている。

「私は、主婦の問題は、女の問題を考える一つの基点であると考えている。現在主婦である女だけでなく、まだ主婦ではない女も、主婦にはならない女も、主婦になれない女も、主婦であった女も、主婦であることが女のあるべき姿・幸せの像であるとされている間は、良くも悪くも主婦であることから自由ではない。少くとも多くの女は、主婦であることとの距離で自分を測ってはいはしないだろうか。」〔同書、一二五―六頁〕

「ただの主婦」からの出発を果たしたのが、高橋ますみである。彼女は再就職にも手遅れだった四〇歳から活動をはじめ、同じような立場の女が多いことに驚いて「主婦の壁を破るセミナー」のスタッフとして参加㉙（本巻一六〇頁）。そして豊かな才覚と行動力、そしてなにより女たちの間で築きあげたネットワークをもとに、企業に雇われて働くのではない「もうひとつの働き方」を、創造していく。高橋のケースは全国各地にたくさんいる「何かをしたい主婦たち」に励ましを与えた。

主婦が出歩くことが当たり前になり、「働かないこと」が「家にいること」とイコールではなくなった八〇年代に、芝実生子は彼女たちに「活動専業・主婦」と卓抜な命名をした。のぞましい社会のイメージを共有していても、フェミニストと活動専業・主婦とのあいだには潜在的な対立があった。八〇年代の階層分解の進行のなかで、夫のシングルインカムで食べていける主婦身分は特権と化し、彼女たちは主婦身分からおりたとたんに、自分の活動が成り立たなくなることを自覚している。彼女たちのなかには、食べ物や反原発を通じて急進化するひとびともいる。日本では草の根のフェミニズムを主婦活動家が支えるという逆説がある。〔上野他 1988、天野 1988 →文献案内②〕

こうした主婦と長年にわたって『わいふ』誌上でつきあってきた田中喜美子は、主婦はタテマエでは動かないと喝破する。「フェミニズムの思想はそこでは何の力にもならない。女たちを動かすのは現実なのだから。[30]」

その田中が九二年に過去をふりかえって「日本のフェミニズムは、キリスト教やマルクシズムと同じく、「輸入品」だったのです。この国に、ついに根づくことのできない「輸入品」だったのです」(本巻一七三頁)と言うことの重みは大きい。先述した理由で、フェミニズムを「輸入品」と短絡的に語ることはできないが、日本の女は「家庭」と「子ども」を絶対に放棄しない、という田中の観察は、離婚率もたいして上がらず、婚外子出生率も上昇しない日本の現実に即している。だが、変わらない見かけの背後で、「家庭」と「子ども」が内部から病んでいることも田中は見据えている。田中が「土着の思想」を育てなければならない、と言うとき、わたしたちは同じ結論に違う方向から歩みよっている。

九　リブの伴走者たち

リブと同時代を生きながらリブと伴走したオリジナルな女性の思想家を忘れることはできない。男仕立ての思想ばかりが蔓延するなかで、リブの女たちは、わらにもすがる思いで、「女のことば」を探した。それに手がかりを与えてくれたのが、森崎和江や富岡多恵子である。一九六六年から六七年にかけて理論社から『高群逸枝全集』(文献案内④)が刊行されたことも、大きな影響を与えた。「女の歴史」を求めて、各地で学習会が開かれた。

一九六〇年代から七〇年代にかけて、森崎は『第三の性』(本巻Ⅲに抄録)、『闘いとエロス』(文献案内④)、『非所有の所有』〔1963、1970 新装版〕などを次々に刊行する。性愛、妊娠、出産について手探りしながら誰のものでもない自分のことばで、女の経験を思想化しようとする森崎の苦闘は、リブの女たちに大きな影響を与えた。

森崎は妊娠中に急に「わたし」という一人称が使えなくなった身体感覚についてこういう。

「……「わたし」ということばの概念や思考用語にこめられている人間の生態が、妊婦の私とひどくかけはなれているのを実感して、はじめて私は女たちの孤独を知ったのでした。それは百年二百年の孤独ではありませんでした。」〔森崎 1989、二二八頁〕

女の経験を語る「ことばが不足しているのです。概念が浅すぎるのです」という森崎の衝迫の思いは、リブの思想を練り上げようと苦闘していた年下の世代の女たちの思いと共鳴した。

富岡多恵子は一九七二年に『わたしのオンナ革命』(文献案内④)という本を出している。富岡も森崎と同じく「産の思想」がない、と指摘するが、森崎が男の「一代完結主義」の貧しさを批判するのに対し、「女は他にすることがないから子供を生む」と、みもふたもない真実をあばく。森崎は単独者になりえない女の存在に賭けるのに対し、富岡は産んでも産まなくても単独者に還るほかない人間の覚悟をしめす。

富岡は「子供をタマゴで生みたい」と発言した女優にふれて、それを「新しくあらわれた「思想」」であるという。詩人でもある富岡の鋭敏な言語感覚は、「女のことば」の生成の現場を聞きのがさない。のちに詩人の伊藤比呂美が「胎児はウンコだ」と言い放ったときにも、わたしたちは新しい「産の思想」の生成に立ち会ったのである[伊藤 1985]。

一〇 さまざまなフェミニズム

フェミニズムのなかにあってさえ自明とされた異性愛や国籍、民族、健常者のコードに対して異議申し立てをし、マイノリティの権利を主張したフェミニズムがある。フェミニズムは「さまざまな差別」をいっきょに解く万能薬ではない。フェミニズムは、その内部に、障害者差別や部落差別、民族差別のような緊張をはらんでいた。

優生保護法改悪阻止の闘いが、障害者の「産まれる権利」と対立することは、先にのべたが、そのうらにもうひとつ、女性障害者の「産む権利」の剝奪もあることを、岸田美智子は「子宮摘出」の問題を通じてうったえる。女性障害者は自らの「女性(おんなせい)」を否定される。リブの闘いは、障害者問題のなかにある根強い女性差別をあきらかにし、それを言語化する女性障害者の闘いと連動した(31)。

レズビアンは、日本でも不可視の存在ではない。リブ運動の初期から、にない手の中にレズビアンであることを公然化する人はいたし、八〇年代に入って「れ組スタジオ」「YLP」など、レズビアン・グループの活動は活発化した。

「女から女たちへ」、男の視線を媒介しなくても直接「ウーマン・ラヴィング」しあうことができるのだ、というメッセージを、レズビアン・フェミニストは伝えた。掛札悠子のように、「レズビアン」と「レズビアン・フェミニスト」とは違う、という論者もいるが［掛札、文献案内⑤］、本巻ではレズビアンとフェミニズムの結びつきを示す早い時期の文献をとりあげた。

アメリカの女性運動が少数民族、とくにアフリカン・アメリカンの女性のつきあげによって四分五裂したことは知られているが、日本でも九〇年代にはいってから「在日外国人フェミニズム」の名に値する動きが登場した。金伊佐子《キム・イサジャ》(本巻Ⅳに収録)や梁容子《ヤン・ヨンヂャ》［1993］の在日韓国・朝鮮人フェミニズム宣言、リサ・ゴー［Go 1993］の在日フィリピーナ・フェミニズムなどである。これを、リブの「上陸」と同じように、アメリカのエスニック・マイノリティ・フェミニズムが、ついに日本にも「上陸」した、ととるのはまちがいであろう。あるいは、日本がようやく国際化して外国人人口が急に増えたためというだけでもない。戦前から日本には、数十万単位の定住外国人㉜やアイヌのような先住民族が住んでいたからである。日本は戦前から多民族国家であった。在日二世の鄭暎惠《チョン・ヨンヘ》は、問題はずっとそこに一貫してあったのに、どうして在日韓国・朝鮮人フェミニズムがこれまで成立しなかったのだろう、と問いかける［鄭・上野 1993］。もちろん、八〇年代を通じての国際化、単一民族国家幻想の解体、少数民族問題の浮上等、さまざまな要因があげられるが、フェミニズムそのものが、社会的少数者の運動として出発したこと、そのなかで少数者が「わたしも発言していいのだ」と声を獲得していった経過がある。

民族差別と性差別の交差する深刻な問題の一つに、金のとりあげる「従軍慰安婦」問題がある。これもまた、半世紀のあいだ、事実はそれと知られていたのに、問題化されることがなかった。それを問題化する言語と思想の獲得を可能にしたのは、日本および韓国国内の女性運動の高まりである。金の問題意識は国境を越えてそれと連動しているが、それだけではない。少数民族フェミニズムは、フェミニズムの名において、民族運動の内部にある抜きがたい家父長制とも対決する。マイノリティのフェミニズムは抑圧的で排他的なマジョリティの単一アイデンティティをゆるがすだけではない。返す刀で、対抗勢力のなかにあるアイデンティティ・ポリティックスの罠をも解体しようとする。

追記　本巻Ⅳに、皇甫康子《ファンボ・カンチャ》による、金伊佐子（二〇〇二年没、享年四五歳）論文への解題を追加収録した。それを読むと金が日本人フェミニストの編集になる本巻への収録をためらっていたことがわかる。そしてそこにどんなチャネルを通じてもメッセージの発信を、という強い思いがあったことも。

新編にあたって、旧版の「マイノリティ・フェミニズム」という章タイトルを変更した。「マイノリティ」という権力関係の用語は、マジョリティによって与えられたカテゴリーであり、少なくとも当事者がみずから名のる用語ではない、との思いからである。なかにはセクマイことセクシュアル・マイノリティを自ら名のる人々もいるが、マイノリティこと社会的弱者にはなりたくてなっているのではない。「マイノリティ・フェミニズム」が相対化しようとしているのはマジョリティの側の価値観なのだから、最終的には脱マイノリティとなることがゴールであろう。それは同時にマジョリティに脱マジョリティを求めることでもある。

一　リブとフェミニズム

フェミニズムは二〇世紀を揺るがす思想であった。ここを通過せずには、何も語れない地点にわたしたちは来ている。「民族」や「階級」、「国家」や「政治」もまた「ジェンダー」の用語で再定義される必要がある。ますます錯綜し多様化する状況の中で、ジェンダーだけで解ける問題はなくなるだろうが、逆にどんな問題もジェンダーなしには解けなくなるだろう。

リブからフェミニズムへ、言葉は分節化したかもしれないが、決して段階論的に進歩したり、発展したりしたわけではない。リブのことばは、多義的で両義性をはらんでいるが、けっして「未熟」ではなかった。思想はそれがはらまれたとき——わたしはあえて「懐胎」という表現を使いたい——ちょうど胎児のように、すでにすべてを含んでいる。わたしたちに必要なのは、それを受けとり育てる力である。

「リブ」と「フェミニズム」の用語について、説明を加えておきたい。

通常、七〇年代を前半と後半に分けて、七〇年のリブの誕生から七五年までをリブ、七五年国際婦人年以降をフェミニズムと呼ぶ用語法がある。前者の担い手は自ら「リブ」と自称したが、後者には「リブ」の用語は使われなくなった。他方、「フェミニズム」の用語は、戦前の『青鞜』グループがすでに使用している、歴史的でかつ国際的に流通している用語である。

「リブ」が「フェミニズム」に置き換わったのは、否定的なイメージの強い「リブ」という言葉を避けたいという意図もあるが、それより、戦前の第一波フェミニズムとの歴史的つながりを確認し、世界的な第二波フェミニズムの流れのなかに日本のリブを位置づけようという意図からである。七五年以降、「国連婦人の一〇年」のなかで、フェミニズムに対する社会的承認が与えられたことで、フェミニズムをリブと対立するものとみる見方もある。江原のように「運動組織の交替、主体の交替」[江原、文献案内①、一〇八頁]を指摘して断絶を強調する見方もあるし、「リブ」という言葉を避けてあとから参入してきた人々に対する反発から「わたしはフェミニストではない、リブだ」とあえて名のるひともいるが、ここではフェミニズムを、リブを含むより広い文脈でとらえたい。というのも、第一に、リブの担い手たちは七五年以降も活動をやめたわけではないし、第二に、フェミニズムの担い手たちは、リブから直接・間接のメッセージを受け取って、それを言語化・運動化しようとしているひとびとだからである。

増補編解説　記憶を手渡すために

日本にリブが誕生したのが一九七〇年。それから約四〇年経過した。そのあいだに、リブの担い手も高齢化した。

記録と記憶とは違う。記録とは同時代の体験や出来事のリアルタイムにおける記録、記憶とは時間をおいてあとになって回想される過去の経験である。記憶のなかには、過去の再定義が含まれる。それには選択的な忘却や事後的な物語化、記憶の語り直しや歴史の書き直しもまた、含まれる。リブやフェミニズムは、「生きられる」だけでなく、「記録され」「回顧される」ものでもあり、また歴史として「再審される」

ものともなった。

記憶には、同時代の経験を持った者の記憶と、持たない者の記憶とがある。半世紀近い時間は、体験を持たない世代へと記憶を手渡していかなければならないという新たな課題を、フェミニズムにもたらした。広い意味では、この『日本のフェミニズム』シリーズの旧版の刊行、そして今回の新編の刊行そのものが、その歴史的な課題に応えようとするものである。

九〇年代をつうじてグローバリゼーションと新自由主義の進展という、まったく予期しない新しい世界史的な環境の変化に応じて、フェミニズムもこれまでとはちがった対応を要求されるようになった。それに加えて、二〇〇〇年代に入ってから、運動としてのフェミニズムが一定の政治的成果を獲得したからこそ登場した、バックラッシュ(ゆりもどし)の動きが起きた。フェミニズム運動は、告発から提案へ、批判から参加へとシフトしてきたが、それに対する政治的な攻撃が始まり、フェミニストたちはそれへの対応に追われるようになった。それは歴史がけっして一方向には進まないこと、紆余曲折や一歩前進二歩後退もありうることを示す。そして獲得した権利すら、いつでも掘り崩される可能性があることをも。

世界史的な変化だけではなく個人史における変化もある。高齢期にはいったフェミニズムの担い手たちには、自らの老いとどう向き合うかという問いとともに、あとから来る世代にどうやってフェミニズムを手渡すかというふたつの世代的な課題が伴っている。リブを生きた女たちは、その年齢の節目ふしめに、「女という経験」を全力で生き、問い直してきた。性愛、出産・育児、更年期、そして介護と老い。その意味では、フェミニストにとって「個人的なことは政治的」でありつづけている。そして本シリーズの

『7 表現とメディア』の「増補編解説」で井上輝子が言うように、個人としてのフェミニストも、運動としてのフェミニズムも、「セカンドステージ」に入ったのである。

一 リブ・フェミニズムを記録／記憶する

草の根で起きたリブの記録は当時のビラやパンフレットなど、数も少なければ散逸もしやすい媒体だった。それを記録し、回想する動きが起きたのは九〇年代のことである。とりわけ『資料 日本ウーマン・リブ史』全三巻の刊行の意義は計り知れない。二〇〇八年には『リブ新宿センター資料集成』も刊行され、これは「この道ひとすじ」と題するリブニュースと、パンフレットやビラから成っている（→文献案内①）。『リブ史』刊行の背後には、本巻に収録した出版者の「出版秘話」が語るとおり、引越しのたびにビラやちらしを入れた何箱にものぼる段ボール箱を捨てずに持ち歩いた編者の執念、それを切り詰めずに刊行しようとした出版者の熱意、刊行を支え販売に協力した女性たちの支持があった。こうした裏話が聞けるようになったのも、版元である日本初の「女の本屋」の店長、中西豊子の回想録が出たおかげである。彼女の言うように、「女の運動の足跡を残すことそのものも女の運動の一つではないか」と考える人々の尽力のおかげで、全三巻、各巻約四〇〇ページにおよぶ電話帳並みの厚さの資料集がわたしたちのもとに残された。

中西の文章には、編者のひとり、三木草子による感動的なはしがきが、長文で引用されている。「これは七〇年代のリブの女たちから、九〇年代にリブを生きようとする女たちへの贈物である」――そのとおり、この資料集が刊行されたおかげで、リブ・ルネッサンスが起きた。リブ研究は飛躍的にすすみ、後から来た若い世代や研究者によるリブの思想と実践の追体験や再評価が可能になった[西村 2006、斎藤 2008]。また生殖医療や優生思想の問題化の過程で、リブの生命観がふたたび再検討される契機ともなった[森岡 2001、山根 2004]。海外在住の日本研究者によって博士論文の研究テーマともなった[Shigematsu 2003；Yamaguchi 2004](→文献案内①)。リブの生存者を追って、映像媒体によるドキュメンタリーもつくられた。一九五八年生まれの栗原奈名子による『ルッキング・フォー・フミコ――女たちの自分探し』(一九九四)、七四年生まれの瀬山紀子がリブ世代の山上千恵子と共同でつくった『三〇年のシスターフッド――七〇年代のウーマンリブの女たち』(二〇〇四)がある。映像媒体による記録は、リブ世代の想定を超えたものだった。同じようにニューメディアの進展による新しい記録や記憶媒体、ネット、ブログ、ホームページ等の資料を、本シリーズはフォローし切れていない。活字媒体によるこのようなアンソロジーそのものが、もしかしたらこれが最後の試みになるかもしれない。

だが、記憶も記録も政治的なものである。たとえば、市川房枝編になる『日本婦人問題資料集成 第二巻 政治』[1977]は、一八八八年から一九七七年までの期間を扱いながら、七〇年代にはすでに登場していたリブにもフェミニズムにも、一言も触れられていない[33]。わずかに「国際婦人年日本大会の決議を実現するための連絡会声明」(一九七七)が採録されているにすぎない。もしこの資料集成をもとに日本の「女性運動史」を書くとしたら、リブもフェミニズムもあたかも存在しないかのように扱われてしまうだろう。編者としての市川の選択には、彼女の「リブ」観が示されていると考えられる。もしくは彼女の「政治」観が、と言い換えてもよい。「個人的なことは政治的である」と主張して「政治」の定義の変更を要求したリブとはちがって、市川にとっては政治とは国政に参加するような「大文字の政治」であったのだろう。その「政治」観からは、リブは政治に値しない運動と見えたのかもしれない。

一方、『資料 日本ウーマン・リブ史』からは、「国際婦人年をきっかけとして行動を起こす女たちの会」(略称、「行動する会」)の記録が抜けおちている。日本のフェミニズムの歴史研究のうえでは、七五年の国際婦人年を分水嶺として、リブとフェミニズムが交替し、運動体も担い手も交替したという「断絶」説が優位に立っている。後発のフェミニズム・女性学の研究者がそう指摘するのみならず〔江原、文献案内①、牟田=本巻増補編Iに抄録〕、リブの担い手の側からも積極的にこの「断絶」を支持するような証言がある。その点ではこの「行動する会」の位置づけは微妙なところにあった。

吉武輝子の回想にあるように、リブが誕生したとき、それと同世代ではないが、リブの声に強く共感した年長の世代の女性たちがいた。リブの担い手たちの多くが若いシングルの女性で、運動に暮らしを身ぐるみ巻きこむようなコレクティブに飛びこんだのに対し、もう少し年長の世代は、結婚や出産を経験し、母や主婦として降りるに降りられない日常生活の責任を背負っていた。こういう女性たち、吉武のいう「中年リブ」は、年少のリブ世代からも距離を置かれ「居場所のない」思いを味わっていたことが彼女の回想からはうかがえる。「行動する会」は、こういう「中年リブ」に「居場所」を与えた。事実、中心となる世代は三〇—四〇代だったという。

「行動する会」のメンバーには、樋口恵子や吉武輝子など、当時すでにメディアで活躍していた女性たちがいたために、この会は「エリート女性の集まり」と外からは見られ、また「ワタシ、作る人、ボク、食べる人」のテレビCMへの抗議で有名になったように、マスメディア戦略を利用したことで、草の根のリブとは違うという目で見られることもあった。他方で、牟田論文が証言しているように、市川房枝を代表とする四一団体からなる「国際婦人年日本大会の決議を実現するための連絡会」からは、八〇年に参加を申請して却下されたというように、リブにつながる過激な団体と見られていたふしがある。

「行動する女たちの会」は、一九九九年の解散にあたって、自ら記録を残そうとして『行動する女たちが拓いた道』(本巻増補編Iに抄録)を刊行した。それにあたっても、「リブ史に採録されなかったことを残念に思った当事者が記録を残したいと思ったから」とか「リブ史に採録されなかったのは、編者が行動する会をリブの一部と認めなかったから」とかいう憶測が飛んだが、刊行後のシンポジウムで、おどろくべき裏話が披露された。当時、『リブ史』の刊行に当たって、著作権者に許諾を得る過程で、「行動する会」にも収録の許可を求めたところ、その連絡を受けた会の担当者が、いずれ自分たちで記録を出す予定があるからという理由で、収録を断ったのだという。したがってここではふたつの事実を確認しておく必要がある。第一に、『リブ史』の編者たちには、「行動する会」を排除する意図がなかったことであり、第二に、「行動する会」は、自他共に「リブにつながる団体」とみなされていたことである。歴史はこのように、意図的にも非意図的にも、つくられる。

リブがリブ世代だけのものではなく、それには前史も後史もあることは、強調されてよい。リブより年長の世代は、それぞれの世代的な関わりから、「中年リブ」や「主婦リブ」になっていった。「中年リブ」

はとつぜんリブになったのではなく、それ以前から抱いていた問題意識に、リブが行動と言語を与えることで、それに合流したのだ。吉武の回想は、このつながりをビビッドに描いている。[34]リブの前史には、田中寿美子の創始した「日本婦人問題懇話会」[35]もあるし、「侵略＝差別と闘うアジア婦人会議」(略称、「アジア婦人会議」)もある。飯島愛子の回想(文献案内①。本シリーズ『9 グローバリゼーション』に抄録)にあるように、「アジア婦人会議」があったからこそ、リブのあいだでの反戦運動や慰安婦問題のようなアジアの女性差別への視点ははぐくまれていった。リブは決して突然変異で生まれたわけではない。

「行動する会」の『記録』は、「女性解放運動史の欠落は埋められる必要がある」という問題意識から作られている。「国際婦人年以降は外圧による行政主導の動きに収れんされて運動はなくなったなどと分析されることが多い。そのため……日本にはフェミニズム運動はなかったとか、七〇年代初めの短期間の運動に終わったと思っている人たちが少なくない。」(本巻二六三頁)

にもかかわらず、その同じ『記録』が女性学については次のように分断を実践する。「八〇年代に始まる日本の女性学は、残念ながら欧米諸国とは異なり、運動と一線を画すところからスタートした」(同前)。この文章にはいくえにも問題がはらまれている。第一に、日本の女性学は八〇年代よりも前、すでに七〇年代にスタートしているから事実誤認がある。第二に「欧米諸国」といっても多様であり、女性学の出自やスタートはいちがいに一般化できない。第三に女性学の担い手には、井上輝子のように初期リブの参加者もいたし、後発世代にはリブへの共感者も多くいた。つまり「一線を画した者」ばかりでなく、リブへの態度には多様性があったことを、このディスコースは否認する。リブ世代より年少だった落合恵美子は、メディアを通じて接したリブへの「からかいのディスコース」を通じて、リブへの共感を育てたという。本巻に収録した後から来た世代、北原みのりが証言するように、フェミニズム嫌いの言説を通じてすら、フェミニズムのメッセージをたしかに聞き取るオーディエンスがいるのだ。スチュアート・ホールのいうように、どんなメッセージにも、そのメッセージに反して、それとはべつの意味を読み取ってしまう「対抗的な読み」を実践する読者は存在するのである。

二　フェミニズムの歴史化

歴史もまた記憶の政治である。歴史記述は、事実命題を述べると見せて、選択的な記憶を再構成したり、出来事に対する判定を下す規範的な実践である。『リブ史』の成立の秘話を聞けば、わたしたちは歴史にかんたんに判定をくだすことの怖さを思い知るだろう。

フェミニズムの歴史化の先鞭をつけたのは、女性史家、鹿野政直である。鹿野は一九八九年にタイトルに『婦人・女性・おんな』と冠した著書で「おんな」という自称をもって鮮烈に登場したリブへの評価を示した。その後、二〇〇四年に『現代日本女性史――フェミニズムを軸として』で、「フェミニズム」を副題に含む現代女性史を描きだした(→文献案内①)。鹿野の仕事は、リブ・フェミニズムを含む現代女性史を単独で歴史記述した歴史家の仕事としては先駆的なものであり、今日に至るまで、女性の歴史家によっては同じような歴史記述は行われていない。だが、フェミニズムの担い手でもなく後継者を任じてもいない男性の歴史家や研究者によって「評価」を受ける必要を、フェミニズムは毫も感じない。フェミニズムとは何よりも「女という経験」との格闘のなかから生まれた思想であり、その歴史はけっして「他者の歴史」ではないからである。

フェミニズム史はさまざまな書き手によって試みられているが、二〇〇六年に書かれた牟田論文は、その点で、フェミニズムの再審を迫るものであろう。(36) 歴史記述にはつねに後知恵がつきまとう。その点ではレイトカマーは有利な立場に立つ。第一に事後的により見晴らしのよい足場から過去を回顧できるからであり、第二に、利用可能な資料へのアクセスが増大するからである。事実、牟田論文は、その多くを本巻に採録した記録や資料集に依拠している。

記憶の政治という点では本巻も例外ではない。牟田が資料のひとつとした「国際婦人年日本大会の決議を実現するための連絡会」編の『連帯と行動』[1989]からは本巻への採録はない。この会が「リブとの埋め難い距離」を持っていたという牟田の推測は、本巻の判断を裏付ける。リブとフェミニズムとのあいだの「断絶」説を定着させたのは江原由美子(文献案内①)だが、牟田の言うように「両者は乖離・分断したままだったのではない」(本巻二七七頁)。たとえば、フェミニズムの再審のもうひとつの試み、加納実紀代らの「銃後史」研究グループによる回顧[女たちの現在を問う会編、文献案内①]によれば、国際婦人年以降、「伝統的な婦人運動団体とリブとの運動の融合化が始まった」という指摘がある。リブとフェミニズムの歴史の連続と断絶は、くりかえし、文脈を変えて再審される必要があるだろう。

リブに多様性があったように、リブ以降の運動にも多様性があった。リブの担い手たちは、それ以降もとどまることなく、姿を変えて運動を続けてきているし、レイトカマーの世代に、時ならぬリブ・ルネッサンスが起きてもいる。リブの時代には生まれてもいなかった若い女性のなかには、目の前の先行世代のフェミニズムへの反発もあり、リブにより強い関心を持つ第三世代も登場している。とはいえ、リブの経験が彼女たちにとって直接に共有できるわけではない。あまりに歴史的な文脈が変化してしまったからである。今日の若い女性が「女性問題」を抱えていないわけではないが、それは先行の世代が抱えた問題とは大きく隔たっている。これを「第三波フェミニズム」と呼ぶかどうかは、議論のあるところだが、もしそれがありうるとすれば、その担い手たちは、先行の世代とは異なる世代の女性たちであろう。

三　バックラッシュ

日本のフェミニズムの歴史は二〇〇〇年代以降、奇妙な隘路にはまりこんでしまった。実質的な平等の達成へはほど遠いのに、執拗な政治的なバックラッシュ攻撃の対象となったからである。牟田論文はバックラッシュが登場するまでの前史を理解する上でも役に立つ。

一九九九年には「男女共同参画」を二一世紀の日本社会の「最重要課題のひとつ」とする男女共同参画社会基本法が成立。これで日本のフェミニズムの政治的達成はひとつのピークを迎えた。その背後に大沢真理のような研究者の尽力があったことは、牟田の論文でも指摘されている〔大沢、文献案内⑥〕。「男女共同参画」は日本政府が公式に採用した「ジェンダー平等」を意味する行政用語であり、この用語をめぐっても賛否がある。また行政主導の国策フェミニズムに対して、疑問を投げかける人たちもあらわれた。

だが、同じ時期に、国内の論調は急速に保守化し、二〇〇〇年代には「ジェンダー・フリー」「ジェンダー」に対して保守派が攻撃を加えるバックラッシュが始まった。バックラッシュとは文字どおり「ゆりもどし」。それはフェミニズムが一定の成果を獲得したからこそ、事後的に起きたものである。バックラッシュは教育の現場から、政治、行政、メディア、研究の分野へと拡大した。この経験から学ぶべきは、どんな歴史にも「逆コース」がありうることである。

堀田論文は「バックラッシュ」の危機が「フェミニズムの危機」であることについてもっとも先駆的に書かれた論文である。彼女が「新保守主義」と呼んだ九〇年代以降のグローバルな環境変化に伴う日本の政治状況の変化は、若桑論文では「新自由主義」と呼ばれている。若桑は「新自由主義」をフェミニズムの敵と見なしているが、事情はそれほどかんたんではない。堀田の犀利な分析が示すとおり、新自由主義と手をたずさえた男女共同参画行政は、女性の「分断と選別、動員」を推し進めようとしたからであり、一部のリベラル・フェミニズムとは共犯関係にあるからである。新自由主義とナショナリズム、国策としておしすすめられた男女共同参画行政とのあいだには、ねじれた関係があり、フェミニストは、堀田が「アクロバット」と呼ぶような、むずかしい闘いを強いられた。

バックラッシュは性教育の分野におけるジェンダーフリー・バッシングとして始まった。そのために性教育は萎縮し、教育分野ではそれまで達成した男女混合名簿への揺り戻しも見られた〔浅井他編 2003、木村編 2005 →文献案内⑥〕。与党自民党内には安倍晋三を座長とし、山谷えり子を事務局長とする「過激な性教育・ジェンダーフリー教育実態調査」プロジェクトチームが発足し、根拠のない「調査」をもとに、内閣府男女共同参画室に「ジェンダーフリー不使用」の通達を出させることに成功した。その際、保守派によって、「ジェンダーフリー派が推進する」と誤解にもとづく攻撃を受けたのが「男女同室着替え」である。この「同室着替え」が、実は教室整備のできない教育予算不足から生まれたものであり、ジェンダーフリーとは何の関係もないことを、根拠を示して報道したのは、朝日新聞の竹信三恵子署名記事[37]である。鹿児島新聞にも保守派の攻撃に根拠がないことを、他府県の学校に取材して報道した記者がいた。フェミニズムは根拠のない攻撃にいちいち反証し、それと闘わなければならない状況に追いこまれた。しかもその過程で実際に教育委員会から処分を受ける教員を、被害者として生み出した[38]。

バックラッシュはやがて社会教育の現場にも拡大し、女性戦犯国際法廷の主宰者のひとりだった松井やより(故人)の千代田区主催の講演のドタキャン事件や、上野千鶴子のいわゆる国分寺市事件[39]につながった。その後もフェミニスト・カウンセラーの平川和子のDV被害者支援に関するつくばみらい市における講演が、反対派の暴力的介入で直前に中止されるなどの事件があいついだ。この反対派のなかに、日本軍による「慰安婦」被害を記録した「女たちの戦争と平和資料館[40]」でいやがらせをした民族派右翼と同一人物が含まれていたことからも、ナショナリズムとバックラッシュとがふかく結びついていることがわかる。

皮肉なことにバックラッシュは、教育、研究、行政、ジャーナリズム、アクティビズムなど異なった領域にいたフェミニストたちを、危機感から結束させる効果を持った。若桑の論文は、国分寺市事件に端を発した緊急シンポジウムの記録、『「ジェンダー」の危機を超える！』から採録したものである。ジェンダーフリー・バッシングについては、ネット上のアンチフェミニズム言説に言及した『バックラッシュ!』や、組織的な動きであるバックラッシュ派の攻撃に対する反論をまとめた日本女性学会ジェンダー研究会編の『Q&A男女共同参画/ジェンダーフリー・バッシング——バックラッシュへの徹底反論』などがある(→文献案内⑥)。

「ジェンダーの主流化」や国策フェミニズムの登場にもかかわらず、あるいはそれゆえにこそ、フェミニズムはすっかり否定的な用語になってしまったことを年少の世代である北原みのりは証言する。逆説的なことに、北原がフェミニズムについて学んだのは、「嫌フェミ」的な言説を通じてであった。北原のような年少の世代は、フェミニズムに否定的な言説を通じてはじめて出会うようになってしまった。お茶くみや酒席でのお酌に自然な不快感を感じるようにフェミニズムの感覚を身体化してしまった若い世代の女性は、もはや自分の立場をフェミニズムとは呼ばない——実際には職場のお茶くみの慣行を疑問視したのは、フェミニストだったにもかかわらず。ジェンダー平等意識をあたりまえのように身につけながら「フェミニズム」を忌避し、女の問題を抱えながら連帯を生み出すことがむずかしい若い世代に、いかにしてフェミニズムを世代間継承していくかが、新たな課題として登場した。彼女たちが既得権のように享受しているものさえ、闘いつづけなければ易々と奪われるかもしれない。もし彼女たちが、それに先立つ女たちから手渡されたメッセージを受けとらないとしたら、大きな宝物を失うだろう。

四　リブが語る老い

リブ世代も老いた。当時二〇代だった女性も六〇代になった。リブは一生リブであり、過去形にはならない。彼女たちは女の老いについて新しいロールモデルを提供しつつある。

ひとあし早く老いを迎えたのは、リブ世代より少し年長だが、リブとフェミニズムに共感し、それと同調して運動や研究を牽引していってくれた世代である。本巻では、フェミニストにとって老いのモデルとなった三人の個性的な女性、駒尺喜美（故人、一九二五年生まれ）、樋口恵子（一九三二年生まれ）、高橋ますみ（一九三八年生まれ）の老いをめぐる文章を採録した。この人たちは、歴史上初めて経験する超高齢社会にパイオニアとしての実践で立ち向かった人たちである。駒尺は、女性学のパイオニアでもあり、実験的なシニアハウスを日本でつくりあげた実践家。ひとり暮らしの女が安心して老いてゆけるように仲間とつくりあげた伊豆のウーマンズ・ハウスでのぞんだとおりの死を迎えた。樋口は、「行動する女たちの会」に参加した後、「高齢社会をよくする女性の会」（一九八三年設立）代表として、介護保険をつくるために獅子奮迅の働きをし、現在も活躍中である。高橋は、「あごら東海」からスタートして、「向老学学会」（一九九九年設立）の創設者となった。

樋口と高橋の文章を読むと、ふたりとも老いを意識した年齢の早さに驚く。その先駆性を知ってもらうために、二〇年の時差をおいて、複数のテクストをあえて収録した。樋口の文章にある「保老所」の提案は、四半世紀後になって介護保険のもとで、デイケアサービスとして現実化した。そのアイディアの先駆性のみならず、自分たちに必要な制度を自分たちの力で作りあげてしまった先輩女性たちの実行力にも感嘆する。この世代はまた、育児期には「ポストの数ほど保育所を」と要求してそれを実現した世代でもあった。この世代は、ケアの社会化に向かって、制度変革を伴う大きな一歩を踏み出す力となった。

樋口、吉武(一九三二年生まれ)と並んで三〇代にメディアで活躍して「三人娘」と呼ばれた俵萠子(一九三〇年生まれ)は二〇〇八年に七八歳で他界したが、その直前まで女がひとりで安心して暮らせる高齢者施設の取材をもとに『子どもの世話にならずに死ぬ方法』[2005]を書いた。同世代の医療・福祉ジャーナリスト、大熊由紀子も早い時期から『「寝たきり老人」のいる国いない国』[1990]で、日本の高齢者の処遇に警鐘を鳴らし、現在も医療・福祉の分野で精力的に後進を育てている。こういう年長のフェミニストの背中を見ながら、上野の書いた『おひとりさまの老後』[2007]は、多くの女性の共感を得て、七五万部を売るベストセラーになった(→文献案内⑦)。

これらの人々のなかでは駒尺喜美がもっとも年長である。駒尺の文章に出てくる「アヤちゃん」とは、一九〇四年生まれ、九九歳でなくなった小西綾のこと。貧しい生まれのなかで育ち、戦前の労働運動の闘士、戦後は女性解放の活動家として生涯差別と闘い続けた小西を、血縁のつながりのない駒尺は、生涯をかけて愛し尊敬し、その死を看とった。ウーマンズ・ハウスのプロジェクトは、駒尺よりも二一歳年長だった小西の老後を介護し、彼女のメッセージを若い世代に伝えるためのものでもあった。二〇〇三年、小西の死の直前に書かれたこの文章のなかで、小西は「若い人に一言」と尋ねたインタビュアーに答えてこう語っている。

「次に続く女性たちに何を残すか考えてください。」

次の世代に何を伝えるかは、高齢の世代だけの課題ではない。

駒尺も二〇〇七年に八二歳で亡くなった。本巻に収録した文章の最後に、彼女はこうきっぱり言う。

「私は国歌も国家もいらない。私ははじめから白旗主義なのだ。」

祖国も帰属も要らない、闘わない、勝たない、だから負けない──男の論理に決してからめとられない老年リブの面目躍如である。

（1）　田中美津 1970「女性解放への個人的視点──キミへの問題提起」〔溝口他編 1992、文献案内①、一九六頁〕。一九九二年から刊行を開始した『資料 日本ウーマン・リブ史』全三巻の果たした役割は大きい。この仕事がなければ、本巻は編まれなかったと言っていいくらいである。三人の共編者の労を多とするとともに、本巻への多くの転載をご了承下さった版元、松香堂書店の中西豊子さんの協力に感謝する。なお、九三年には勁草書房から、加藤秀一、坂本佳鶴恵、瀬地山角編による『フェミニズム・コレクション』全三巻が刊行され、直後に刊行した本シリーズ旧版『日本のフェミニズム』の文献選定にあたっては、『フェミニズム・コレクション』との重複を避けるように努めた。併せて参照されることをおすすめしたい。

（2）　リブにとって戦後改革の過程でかちとられた経済的・法的平等は、すでに既得権になっていた。田中は、「明治以来の女性解放の女闘士たちのカッコワルサ」に「牛馬から人間並み＝男並みの権利を獲得する緊急性の中で、……どうしても一度は通らねばならなかった廻り道であり」「女闘士の肩怒らせた後ろ姿に、その影に、私は同志愛的ないとおしさと、女の哀しみを見出すのだ」〔田中、前掲注1、一九六頁〕と同情を寄せる。

(3) ぐるーぷ・闘うおんな「便所からの解放」(本巻六五頁)。本巻には田中の文章が多く収録されているが、それはリブが田中をカリスマとする運動であったことを意味しない。リブは数多くの小グループによってになわれた、中心も指導者も欠いた運動であった。が、田中が七〇年代のリブをその身体性において担ったひとりの典型であったことを、否定するひとはいないだろう。田中美津において、日本のリブはひとつの「肉声」を持った。その歴史の偶然を、わたしたちは幸運と呼ぶべきであろう。

(4) 吉本に対する批判としては、吉本と上野千鶴子の対談「対幻想と女性の無意識」(『現代思想』一九八五年六月号、青土社)〔上野 1988〕参照。

(5) アメリカのシュラミス・ファイアーストーンは、すでに一九七〇年に、テクノロジーによる女性の生殖からの解放を「女性解放」の条件と見なしていた。〔Firestone 1970〕

ドイツでも強い母性主義的文化伝統に対する反発から、初期のフェミニズムのなかには出産を拒否し、仲間が子どもを産むことを「利敵行為」と決めつけるような傾向が一部にあった。イタリアでもダラ・コスタは女性の出産拒否を「国家に対する闘い」と評価している。だが、フランスやスウェーデンでは、フェミニズムが母性を拒否したことはない。「母性」の文化的な呪縛とそれに対するフェミニズムの対応は社会によって違っている。アメリカのようにいったん母性の拒否の方向に行ったフェミニズムは、あとで母性との和解を演じなければならなかったが、日本のフェミニズムにはその過程はなかった。もちろん、この「さまざまなフェミニズム」の比較文化そのものは、べつに探究の対象とする必要がある。

(6) 田中美津 1972「敢えて提起する＝中絶は既得の権利か?」〔溝口他編 1994、文献案内①、六三頁〕。「リブ新宿センター」の名で書かれたこのパンフは、さっそく「中絶の権利」派から批判を浴びている(中ピ連 1972

『子殺し』について――〝集会のビラ〟?という妙なビラに反論…」『ネオリブ』No.6)〔同書、二四六―七頁〕。井上輝子によれば「優生保護法改正反対運動の方向性をめぐって、新宿リブセンターと中ピ連とは決定的な対立をむかえた」〔井上、文献案内①、二一一頁〕。江原はこれを契機にリブ運動が「分裂」したという見方をしているが、渦中にあった秋山洋子は、もともと多様な集団のあつまりであったリブに「分裂」という見方を持ち込むことに違和感を表明している。

(7) 東京こむうぬ「ひらけひらこう・ひらけごま!」(本巻一〇八頁)。通称タケこと武田美由紀は、返還前の沖縄にわたり、黒人米兵とのあいだにできた子どもを産む出産シーンを、恋人であった原一男に撮らせている。そのフィルムが『極私的エロス 恋歌 1974』である。

(8) 東京こむうぬだけでなく、近代家族の孤立をぬけ出すべく、当時共同保育の試みは各地で行われた。保育所が足りないという必要からだけではなく、公立保育所の管理主義的な教育に対する反発からも、「女と子どもと男の共同体」をめざす試みが盛んだったが、子育ての負担を軽減したいという動機から参加する人々と、男を含めて子育てにもっと関わろうとする人々とのあいだに分裂をおこしたり、母子の絆の個別性を性急に否定するような行き過ぎもあった。共同保育は、子どもが育ちあがり目前の必要がなくなるにつれ、自然消滅し、それ以降の世代には受け継がれていない。そのなかで今でも健在なのが、七五年にスタートした「あんふぁんて」(「子育て」という意味のフランス語)である。ふつうの女性が他人の子どもを預かる不安を解消するために、保険会社と共同で事故補償をする「あんふぁんて保険」を開発した。

(9) 田中、前掲注6、六一―二頁。

(10) 上野千鶴子「恋愛結婚イデオロギーと母性イデオロギー――フェミニズム・その個人主義と共同主義」〔→上野 1986、文献案内①〕。この文章は当初、八四年アメリカのNWSA(全米女性学会議)の年次大会で、

"Individualist- vs Communalist-Version of Feminism : in Search for Indigenous Feminism" と題して、日米のフェミニズムの比較を論じたものである。

(11) 全共闘世代の二人の男性批評家、竹田青嗣と小浜逸郎は、『力への思想』[1994]の中で、フェミニズムに対することのような誤解を再生産している。「フェミニズム的なドグマのひとつの現われとして、女性差別を、それ以外の、たとえば民族差別だとか、障害者差別だとかと同一視して、自分たちは虐げられた者、弱者、マイノリティであるから、そこで連帯しようという連帯意識の作りかたが根強くありますね」[一四六頁](小浜)。「女性は社会的にハンディがある、これは男女の性差による、だから性差それ自体を否定すべきである。したがって、自分の性やエロス性を否定しない女性は間違っている……。……ぼくはいま言ったような極端なフェミニズムは、むしろ思想の古い体質のなかにとどまっているような気がします」[一五〇―一頁](竹田)。以上のような「フェミニズム誤解」にもとづいて「この考え方は基本的にまちがっています」(小浜)、「ぼくはこれはとても悪い推論だと思います」(竹田)と批判する。だがこれは、批判の対象を貶めて自分につごうのいいように変形した上で攻撃する「ワラ人形叩き」にすぎない。リブとフェミニズムのテクストを直接読んだ読者には、なぜこのような「誤解」が生じるか、理解できないにちがいない。これはフェミニズムに対する「無知」でなければ、ためにする「曲解」と言われてもしかたがないだろう。

(12) S・O 1971「全学連30回大会を革命の名の下に踏みにじった中核派諸君への訣別と裏切りを許容した私の自己批判」[溝口他編 1992、一三一―三頁]

(13) 「全学連第30回定期全国大会での性の差別=排外主義と戦う決意表明」(本巻一〇二頁)

(14) 日本の「リブ」の誕生を一九七〇年一〇月の「おんな解放」集会に置くのはほぼ定説となっているが、この時点ではまだ「リブ」の呼称は使われていない。「リブ」の名前が積極的に使われるのは翌年八月の「リブ合宿」

である。その後、七二年五月の「リブ大会」を、当事者たちはくりかえし、「第一回リブ大会」と呼んでいる。が、「リブ」の名称が使われたことでこれを「誕生」と見なすのは、①日本のリブを「輸入思想」だとみなす誤解にもとづくことと、②リブの担い手も思想もすでにそれ以前から登場していたことから、七二年まで日本にリブが存在しなかったと考えるのは、実状に合わない。

(15) 「リブ」の言葉は、最も初期、七〇年八月の田中美津による「女性解放への個人的視点」および「便所からの解放」に出てくるが、いずれも「アメリカのリブ」についての、どちらかといえば批判的な言及である。『資料 日本ウーマン・リブ史』を見るかぎり、「リブ」の用語が自分たち自身をさすことばとして最初に出てくるのは、七〇年一一月、「ぐるーぷ・闘うおんな」の「闘う女から三里塚の農民へ」のなかで、それも「リヴ」や「カッコ付きのウーマン・リヴ」のような、不正確でいささか及び腰の使い方である。日本の女性が「リブ」という名前を主体的に選びとっていく過程には、紆余曲折がある。

(16) 「便所からの解放」では、「日本の過去の女権獲得闘争のアメリカ版」「ヒステリカルな男性排外主義に満ちた女権国家？ の創造」といった言及がある。アメリカのリブの報道が日本の男メディアによって歪められた可能性を割り引いても、六〇年代の公民権運動に端を発し、「男なみ」の権利獲得をめざしたアメリカのリブの歴史・文化的特殊性については、べつに検討の必要がある。

(17) 前掲注12、一三二頁。

(18) 東大闘争のなかで「男まさり」に暴力をふるう女活動家を、ローザ・ルクセンブルクに擬して「ゲバルト・ローザ」と呼んで男活動家やマスコミは戯画化した。

(19) デモのけが人や逮捕者支援の救援対策に、女子学生は動員され、「救対」と略称された。

(20) 五月リブ大会世話人一同 1972「連合赤軍の現実はリブに何をつきつけているか」〔溝口他編 1992、三四四頁〕。

このなかで「権力は、ここで一挙に、すべての反体制の動きを封じようとリブに「新左翼の女闘士」のレッテルを貼ろうとしている」〔同書、三四五頁〕という指摘がある。

(21) 匿名 1973「ナゼ連赤裁判に私達は子供をつれて行ったのか?!」『阿修羅』一九七三年四月一三日号〔溝口他編 1994、八六頁〕

(22) 前掲注20、三四五頁。

(23) 集団エス・イー・エックス「はてしなく欲情し　はてしなく奪え!」(本巻一一一頁)

(24) 井上輝子 1971「主体的変革者への意志表示」『おんなの叛逆』三号〔溝口他編 1992、三八七頁〕

(25) 中ピ連 1972「「ミス・インターナショナル・コンテスト」殴り込みの記」『ネオリブ』No.6〔溝口他編 1994、二四五―六頁〕

(26) 秋山洋子 1972「ピルは本当に良いものか」『女から女たちへ』No.2〔同前、二六六頁〕

(27) 七一年八月のリブ合宿の参加記を書いた深山夏子は、「参加者たちの重大な特徴は、定職をもたぬ女」「学生か、その延長上にあるような者」が多かったと報告している。深山夏子 1971「私のリブ合宿レポート」〔溝口他編 1992、二八〇頁〕

(28) "unnamed problem" のこと。郊外中産階級の妻の、満たされない思いを描いた。〔Friedan、文献案内②〕

(29) 高橋はのちに東海ＢＯＣ(Bank of Creativity 創造力の銀行)の仲間とともにウイン女性企画を創設している(二〇〇〇年に特定非営利活動法人化、〇六年に解散届け出)。

(30) だが、リブが「非現実的」だと言うのはあたらない。田中美津は『いのちの女たちへ』のあとがきでこう書いている。「女は常に「現実的」なのです。一にも二にも公然活動――他人サマの思惑をよそにハレンチに右旋回、左旋回しつつ得たあたしたちの結論はこれだ。主婦連の運動から新左翼の運動まで、今まで運動といわれる運動が切り捨ててきたものを、全部しょい込んで進もうとするリブならば、そうやすやすとカッコよく離陸のできるハズもないことだ。リブを特殊化して、なんとか「一般の女たち」から切り離そうと図る権力は、しかし、己れの女房も又、リブが起きたというその状況からは逃れられない女の一人であることを見落している。」〔出典一覧参照、三二五頁〕

(31) 岸田美智子と『私は女』の共著者である金満里は、障害者の劇団「態変」を組織して、障害者のありのままを受け入れる画期的な身体表現の場を創造した。安積遊歩は『癒しのセクシー・トリップ』(文献案内⑤)という半生記のなかで、障害者であることと女であることの葛藤を述べている。

(32) 定住外国人には、一時的な定住外国人と、永住権を持つ定住外国人とがいる。戦前の外国人の多くは、朝鮮半島や台湾などの旧植民地から強制連行された人々であった。彼らは「皇民化」の結果、日本国籍を強制されていたから、法的には「外国人」ではなかった。人々の国際移動が増えるにつれ、「国民」と「市民」とを区別して、国籍のない定住外国人にも地方政治の参政権や各種の社会保障を受ける権利を与えようという動きが、各国で起こっている。

(33) 資料集成では丸岡秀子編『第九巻 思潮(下)』(文献案内④)に、田中美津「いのちの女たちへ〈抜粋〉」と辺(井上)輝子「女のアイデンティティを求めて」が収録されている。

(34) 吉武とほぼ同世代である樋口恵子にフェミニズムを回顧したインタビューを申しこんだときも、樋口の話は、リブ以前、一九六〇年代における彼女の活動から始まった〔樋口・上野、文献案内①〕。当然のことだが、リブより年長の世代は、リブに出会ってはじめて女性問題にめざめたわけではない。

(35) 一九六二年から二〇〇一年まで続いた婦人問題懇話会は、『社会変革をめざした女たち――日本婦人問題懇話会会報アンソロジー』(文献案内①)を二〇〇〇年に刊行している。

(36) ただし牟田論文は用語法で誤解を招くおそれがある。牟田はフランスの社会学者、トゥレーヌの「フェミニズム」と「女性運動」の区別を採用するが、これは通常の日本語における用法と逆転している。日本語圏では「女性運動」は「女性による運動」をさし、対して「フェミニズム」は「ジェンダーを問題化する思想と運動」と解されてきた。フェミニズムの歴史にとって、「女性の運動」(「女性を担い手とする運動」)、たとえば平和運動や消費者運動、果ては戦時下の翼賛婦人会をいかに位置づけるかは、つねに「躓きの石」でありつづけてきた〔上野 2006、文献案内①〕。

(37) 「更衣室不足に四苦八苦　小中学校、予算回らぬ悩み」『朝日新聞』二〇〇四年六月三〇日朝刊

(38) 二〇〇三年、都立七生養護学校事件で不適切な性教育を行ったとして処分を受けた教員たちは、都教委を相手取って訴訟を起こした。〇九年には都側が逸脱的な処分をおこなったとして法廷で敗訴したにもかかわらず、都は控訴している。

(39) 国分寺市と東京都の共催事業であった連続人権講座の講師予定者に上野千鶴子があがっていたところに、東京都が介入し、講演で「ジェンダーフリーという用語を使うかも」という理由で、講師として不適切とされ国分寺市側がとりさげた事件。二〇〇七年一月に新聞報道されてから、ただちに一八〇〇以上の抗議署名が集まり、若桑が都庁教育委員会に届けて記者会見を行った。それに先だって、〇四年に都教委からすべての教育現場で「ジェンダーフリーを不使用とする」通達が出ていることが伏線となっている。このような東京都の保守化は、九九年の石原慎太郎都知事当選以降のことである。石原都知事はまた「ババア発言」でも告訴され、性差別主義者であることを露呈した〔石原都知事の「ババァ発言」に怒り、謝罪を求める会編、文献案内⑥〕。

(40) 故松井やよりの遺産を基金として多方面からの寄付をもとに二〇〇五年に開設された「慰安婦」問題を記録し記憶するための資料館。早稲田奉仕園内にある。

文献

有地亨 1993『家族は変わったか』有斐閣選書
市川房枝編集・解説 1977『日本婦人問題資料集成 第二巻 政治』ドメス出版
伊藤比呂美 1985『良いおっぱい悪いおっぱい』冬樹社(→1992、集英社文庫)
上野千鶴子 1988『接近遭遇』勁草書房
女のためのクリニック準備会編 1987『ピル――私たちは選ばない』同会
国際婦人年日本大会の決議を実現するための連絡会編 1989『連帯と行動――国際婦人年連絡会の記録』市川房枝記念会出版部
竹田青嗣・小浜逸郎 1994『力への思想』學藝書林
鄭暎恵・上野千鶴子 1993「外国人問題とは何か」『現代思想』一九九三年八月号、青土社
藤枝澪子 1985「ウーマンリブ」朝日ジャーナル編『女の戦後史Ⅲ(昭和40・50年代)』朝日選書
森崎和江 1970『非所有の所有――性と階級覚え書』新装版(初版は一九六三年)、現代思潮社
―― 1989「産むこと」森崎編『産』(日本の名随筆77)作品社
梁容子 1993「マイノリティ・フェミニズムの確立を」「マイノリティ・フェミニズム元年」『月刊家族』九五・九六号、家族社
吉本隆明・芦沢俊介 1985『対幻想――n個の性をめぐって』春秋社
Firestone, Shulamith, 1970, *The Dialectic of Sex : The Case of Feminist Revolution*, William Morrow & Co.＝S・ファイアストーン 1972『性の弁証法――女性解放革命の場合』林弘子訳、評論社
Go, Liza, 1993, "Jugun Ianfu, Karayuki, Japayuki : a Continuity in Commodification", *Health Alert*, 139, March 1993.

参考文献・読書案内　＊本書収録論文の出典は巻末の一覧を参照

①リブ・フェミニズムを記録／記憶する（刊行年順に）

井上輝子 1980『女性学とその周辺』勁草書房
田中美津 1983『何処にいようと、りぶりあん』社会評論社
江原由美子 1985『女性解放という思想』勁草書房
上野千鶴子 1986『女という快楽』勁草書房（→2006 新装版）
田中美津・上野千鶴子 1987『美津と千鶴子のこんとんとんからり』木犀社（→2003 増補新版）
鹿野政直 1989『婦人・女性・おんな――女性史の問い』岩波新書
溝口明代・佐伯洋子・三木草子編『資料 日本ウーマン・リブ史』Ⅰ＝1992、Ⅱ＝1994、Ⅲ＝1995、松香堂書店
加納実紀代 1994『まだ「フェミニズム」がなかったころ――一九七〇年代女を生きる』インパクト出版会
女たちの現在を問う会編 1996『銃後史ノート戦後篇8 全共闘からリブへ』インパクト出版会
日本婦人問題懇話会会報アンソロジー編集委員会編 2000『社会変革をめざした女たち――日本婦人問題懇話会会報アンソロジー』ドメス出版
森岡正博 2001『生命学に何ができるか――脳死・フェミニズム・優生思想』勁草書房
Shigematsu, Setsu, 2003, *Tanaka Mitsu and the Women's Liberation Movement in Japan: Towards a Radical Feminist Ontology*, Ph. D. dissertation, Cornell University.
樋口恵子・上野千鶴子 2003「上野千鶴子のズバリ・インタビュー　女性政策の到達点とこれからの女性センター」『女性施設ジャーナル』8、横浜女性フォーラム

鹿野政直 2004『現代日本女性史――フェミニズムを軸として』有斐閣
水田宗子 2004『女性学との出会い』集英社新書
Yamaguchi, Tomomi, 2004, *Feminism Fractured: an Ethnography of the Dissolution and Textual Reinvention of a Japanese Feminist Group*, Ph. D. dissertation, Michigan University.
山根純佳 2004『産む産まないは女の権利か――フェミニズムとリベラリズム』勁草書房
田中美津 2005『かけがえのない、大したことのない私』インパクト出版会
飯島愛子 2006『〈侵略＝差別〉の彼方へ――あるフェミニストの半生』インパクト出版会
上野千鶴子 2006「戦後女性運動の地政学――『平和』と『女性』のあいだ」西川祐子編『戦後という地政学』東京大学出版会
西村光子 2006『女《リブ》たちの共同体《コレクティブ》――70年代ウーマンリブを再読する』社会評論社
北沢杏子 2007『ある一族の愛と性――一八四三―二〇〇六・そのDNAを探して』現代書館
斎藤美奈子 2008「フェミニズムが手に入れたもの／入れそこなったもの」岩崎稔・上野千鶴子他編『戦後日本スタディーズ3「80・90」年代』紀伊國屋書店
リブ新宿センター資料保存会編 2008『リブ新宿センター資料集成 リブニュース この道ひとすじ』インパクト出版会
―― 2008『リブ新宿センター資料集成 パンフ篇 ビラ篇』インパクト出版会

②主婦リブ

天野正子 1988「「受」働から「能」働への実験」佐藤慶幸編『女性たちの生活ネットワーク――生活クラブに集う

人々』文眞堂
伊藤雅子 1975『子どもからの自立――おとなの女が学ぶということ』未来社（→2001 新版、岩波現代文庫）
―― 1978『女の現在――育児から老後へ』未来社
上野千鶴子・電通ネットワーク研究会 1988『「女縁」が世の中を変える――脱専業主婦のネットワーキング』日本経済新聞社（→2008 増補新版、上野編『「女縁」を生きた女たち』岩波現代文庫）
木下律子 1983『王国の妻たち――企業城下町にて』径書房（→1988『妻たちの企業戦争』現代教養文庫、社会思想社）
国立市公民館市民大学セミナー 1973『主婦とおんな――国立市公民館市民大学セミナーの記録』未来社（→2001『社会・生涯教育文献集 四 34』日本現代教育基本文献叢書、日本図書センター）
鈴木由美子 1992『自分だけ違う意見が言えますか』コープ出版
田中喜美子 1990「主婦とフェミニズム」『新しい家庭科 We』一九九一年一月号、ウイ書房
Friedan, Betty, 1963, *The Feminine Mystique*, Curtis Brown.＝ベティ・フリーダン 1977『新しい女性の創造』増補版、三浦富美子訳、大和書房（→2004 改訂版）
結木美砂江 1991『二、三歳児のママはたいへん』汐文社

③女性学の誕生

上野千鶴子 1986「女性学とは何か」山村嘉己・大越愛子編『女と男のかんけい学』明石書店
国際女性学会編 1980『現代日本の主婦』ＮＨＫブックス
女性学研究会編 1981『女性学をつくる』勁草書房

原ひろ子・岩男寿美子 1979『女性学ことはじめ』講談社現代新書

④リブの思想的鉱脈

高良留美子 1993『高群逸枝とボーヴォワール』(高良留美子の思想世界 自選評論集5)御茶の水書房
高群逸枝 1966-67『高群逸枝全集』全一〇巻、理論社
富岡多恵子 1972『わたしのオンナ革命』大和書房(→1984 大和文庫、ダイワアート)
丸岡秀子編集・解説 1978『日本婦人問題資料集成 第八巻 思潮(上)』、1981『同 第九巻 思潮(下)』ドメス出版
森崎和江 1970『闘いとエロス』三一書房
―― 1994『いのちを産む』弘文堂

⑤さまざまなフェミニズム

安積遊歩 1993『癒しのセクシー・トリップ――私は車イスの私が好き!』太郎次郎社
掛札悠子 1992『「レズビアン」である、ということ』河出書房新社
鄭暎惠 1993「定住外国人と近代国家の誤算」『現代思想』一九九三年八月号、青土社
―― 2003『〈民が代〉斉唱――アイデンティティ・国民国家・ジェンダー』岩波書店
鄭暎惠、リサ・ゴウ 1999『私という旅――ジェンダーとレイシズムを越えて』青土社
日本女性学研究会編 1994『女性学年報』第一五号「〃マイノリティ〃とフェミニズム」特集

⑥「男女共同参画」とバックラッシュ

浅井春夫他編 2003『ジェンダーフリー・性教育バッシング――ここが知りたい50のQ＆A』大月書店
石原都知事の「ババァ発言」に怒り、謝罪を求める会編 2005『一三一人の女たちの告発――石原都知事の「ババァ発言」裁判から見えてきたもの』同会
大沢真理 2002『男女共同参画社会をつくる』NHKブックス
木村涼子編 2005『ジェンダー・フリー・トラブル――バッシング現象を検証する』白澤社
日本女性学会ジェンダー研究会編 2006『Q＆A男女共同参画／ジェンダーフリー・バッシング――バックラッシュへの徹底反論』明石書店
Faludi, Susan, 1991, *Backlash: The Undeclared War Against American Women*, New York; Doubleday.＝スーザン・ファルーディ 1994『バックラッシュ――逆襲される女たち』伊藤由紀子・加藤真樹子訳、新潮社、一九九四年
宮台真司・上野千鶴子他 2006『バックラッシュ！――なぜジェンダーフリーは叩かれたのか？』双風舎
若桑みどり・皆川満寿美他編 2006『「ジェンダー」の危機を超える！――徹底討論！バックラッシュ』青弓社

⑦リブが語る老い

上野千鶴子 2007『おひとりさまの老後』法研
大熊由紀子 1990『「寝たきり老人」のいる国いない国――真の豊かさへの挑戦』ぶどう社
俵萠子 2005『子どもの世話にならずに死ぬ方法』中央公論新社(→2009 中公文庫)

I　リブの声

日本でリブが産声をあげたのは、一九七〇年一〇月二一日、国際反戦デーにおける女だけのデモであった。このときはまだリブの名を使わず、「おんな解放」とよんでいた。はじめて当事者が「リブ」の名を積極的にひきうけたのは、翌年八月のリブ合宿以降である。

この事実は、二つのことがらをあきらかにする。第一は、リブは新左翼の運動が解体期を迎えた時期に、それへの失望や批判から、女だけの自律的な運動として成立したということであり、第二に、「リブ」というカタカナ言葉を使ってはいても、日本のリブは独自の存在として成立した、ということである。

日本のリブは、先進工業諸国をまきこんでおこった、近代批判的な対抗文化運動と連動していた。のちにその潮流は、約一世紀まえの第一波フェミニズムと対比して、第二波フェミニズムと呼ばれるようになる。フェミニズムがフェミニズムと呼ばれるためには、女自身の自律的な運動でなければならない。が、同時に、フェミニズムがそれ以前の「女が担う運動」と決定的に違っていたのは、「女性《おんな》」を徹底的に問いなおしたことにある。

リブは特定の個人や組織が主導しておこした運動ではない。そこには多様な「女の声」がひびきあってひとつのうねりをつくり出している。そこにあるただ一つの核心は、女が自分じしんの声で「自前の思想」を語りだした、ということである。

（上野）

一九七〇年

●リブの産声

便所からの解放

ぐるーぷ・闘うおんな

あなたが〈女〉ならば、率直に自分を見つめることのできる〈女〉ならば、自分が部分としてしか生きていないことを知っているはずだ！

いや、正確には知らされていると云うべきだ。誰によってか？　もちろん男によって――。

財産の保全と相続を目的とする経済体制にとっての至上命令である純血の保持は、男と女のかかわりを一夫一妻制度として規定した。男と女のかかわりを制度化するバカバカしさ、不自然さは、男と女を欺瞞的な、よそよそしい風化した関係に作りあげた。

人間の自然な心と体の営みに反する一夫一妻制度の、制度としての無理は女と子供を男に依存させる経済構造を根底に、性を汚い、卑しい、恥ずかしいものに貶し込める意識構造を人々の心の核心として作りあげることによって乗り切られてきたのだ。

一夫一妻制度が質的には女にとってだけの一夫一妻制度である以上、性を辱しめる意識構造は、女の性に対してより抑圧の度を深める。それはバク然とした意識の問題としてあるのではなく、私有制経済の要請にもとづく男と女のかかわりあい＝構造によって作りだされているのだ。

最も基本の隷属関係としてある男と女のかかわりあいを、生物《いきもの》としての人間の生きる核心をなす性を通じてあきらかにすることによって、我々は女の解放を人間の解放へ普遍化する一視点となすことができるだろう。

さて、性を否定する意識構造がなぜ、心の構造の核心をなすのか。言うまでもなく人間の意識は生活に規定される。さらに云うならば、経済構造に規定されたところの、他の人間とのかかわりによって意識は作られる。〈他の人間〉とは、男にとっては女、女にとっては男である。他の個体を再生産する機能をもつ生物として対の単位は男と女である。一人で生れ、死んでいく個体としてしか生きられない人間は、個体である故に対幻想(1)を追う。

対幻想はＳＥＸを通じて幻想として獲得される。個体としての限界をもつ生物としてＳＥＸは他の生物《いきもの》に対する根源的なコミューニィケーション形態としてある。

男と女のかかわりあい、生物《いきもの》としての人間の、他の生き物に対する最も基本的なかかわりあいを否定し、卑しめることによって、その生の不完全燃焼状態は人をして生きることを恐れ、権威に依存する意識構造を自らの中に作りあげさせる。

支配の体制が支配の論理を貫徹していくためのイデオロギーの基石をなす権威主義は、家父長制の一夫一妻制度によって、つまり〈家〉によって作りだされ、日々、日常的に再生産されていく。

さて、この性否定の意識構造が、女に対してより抑圧の度を深めるとはどういうことか？　女が女であることによって、抑圧され、女であることによって支配の体制の加担者としてあるその構造はどのようなものなのか？

それは又、男と女が性を通じてどのように体制に組み込まれているかを明らかにすることでもある。端的に云ってそれは、男の意識を媒介に女の性を抑圧することによって男の性を管理していくという構造としてある。

媒介とされる男の意識とは、やさしさと、やさしさの肉体的表現としてのSEXの両方をあわせもつ、総体の〈女〉として、女をとらえない意識である。男にとって女とは、母性のやさしさ＝母か、性欲処理機＝便所か、という二つのイメージに分かれる存在としてある。

全体である対象（女）のふたつの側面――母性（やさしさ）、異性（SEX）とに抽象化してそれぞれに相反する感情を割りあてる男の分離した意識は、単婚[2]が娼婦制、奴隷制と併行してあったという人類史を背景に、一夫一妻制度が性を卑しめ、性と精神を分離させる意識構造によって支えられていること、さらにその意識構造下に於ける私有的な母子関係が、一方において母性のやさしさに対する執着をうみ、もう一方でそういう母親が父親とオトコとオンナの関係をもつことで自分が生れたという事実に対する嫌悪を生みだすという、女に対する背反する二重の意識を植えつけるのだ。

男の〈母〉か、〈便所〉かという意識は、現実には結婚の対象か、遊びの対象か、という風にあらわれる。結婚の対象として見られ、選択されるべくSEXに対し見ザル、聞かザル、言わザルの清純な？ カワイコちゃんとして女は、やさしさと自然な性欲求を一体として持つ自らを裏切り、抑圧していく。蛇足だが、女同士がとかくマサツを起こしやすいのはお互いに競争相手のこのシラジラしい、カワイコちゃん的演技がスケスケに見えるからなのだ。

やさしさの性と官能の性を一体としてもつ〈女〉は、私有制経済の要請で作りあげられた男の分離した意識のまえに解体され、部分として生きることを強要される。

さて、女の性を精神と分離し、卑しめる男は、その性は果たして充分解放されているのだろうか？〈他民族を抑圧する民族に自由はない〉といった永遠の真理はここでもキラめく。

十五歳の男の子が十五歳の女の子と、心身ともに充足したひとときを持ちたいと願うのは、まったく自然なことにもかかわらず、現在その実践を社会的規模で行うのは不可能だ。

結婚というワクからはみだした性関係は、ハレンチな不純異性行為として取り締りの対象とされる。少年の場合でなくとも、それは陰湿な後ろめたさを伴う。わずかに婚前交渉、婚外交渉として、あくまで結婚を前提に見て見ぬふりというあいまいなカンジで許容される傾向が目だちつつあるといった状況である。

なぜそのような状況ができつつあるかについては、性の遊戯化、テクニック化ということにともなう現象として後述したいが、いま問題となることは男と女が惹かれあうという〝自然〟の一部としての行為が、結婚というワクの中、結婚を前提にしたワクの中でしか許されないという不自然さである。

生物《いきもの》としての自然な、大切な営みが何故、結婚という不自然なつくり物のワクの範囲でしか許されないのか。

純潔の保持＝バージン至上主義が、男の母か、便所か、という意識を媒介に女を抑圧し、現在的にバージンとして＝結婚の対象としてあらねば不利益を覚悟しなければならないが故に、真摯《しんし》に生きるより物質的な安楽に女のしあわせの可能性を抱く多くの女は、自らのバージン価値を堅持するために偽りの衣をまとう。

男は、性と精神を一体としてもつ総体の者として女をとらえない自らの意識によって、自らの性を抑圧している。

十五歳の男の子の性は、性を低俗な口にすべきでないもの、とする性否定の意識構造＝快楽の性を否定し、性の商品化を許容する意識構造によって抑圧されている。

私有制経済体制のもとでは、女は生れながらひとつの私有財産を持っている。バージンという私有財産を!! バージンを守りぬくことは、実は自分をモノとして、商品として堅持しようとすることなのだ。自己に、他者に、できうるかぎりの誠実さと率直さをもって向いあおうとするならば、自らの生物《いきもの》としての自然な欲求、やさしさの肉体的表現としてのSEXを回避しては生きられないはずなのに。さらに女の性を抑圧することによって男の性はどのようなものになり果てているかを述べるならば、女の性が生理欲求を処理する〈便所〉ならば男の性は〈ウンコ〉だということだ。

サマセット・モームの短編に〝雨〟というのがある。売春婦をマトモな清い生活に立ち返らせようと奮闘する牧師が、あと一歩で神の御心通りに行くといったところまできて、ナゾの自殺を図る。そして女は、というともとのモクアミ、ドンチャカ騒ぎの中で汚らわしいものを吐きだすようにして云い捨てる――「男はみんなブタだよ」

売春婦がブタなら牧師もブタだったということのフィクションは、女を〈便所〉だと位置づけることによって自らも〈汚物〉になり果てる男を過不足なく描いている。

男と女が相関関係にある以上、女の性のみじめさは男の性のみじめさであり、それは現代社会のみじめさの象徴なのだ。

このみじめさを女の性のみじめさを問いつめることであきらかにしていくことが、女の解放につながる道ならば、それはまずキミ自身の居直りから始まるのだ!!

なぜならば、男の〈母〉か、〈便所〉かという意識は、性を汚れたものだとする性否定の意識構造から生じる両極の意識としてあるのだから。

遊びの対象に見られようと結婚の対象に見られ選ばれようと、その根はひとつなのだ。

〈母〉か、〈便所〉かは、ひとつ穴のむじなであり、どちらに見られようと本質的には同じことなのだと知る時、女は男に、権力に居直る。

その時、いままで男を媒介に作りあげられてきた権力好みのカワイイ女は、自らの性を足がかりに主体性確立への視点をつかむ。

その時女は、女を便所化することで成り立っている支配権力と対峙する。

女は自分自身の〈アンポ体制〉で出会う。

云うまでもなく提起した〈居直り〉とは、四帖半に閉じこもってジーッと考えるものとしてあるのではない。性を否定する意識構造からの自己解放とは、あくまで実践過程を通じて獲得されるものであり、その上に立っての居直りも全体と個との緊張関係——つまり実際の男とのかかわりと権力闘争との緊張関係の中で、主体形成の道を切り拓くものとなるのだ。

決して理論を否定するものではないが、マルクス、エンゲルス、ローザ(3)ｅｔｃで理論武装した女が、あんた、適齢期ョ、のひとことでウハウハウハウハ体制に組み込まれていく現実を見る時、いまの体制のもとでは絶対に〈女〉として——やさしさとその肉体的表現としてのＳＥＸの両方をあわせもつ〈女〉として生きることはできないことを前述した部分と全体との緊張関係の中で確認することによって、女自身の内なる家庭、男、母性愛、かわいい女、子供、に対する諸幻想を解体し主体形成への第一歩が、実質的な第一歩が踏み出されるのではないか。

さらに具体的に言うならば、女を抱く男、男に抱かれる女という構図から、女を抱く男、男を抱く女、つまり抱く——抱かれるから、抱く——抱くの関係へ、男と女のかかわりを止揚していく過程こそ、個の、つまりキミの主体形成過程(4)、権力への闘いと裏表になって進められるものとしての主体形成過程になるであろう。前述した部分と全体との緊張関係のイメージとは、そのようなものではないだろうか。

さて、女の性が生殖を伴うということの意味を問いつめていくことは、女の居直りを徹底化させることで、また攻撃的な質を獲得するためにも必要なことである。それは〝女であること〟を問いつめていくこと。男と女の絶対的な違いは〈産むか〉〈産まないか〉にある。

この違いをつきつめていくと、女は出産という生理機能を通じて自分を縦の関係に、つまり自分を歴史的にとらえることが本質的に可能な存在としてあり、女と子供にとって男とは所詮、消えていくだけの存在でしかない、という本質に突き当る。(自分の子供との血のつながりを確認できるのは母親だけで、男は信じる故に我あり、といった存在にすぎない。)

男は、自分を歴史的にとらえるのに論理を必要とするが、女はその存在そのものが歴史的なのである。男が論理的で、女が直感的であるのは、男が社会的生産により従事している関係から、自分をとらえる外的対象をもっている、つまり客観視できる位置にいるからという要因は大きいが、本来的には、この生理構造の違いに規定されたところから生ずるので、男がより権威主義チックなのは、なによりもその存在の頼りなさからきている。

レーニンだって云っている(――偉大な創意より)。

「疑いもなく婦人労働者と農村婦人の中には我々の知っている以上に何倍もの多くの組織的才能の持主が存在しており、彼女たちは意外にうぬぼれの強い「インテリゲンツィア」やなまっかじりの「共産主義者」のつねにかかりやすい計画や体系などについてのあの仰山な空文句や空さわぎや口論やおしゃべりを抜きにして、多数の労働者と、さらに多数の消費者とを参加させて、実践的な事業を推進させる力を持っている。しかし我々はこの新しいものの萌芽をしかるべくいたわり育てていない。」
生物《いきもの》としてのこの女の強さは、母権制社会をうみだした。女中心に営まれた原始共産制のむかしも、アポロ時代の今も、女のこの強さは変わっていない。マスコミが意図的にでっちあげた昨日今日の軽薄な女上位などとは無関係に、女は云うならば本質的に女上位で生きてきたのだ。

〈三界に家なし〉と云われた時代においてさえ案外そのドン詰まりで居直って女は、チョコチョコと小賢しい? オトコ共をふところに抱きかかえて生きつづけてきたのではないか、女は——。

俗に女が変われば世の中は変わるといわれるが、それは体制と反体制の接点、もしくはそれを越える?存在としてある女をどちらの側に組み込みえたかで世の中は決まるということだ。

子供を通じて自分を歴史的にとらえることのできる強さをどちら側が組み込みえたか、ということだ。さらにその内容を詰めてみると、強さを強さとして組み込めればラジィカルな力となり、強さの裏面としての保守性として作用すれば、支配を貫徹させる基盤となると考えられる。

存在そのものが歴史的である女は、闘いを通じて自分を横の関係、つまり社会的に位置づけることができる。例えば忍草、三里塚の、女でもっている闘い。

初めはオラの土地守れという農民のエゴから発した闘いは、権力との執拗な闘いの中でしだいにアンポ体制の本質に迫る認識を持つ闘いへと成長していったのだ。

縦(歴史性)と横(社会性)の格子構造の中で自分をガッチリとらえることのできた強さ、それが忍草、三里塚のオカアチャン達の強さだ。

性と生殖を通じて男を体制に組み込んでいく機能も果たせば、反体制の闘いを最もラジィカル(根底的)に支える力にもなりえる女。

政治に口出しする女、男に論理で迫る女、社会とのかかわりを求める女、女性解放とか男女差別を云々する女は冴えない、干からびた、オールドミスの欲求不満というダメージが、いまも昔も濃厚にある。それが現在も女自身によって女にとっての問題――女であることによって抑圧され、女であることによって体制を構造的に維持しているということが、コトバ化できていない大きな要因なのだが、政治女のイメージは、家父長制の〈家〉、が必要とする吉永小百合、島倉千代子タイプ――社会に男に安全無害な、つつましやかな、かわいがられる女と正反対なタイプだからこそ、ジャマにされ、嘲笑され、嫌われるのだが、しかし過去の女性解放運動が女にとってさえ魅力のない、ギスギスした、全ブス連運動であったことは事実だ。事実だがしかし、その女闘士たちをあれはカッコワルーイヒトたちでした、と思いっきりよくスッパリと切り捨て去ることはできない。〈女〉として生々と率直に生きることを願って闘っているあなたとワタシである以上――。

明治以来の女性解放の女闘士たちのカッコワルサは、女が女として解放されるために一度男にならねばならなかったその必然的な過程としてあった。その頃の女に加えられたさまざまな抑圧(凶作になれば女郎に売られかねない時代)を考える時、まず離婚の自由、普通選挙権の獲得など基本的人権といわれる権利獲得に闘いの主眼がおかれ、牛馬から人間なみ=男なみの権利獲得する緊急性の中で、彼女らの女としての性は薄められ、切り捨てられることによって運動が担われてきたのだった。経済的・法的男女平等が女の主体性確立、女性解放の本質に迫るための前提条件であること(前提条件にすぎないこと)を考えれば、これはどうしても一度は通らねばならなかった足固めであったと理解できるし、彼女らの肩怒らせた後姿に、その影に私は同志愛的ないとおしさと女の哀しみを見出さざるをえないのだ。

そして今、激動の七〇年代を迎えて、世界的な広がりをもって女は主体的にも状況的にも〈女であること〉を通じて自らの解放論理を構築し、運動化できる地点に立っている。

どのような状況のもとでも、女として以外生きることのできない者にとって〈女であること〉を問いつめることを通じてしか〈女〉を〈人間〉に普遍化することはできない。

リブ運動について

アメリカのリブ運動が非常な盛上りを見せてきている。

しかし、マスコミに伝えられた範囲で考えることは(一部に女の敵は男だと位置づけ、男とSEXしないことを主張しているらしいが)、女の解放とは自然の女、自然の一部に女をかえすことであるのなら、男と女の間の最も自然な基本的なコミューニィケーション(私にとってコミューニィケーションとはやさしさであり、SEXはやさしさの肉体的表現としてある)としてあるSEXを否定したところから女の解放を志向するという不自然さから自然さを獲得しようとする論理が私にはわからない。

それは日本の過去の女権獲得闘争のアメリカ版みたいな気がするのだ。

女にとって(男にとっても)大切なのは権力を志向することではなく、女として生きること=人間として生きることになることだ。権力奪取はその手段にすぎない。

リブ運動は今のところヒステリカルな男性排外主義に満ちた女権国家?の創造といったカンジがするのだ。

性とは個人に属するものだが、個人だけに属するものではない以上、女の性への抑圧=部分として生きることを強要してくる相手(男)は、女の性への抑圧の本質=私有制経済の意思から規定された媒介物でしかないのだ。

男と女の対立は最も古い基本の差別構造としてあり、しかも意識の問題を単なる経済のなりゆきの結果[5]にすぎないと一面的にとらえることが誤りである以上(生活が意識を規定すると共に、意識が生活を規定する=精神と物質の相関関係)、女と男の問題は人間解放の核心をなす問題として永久革命へ向けての中心テーマになると思われるが、今、男を敵だとする論理は、性が階級性をもつ[6]ことを人々の目から隠ぺいしてしまう。しかし〈女であること〉を通じて権力に迫るとは男を通じて権力に迫ることである以上、戦術として現在的な男の存在を告発していくことはワルイ方法ではない。

男を外的対象にすることによって自分の性を対象化し、性を感性の問題としてだけでなく、社会の構造の中からとらえ直していく作業——女であることによって抑圧され、女であることによって男と子を支配体制に組み込んでいく存在としてある自らをあきらかにしていく作業は、男を通じて権力と出会うことによって進められる。

私がよく云う、男と権力にとりみだしつつ、とりみだしつつ迫る、といった場合も、女の(=男の)主体形成の問題として、普遍性、世界性をもつ闘い(=全体)の中に包括される部分である男と女のかかわりを、部分としてきり捨てたところで主体形成を図るのではなく(かつての女性解放闘争の先駆者たちがなぜ中性化していったかにかかわる問題)、全体と部分とのキンチョウ関係の中で〈女であること〉を人間に普遍化していくための主体形成の問題として提起しているのだ(革命的敗北主義の道を示唆するカンジで!!)。

日本のかつての女権獲得闘争にある、そして今もある、部分の問題をきり捨て、自らを男化していくことで、主体を形成しきると考えた誤りの逆、つまり全体をとらえずに部分だけを拡大視しているのがリブ運動なのではないか。どちらにしても、中性化はまぬがれない。

では〈女であること〉を通じて〈人間の解放〉を志向するような具体的なイメージは、と云われると鮮明ではないのだ。

今まで展開した内容と方向性をもつ女の闘いの実践化――その現在的、未来的必要性は前述してきた通りですが、果たしてどのような個別女性解放闘争として成立するものなのか?

「中絶禁止法」「勤労婦人福祉法案」「女子教育職員育暇法」「入管闘争」といったものを媒介に女であることを問いつめ、闘いを普遍化していくことは可能であり、我々は、現在その道を切り拓こうとしているが、しかし切り拓くことができるであろうか? 地平からはるか遠くの地平線をのぞむと、ピントの合ってないカメラのレンズを目にあてたようなカンジになってしまうのだ。

言えることは、現在的にはただ言葉として言えることは、私たちがひとつの方向性をもって闘いぬくこと＝敗北しぬくことが次の一歩を踏みだすものになるだろうと云うことだけだ。

その意味においても私たちは執拗にとりみだしつつ、とりみだしつつ男に権力に自らに、迫りたい、迫りえたらと思うのだ。

"性の解放"ってなぁにセニョール？

性の解放という言葉は現在手あかにまみれ、それ自身何も言ってないコトバになり果ててしまった。私たちが女の解放は本質的に性の解放としてある、という場合に、言うまでもなく即自的に性を解放しようなどと図るものではない。

週刊誌的な性の解放が薄汚くふりまかれているせいか、性の解放＝フリーセックスとわい小化されがちだが、フリーセックスということばこそ本来的にフリーであるＳＥＸがいかにフリーでないかを逆表現している言葉だ。言葉の正確な意味でのフリーセックスなど一体どこにあるのか？

フリーセックスとは、女を便所としてとらえる男の意識の、あとは野となれ山となれのカッコイイ表現形態でしかないのだ！

私たちが志向する性の解放とはそのような平凡パンチ式の解放ではない。

それはまず便所からの解放としてあるのだ。

つまり男を汚物の性から解放するものとしてあるのだ。

その第一歩が母か、便所かの男の女に対する意識に対する居直りとして始まることは前述したが、それは性否定の意識構造からの自己解放として始まる。

男と女の性を包括する闘いの論理を持ちえていないことによって、闘いの中にも貫徹されている男性中心主義によって、そしてそれに媚びる女の側の主体性のなさによって、女は消耗し、戦線から脱落していく。女に対しては私有制を固執する男、仲間やソシキに自己批判しても最終的に女のところへ逃げこんでやすらごうとする男は、それを受けとめる没主体的な女と共になだれ現象をおこして体制に組み込まれていく。闘いの内部にある男と女のこの構図は、結局は我々も又、性否定の意識構造に深く規定されていることを示している。

被抑圧者(便所)から抑圧者(汚物)へ迫っていかないかぎり問題は鮮明にならない。

全体と部分とのキンチョウ関係を通じて、性否定の意識構造からの自己解放をかちとっていくことが、主体形成の実質的な第一歩としてあるのだ。

男の主体形成を助けるための第一歩としても。

さて、便所からの自己解放を志向する女性解放闘争が盛り上りを見せていると共に、女を便所としてより徹底化させる、性のテクニック化、遊戯化の傾向が現出している。

そのふたつの方向の背景として、現在性否定の意識潮流が肯定的なものへと移行しつつあること――つまり〈生きる〉という中に性を深く包括する方向、性は生物《いきもの》としての人間の〈生きる〉ことの核心なのだ、という認識が世界的に広がり確立しつつあることがあげられる。(文化面に於てハッキリと、例えば〝ヘア〟などに)人間を隷属させる基本的手段として性をとらえる権力にとって、この意識潮流の移行状態は脅威以外のものではない。

彼らは、国民総生産第二位の幻想とひきかえに抑圧してきた性を、これから高度福祉国家幻想の中で管理しようとしているのだ。

それはスエーデン的性の解放として、つまり性の自由化を社会制度的に保障しつつ、一夫一妻制度が貫徹していくといったかたちだが、その方向への推進役として性のテクニック化、遊戯化という彼らの戦術が生れたのではないか。

中絶禁止法の中身もそのような傾向を法的に貫徹するものとして上程されるのではないか。


前述したように女性解放という言葉は白々しくカッコ悪い。

それは、男の意識、論理構造に拝跪《はいき》することによって女を越えて? いこうとする白々しさでありカッコ悪さである。

それに対し、女であることを問いつめる中でしか人間へ普遍化できないという視点をもつ我々の我々自身の解放をかちとる運動は、女の世界史的敗北が始まって以来の、社会と男に対するうらみつらみ、それをコトバ化し爆発させるという、言ってみれば情念の集団として結集され展開されるのではないか。

うらみ、つらみを運動化していく過程で国家の起源に迫り、男や自分自身に対する幻想を打ち破り(どこまでも打ち破っていく幻想としてあるという認識のもとに)性の解放とは過渡的に未来的にいかなるものなのか論理化、鮮明化していくだろう。

それは今までの中性化した陰湿な「女活動家」のイメージを打ち壊す開かれたパトスの爆発として生々とした〈女〉の運動体として階級闘争の一翼を担うものになるであろう。

女であること、やさしさと性欲求を総体としてもつ女としてその全存在を賭けて徹底的に敗北しぬくことによって、次の一歩を切り拓こうと志向する闘いを通じて、我々は〈新しき女〉を創造していこうではないか。

負けてもともと
　勝ちゃなお結構
　　やるズラ!!

☆これは、呼びかけ人からのアピール。
(つまり意思一致したものじゃないということ。)

反論、疑問、待ちます。

次の集会は　9月13日(日)　参加したい人　連絡を!!
●また有名人じゃないいろいろな場で闘う女性を講師に、連続シンポジウムを開きます。
●9月三週ごろ忍草へ一泊ティーチイン。
●ご連絡は田中美津へ

(文・田中美津)

（1）**対幻想**　一対一の対的な愛の関係。「私とあなた」の対の認識。男と女が向かい合って対となるという観念。（吉本隆明などの言葉）

（2）**単婚**　エンゲルス『家族、私有財産および国家の起源』（国民文庫）より。一夫一婦による結婚。

（3）**ローザ**（一八七一―一九一九）　ローザ・ルクセンブルグのこと。ポーランド生まれの共産主義者、ドイツ共産党の創始者の一人でマルクス主義経済学者。革命運動や反戦運動のために何度も投獄された。最後に虐殺される。彼女のマルクス主義の解釈はレーニン、スターリンと異なるため、長らく反スターリン主義者として抹殺されていた。一九六〇年代の世界的反スターリン主義の諸闘争、ニューレフトの中で復権した。ドイツにおいても忘れられていたが、ドイツSPSの擡頭以来、大衆に知られるようになった。

（4）**キミの主体形成過程**　新左翼運動の理論。その頃はどのような革命主体の形成をするかが問題だった。

（5）**経済のなりゆきの結果**　左翼運動でいわれていた女性差別は物質生産からの排除が原因だとする経済還元論。

（6）**性が階級性をもつ**　性が個人に対する個人の敵対関係ではなく「諸個人の社会生活諸条件から生じてくる敵対関係にある」こと。性は個人的なものではなく、生得的なある集団（男）が他の集団（女）を支配するためにつくられた普遍的な構造のもとに置かれていること。

※　注は松香堂刊の資料集編集の際付されたものを掲載した。

●リブの産声

わかってもらおうと思うは乞食の心

『いのちの女たちへ』一九七二年

田中美津

本音、本音と、よくあたしも使うことばだけど、時々人間己れ自身の本音をどれ程意識できるものなのだろうかと、ふと考えることがある。まれにだが講師？の口がかかってくることがあって、このあたしに！という半信半疑の気持にひかれて出かけてみるが、しかし、大抵の場合、およそ無残な結果に終る。あたしが強迫観念か、強迫観念があたしかみたいなところがあたしにはあって、話している最中に、今ここで話をやめたら結局何も話したことにならなくなるのではないか、などという不安にフイと取りつかれたら最後、一体どこで話を一段落させたらいいのかわからなくなって、ただもうあっちの引き出し、こっちの引き出しと手あたり次第ひっかきまわして、遂に力尽きて果てるという、醜態を招いてしまう。結局、予定された時間のほとんどを一人占めにしてしまって、最後に司会者が「次回に今日の話し合いを続行いたしましょう」なんて締めくくるのを聞くと、申し訳なさで身も世もあらぬ気持に襲われる。さらに後ほど「田中さんってよく喋るよーッ」などという噂が聞えてきたりすると、あぁ、よしゃよかったの想いでつくづく我が身がうとましくなる。

しかしいくらあたしでも、理由なくとり乱す訳はないんであって、そこに参加している人の中に、「なんていったって、妻として、母として生きるのが一番よ」、とタカをくくった想いが、例えば、一人につき三〇パーセント位ある場合、それが何人かまとまればそれなりの会場の雰囲気をかもしだす訳で、その雰囲気と喰ったり喰われたりしているうちに、引くに引けない後家のガンバリになってしまうのだ。

そういう場合、乱れ乱れた話の内容ではあっても、本当に己れの本音で語ったか、語れたかが唯一のあたしのなぐさめになってくる。しかし、そのむかし確かに本音であったことばも、時間を経れば、次第に鮮度は落ちてくるもので、結局、いま現在の本音といえるものは、そのとり乱し以外にはなかったということに思い当る。

リブ合宿の時、山頂ヌードの会という催しがあって、その時の写真をみると今でもおかしくなる。実をいえば、あたしはその時裸になんかなりたくなかったのだ。貧弱な我が身が風呂屋の鏡に映るだけでも恐怖するあたしだから、野外で、まっ昼間、人サマの目にふれるところで、裸になるなんて、とてもじゃないが、だったのだ。しかも、その当時、あたしは慢性の膀胱炎にかかっていて、冷えが何よりもいけないと、医者から忠告されていた身だったから、それだけでも怖気づくのには充分な理由であった。にもかかわらずあたしは参加してしまった。もちろん、〈運動の要請〉なんかじゃない。想うに、貧弱さが気恥かしいというなら、顔も隠すべきじゃないかという自虐的な理由だったのではなかろうか。とにもかくにもまったくやりたくないことをやる訳はないのだから、何かあったのだろうという、その程度の理由だったと記憶する。写真の中のあたしは一人だけ裸にサングラスをかけている。裸になる前からかけていたサングラスではあったが、突然どうしたものかそれが顔にくっついて離れなくなってしまったのだ。裸にサングラスというのは、どう見てもみっともないと、思う気持があってその最中、あたしは何度かはずそうと試みた。しかし、到頭最後まであたしはそいつをかけたまま……。はずせなかったサングラスに、裸にはなってみたものの、というその時のあたしの本音がにじみでていて、写真をみるたびにニヤッとしてしまうのだ。

とり乱すとは、存在そのものが語る本音であって、それがその時々の最も確かな本音なのだ。自分と出会うこととなくして、他人サマと出会うことなどありえないが、自分と出会うとは、自分のとり乱しと出会っていくことではあるまいか。「己れは己れ」といった場合の、その己れとは、前者はとり乱しそのものを指し、後者のそれは、その本音を拠りどころに社会を知り、人間を知り、己れを知っていくところの、その己れに他ならない。

NEW　便所からの解放（抜萃）

階級社会のもとでは女は誰でも生れつきひとつの私有財産を持っている。バージンという私有財産を。これをうまく運用して高く売りつけることで女の人生は決まる。しかもバージンには先天的、後天的ランクがある。すなわち家柄、財産、容姿、教育の程度でバージンの商品価値は大幅に異なる。美智子妃殿下とあなたのバージンでは、サンゼンと輝く大粒のダイヤモンドと縁日で売っているおもちゃの真珠位の違いがあるのだ。そしてさらに奇怪なことに実際にバージンであるかどうかなんて実はあまり意味がないことなのだ。重要なのは〈バージンらしさ〉なのである。例えバージンでなくったって、白いウェディングドレスを花嫁らしく＝バージンらしく楚々と着こなす厚かましささえあれば、全ては丸くおさまるのだし、吉永小百合が小百合であるのは、なによりもその〈バージンらしさ〉に拠るのだ。さて、お立合い、さらに奇々怪々なことには、結婚したあとまでこのバージンらしさが女に要求されるのである。軍隊ではない自衛隊と、バージンらしさを粧う人妻？　はギマンの最たるものではないか!?　双葉から叩き込まれる「女らしくしなさい」の一言は実は「バージンらしくしなさい」と同意語である。バージンらしくするかしないかは、結局男と社会に叛旗をひるがえすかどうかの分れ道だ。おんな解放運動(リブ)とは、バージンらしさを返上し、やさしさとやさしさの肉体的表現としてのＳＥＸを合わせもつ総体の女として自らを〈バージンらしさ〉の基準で女の優劣を決めようとする男と社会に叩きつけ迫る女の闘いとしてあるが、〈バージンらしさ〉解体は一夫一婦制度や家の解体を闘いの根底におく階級闘争として展開させるのだ!!　ジャジャジャジャーンと、カッコよく言い放つことはやさしいが〈結婚こそ女のしあわせ〉を基調テーマにこれでもか、これでもかと〈女らしさ〉作りの特訓を受けてきた身においては、マルクス、エンゲルス、ボーボワールｅｔｃで大脳のシワを一本位増やしたところで、我々の意識構造の核心に植えつけられた〈お嫁に行けなくなる〉という強迫観念から全面的に自己解放を勝ちとることは不可能だ。私もキミも、シワの中に顔があるような歳になっても、〈優雅な棺桶の入り方〉なんていうベストセラーを読みふけるのではないか？　〈お嫁に行けなくなる〉という古ぼけ、すり切れたシッポをひきずりつつ、〈バージンらしさ〉に叛旗をひるがえす、という矛盾に満ちた存在が〈ここにいる女〉であり、〈ここにいる女〉の性の生殖を問いつめていく中でしか女を人間に普遍化できない以上、自分自身のみっともなさ、ドジカルを直視しつつ、こんな私にした敵に迫っていく闘いは、まさしくとりみだしつつ、とりみだしつつ迫る以外のものではないだろう。

知的な女の、知的な領域で、なでさすられ若干のナルシズムをふりかけられて口あたりよく仕上げられてきた既成の女性解放論理、はたまた、もっと硬派の部分による、男の意識、論理構造に拝跪《はいき》することで女を越え、革命的＝男並みにがんばろうとする解放論理に共通する白々しさは、知的であると共に肉的である〈ここにいる女〉の骨肉を通じて否定的に総括されなければならない。

これは二年前に書いたものの抜萃だが、あらためて読むと、なにかひどく威勢がいいが、〈ここにいる女〉から出発するということと、「とり乱す」というイメージとの結びつきは、次のような考えからでてきたものだ。人間なんて、これ矛盾のかたまりで、ひとつひとつの矛盾に一度につき合うなんてとてもできない相談だから、居直りも己れの武器のひとつと心得て、解きほぐしやすそうな矛盾からとっかかっていけばいい。たぐりよせていくその手元さえ確かなら、居直ったきりになる矛盾などある訳はなく、終止符は打たれるべくして打たれていくものなのだ——。抑圧の、そのよってきたる由縁を明らかにしていくことはいうまでもなく大切だが、しかし、さらに問題なのは、それがわかったところで、あたしたちは、その作られた現在、作られた自分からしか出発しえないというそのことなのだ。

リブを運動化して間もない頃、それまであぐらをかいていたくせに、好きな男が入ってくる気配を察して、それを正座に変えてしまったことがあった。あぐら革命的、正座反動的みたいな偏見から己れを嘆く訳ではないが、しかし、楽でかいていたあぐらを正座に変えてしまった裏には、男から、女らしいと想われたいあたしがまぎれもなくいたのだ。その時、もし、意識的にあぐらか、正座かを己れに問えば、あぐらのままでいいと答えるあたしがいたと思う。しかしそれは本音ではない。その時のあたしの本音とは、あぐらを正座に変えてしまった、そのとり乱しの中にある。常日頃に思うことは、ヒトが己れを意識的にとらえられる部分とは、いってみれば氷山の一角にすぎず、しかも、往々にしてそれは「たてまえ」としての己れであることが多いようだ。あたしたちの本音の、その大部分は無意識の中に隠れていて、しかも人間は無意識で成り立っていると言ってもいい位なのだ。女の場合、その無意識を形づくっている核心に、女は女らしくがある。つまり、〈女は女らしく〉という論理は、本来たてまえであるにもかかわらず、そのたてまえは女の中に深く血肉化されていて、〈無意識〉という意識を形づくるまでになっているのだ。あぐらから正座に変えた、そのとり乱しの中にあるあたしの本音とは〈女らしさ〉を否定するあたしと、男は女らしい女が好きなのだ、というその昔叩き込まれた思い込みが消しがたくあるあたしの、その二人のあたしがつくる「現在」に他ならない。

昨年秋、早稲田の学園祭に参加した際、リブが運動としていまだ明確な方向をもちえていないことを、生硬なことばで問いつめてきた人がいた。そのことばから察するにどこかのセクトに近い人のように思えた。それに対しその批判と、その指に光るマニキュアとの、埋めがたい矛盾をリブ派が問いつめ返した。そのありさまを見聞きしつつ、あたしは、豊富な革命用語を用いるその人が、一人アパートに帰ってマニキュアを塗るありさまを思い描いて、ホッとため息のでる想いであった。〈ここにいる女〉の生き難さが、そのピンクのマニキュアに問わず語りににじんでいた。その女のまちがいは、マニキュアをしたことにあるのではなく、その教科書的な解放理論がマニキュアに象徴されるそのヒト内部の矛盾から改めてとらえ返されることがない、理屈に己れを従属させている、そのあり方がまちがいなのだ。〈ここにいる女〉から出発するとは、マニキュアと革命理論を同居させている、その矛盾を矛盾としてごまかしなく見つめるところから出発するということなのだ。

一人の人間の中には、互いに矛盾し合う本音が常に同居してるのであってそのふたつが合わさったところが〈ここにいる女〉という存在なのだ。女から女たちへという想いも本音、しかし、ともすれば女から目をそむけたい想いがあるというのも本音——、リブは常にふたつの本音から出発する。その間のとり乱しから出発する。〈ここにいる女〉の、ふたつの本音の間でとり乱すその「現在」の中にこそ、生き難さの歴史の中で、さまざまに屈折してこざるをえなかった、生身の女の、その確かな温もりが孕まれている。とり乱す、そのみっともないさまこそ、〈ここにいる女〉のまぎれないその生の証《あか》しに他ならない。

「ベッドの中にまでベトナム戦争が入り込んでくる」。確かゴダールの映画からだと思うけれど、いつのまにかそんな気のきいたことばを知って、現代を現代たらしめているコトの本質というものをそのことばにさぐってみた一時《いっとき》があった。しかし、そのことばのもつ意味は、現状認識としてはわかったつもりだが、どうももう一歩ピッタリこない風があった。あまりにも洗練された表現で、〈ここにいる女〉のひっかかりようがないというかんじであった。あたしは、自分だけにそっとつぶやいた。「男と寝ている時に、ベトナムも沖縄も、抑圧民族もへったくれもあるか!」。〈ここにいる女〉の本音は、オルガスムスとベトナムは同時間帯を共有しえないが、しかしだからといってあたしのベトナム反戦は、絶対ウソじゃない、というそこにあった。むろん、ベトナム反戦の中で問われてきた人間が生きるとは何か、という問いの延長線上にリブが生れた以上、女と男との関係性の中にベトナムがまぎれもなく反映しているというそのことは、今さらながらの事実だ。しかし、「ベッドの中にまでベトナム戦争が入り込んでくる」ということばは「男と寝ている時に、ベトナムもへったくれもあるか」ということばと一対になったところで、本音としてのあたしのベトナムがある。しかしそのむかしデモなんかに行くと、二四時間反戦平和について考えています的な顔ばかりが並んでいて、だからあたしも片一方の、どちらかといえばたてまえに近い本音、ベッドの中にまでベトナム云々の方に身を寄せて、深刻な顔で隊列を組んでいたのだ。しかし、そういう自分に対してズーッと違和感をもち続けてきて、そこでリブに出会ってやっと、〈ここにいる女〉のベトナムに出会えたという訳なのだ。みっともない、あられもない、矛盾だらけの自分から出発できるというのは、ラクチンだ。しかし、そういう自分をことばで語っていく作業は逆にシンドイ。ベトナム反戦の気持は共有しえても、オルガスムスは共有しえないから。人間同士、矛盾し合うふたつの本音でつながっていくとはどういうことなのだろうか。

鏡の前に座って、口紅を塗るあたしに、リブのくせにお化粧しているという非難がましい声が、どこからともなく聞えてくる。男の揶揄《やゆ》のまなざしからだけでなく、女の、白目の部分からもそれが飛んできて、あたしの背中にへばりつく。リブというと、ジーパン、ノーブラ、素顔、というイメージがいつのまにか作られていて、口紅に眉墨だけの化粧でも、そのたびごとにあたしは〈看板に偽りあり〉みたいな己れを意識せざるをえないのだ。いったい誰が作った看板なのだろうかと、あたりを見回すに、どうも素顔＝革命的という、昔ながらの単純理論がいまだもっともらしくあたりを睨《ねめ》まわしているのに気がついた。素顔でも、それが充分自己肯定の基盤たりえる若い女たちが、己れの素顔の自信の延長線上に、素顔＝革命的の論理をひっぱってきて、その部分だけの革命性を誇示しようとする。しかも彼女たちの非難がましいその白目の裏には「お化粧すれば、もっときれいになれるあたし」が問わず語りにみえていて、それがどうにもいやらしい。それが隠微な抑圧としてあるのは、面と向かっては誰もなにも言ってこないこと。なんとなく心に思っている。しかし、そのなんとなくが曲者なのだ。なんとなくと、なんとなくが、なんとなく通じ合って、なんとなくケチ臭い仲間意識を育てていく。なんとなく厚化粧の女お断りの、革命的リブ！が作られていく。そんな風な危惧を冗談まじりにもっているあたしの気持の底には、厚化粧も媚、素顔も媚という女の歴史性であれば、所詮《しょせん》素顔から出発しても、厚化粧から出発しても、大した違いがある訳じゃなし、という居直りがある。

おじいさんは山へ柴刈りに、おばあさんは川へ洗濯に、という男女の固定化された分業こそ、性差別を生み育ててきたその元凶だが、それは男は山へ、女は川へ行かねばならないという強制を作りだすことによって維持されてきた。山というのは社会、川というのは家。つまり、男の「生きる」は社会に向けて、女の「生きる」は男に向けて、それぞれ存在証明していく中にあるという論理が、男女の固定された分業を通じて作り出され、それは長い歴史過程の中で巧みに構造化されてきた。男奴隷は労働力商品として、女奴隷は生殖商品として、それぞれ効率よく使い切るために、男と女の存在証明のあり方のその違いが生み出されてきたのだ。〈男らしさ〉〈女らしさ〉は、それぞれの本分であり〈自然〉なのだなどという人がいるけど、冗談じゃない、生身の人間である限り、川へ行きたい気持、山へ行きたい気持の両方があってこそ〈自然〉なのだ。山へ行かねばならない男は、女の一歩前を歩かねばならず、川へ行かねばならない女は、男の一歩後を歩かねばならない。〈男らしさ〉〈女らしさ〉は、自然の本分どころか、その不自然さは強迫観念と化して、〈りっぱな男〉と〈バカな女〉の役割を、それぞれに押しつけてくる。〈りっぱな男〉にならねばならない男は、絶えず面子に脅かされ、〈バカな女〉にならねばならない女は、絶えざる存在の喪失感に脅かされる。しかし、共に脅かされて生きる生であっても、女の方がずっと分が悪い。よく、女の劣等さを証明しようとして、女には芸術家が少ない、ということが言われる。しかし男は、物を創りあげることによって認められる生であり、女は、もって生れたものだけで価値づけられる生としてあるという、その違い抜きに、女の劣等性は論じられない。〈バカな女ほどかわいい〉といっても本当のバカであってはダメなのであって、男よりバカで、しかも、子に対しては遺伝の関係上、利口でなければダメなのだ。良妻賢母ということばはそのことを指している。つまり女はほどほどバカで、ほどほど利口であればいい訳だ。であれば、見目美しく生れついた方がより優遇されていくは必然なのだ。もとよりほどほどバカで、ほどほど利口なのが人間であるのだから。つまり人間の能力に生れつきの違いはなく、子供はみな、バカでも利口でもなく「子供」として生れるのだ。女が、お化粧に熱を注ぐのは、それが、努力しないで出世する法につながっているからで、存在の、その外見を磨きあげれば、頭は生れたままに毛がはえた程度でいいという、それが〈女は女らしく〉の中身なのだ。よく男の本音と称して女は美しさよりやさしさが一番だ、といわれる。あたしもそのことばを唯一の頼りとして、やさしい女を模索してきたクチだけど、男が求めるやさしさの、その主要な部分は、バカなふりをして、男の面子を守ってあげることにあるのだ。前にも言ったが、バカなふりは、バカだと思っていない女だけにできることで、つまりその演技は男への蔑視を裏返しに成立するのだ。バカなふりのできる女とは、男の目に映る自分を、自己肯定できる女のことである。

　ホステスのバイトをしていた時、ホステス心得第一条は、男にどう媚びるのかにあるのではなく、女同士いかに張り合うかにあるという、そのことにあたしは気がついた。ホステスの濃く色どられたそのお化粧は、男よりか女を意識してのものなのだ。つまり、男の目に映る自分を自己肯定するためには、他の女より、自分は絶対に美しいという確信こそ、まず必要なのだ。その確信があればこそ、男に対して演じるバカなふりも、堂に入るのであって、男を獲得する道は、女と張り合う道という訳だ。その証拠に、一番の売れっ子として、ランクされるNo.1は、絶対自己肯定を得てるが故に、他の女と反目を引き起すことが少なく、ランクが下がる程、女同士いがみ合う。金持ちケンカせず、というやつで、No.1のその落ちつきは、その美しさをより高め、売れないホステスは、その陰惨さをより深めていく。世評に反してリブに参加する女の、そのほとんどが十人並みである、というその事実の裏に、生れつきの目鼻だちで女を差別し切り裂いていく、この社会が女に加える抑圧の本質をみると共に、あたしたちの運動の、その到達段階の不充分さをこそ知るのだ。

　ホステス稼業のその最中、あたしはことばが出なくなってしまった。目いっぱいに引き出しを開けてしまって、あとほんの少しでも引っぱったら、ガタンとはずれてしまう、そんな危い状態の中に、あたしは漂い続けた。そこに己れを設定しうる者は、個人史の必然としてそこに存在する者によっていつもその衣の軽さを見透かされる。そんなことに今さら気がついて尻尾をまく程ウブではなかったはずだが、しかし、「奴隷」とか「メス」などということばではとても間に合わない屈辱感、まさしくおまんこさらして金をもらっている実感で、あたしは悲鳴をあげ続けた。

喰いっぱぐれたら水商売と、心のどこかにうそぶきつつも、決して水商売には飛び込まない、「主婦」という名で生きるメスの、その動物的直感の正しさに、あたしは今さらながら感じ入った。主婦とホステスも、共にメスとして、おまんこさらして生きるには違いはなくとも、さらしっぱなしにするか、一枚ベールをかけられるか、その違いは大きかった。

しかし、なによりもつらかったのは、ホステス暮し三日やったらやめられない、と居直るその口裏に、他のメスと切り裂き合う中で生かされてきた、その血潮がこびりついて視えることであった。あたしのサービスは、男へではなく、ホステスに対して向けられた。頼まれもしないのに、跡片づけに精を出し、汚れた便所の掃除まであたしは引き受けた。何故か、自分がそこに存在していること自体が申し訳ない想いで、あたしは体が強張ってうずくまりたい程であった。しかし、己れに向けられる、彼女らの反感さえもオロオロ抱きかかえたがる我が身の余裕のありように、どこかウソッパチ臭さを感じてるあたしでもあった。なにかおかしい、おかしいと思いつつも、自分で幕をあけた以上、どんなまずい演技でも、演じ続けるしかなかった。もとより観客の拍手を期待してのことではなく、もし急にやめたら、すぐさまドタッとその場に倒れてしまいそうな、こちらの事情というものが、あたしに続演を命じただけの話だ。

あたしは自分の後ろに、場末へ場末へ流れていく、要領の悪いホステスの、そのシワにくい込むお白粉の顔を視る思いであった。我が身の生き難さの中に人の生き難さまで引き受けて、お人好しのホステスは、男の一人もひっかけられずに、借金と、年の数と、傷跡ばかりをしょい込んで、若いホステスの嘲笑を背に生きていくのだ。すでにあたしの耳にもその嘲笑が聞えてきた。ホステスにもなれず、主婦にもなれない役立たずのメスが、客の手を逃れてかけ込んだトイレの鏡に、ひとり映った――。

いま痛い人間は、他人サマを抱きたがる余裕などあるハズもない。あたしは、他のホステスに対する我が身の余裕のありようを、己れの中産階級としての、その生きざまの軽さに帰そうとした。しかし、かつてはどうであれ、生きざまとは常に「現在」が問題なのだ。中産階級に生れ、生きもせず死にもせずの、生をまさぐってきた女が、いまやっと生殺しにされていく「痛み」を「痛い」と感じて、リブに出会ったのだ。他のホステスが、個人史の必然として、そこにその身を置くのなら、あたしはあたしで、中産階級のその個人史の必然として、リブに出会ったハズなのだ。むろんホステスをするに至る必然と、リブをするに至る必然を、同じ位置において語ることはできない。しかし、もしあたしがホステスという職業を選択しえたという、そのことだけをもってあたしと、その、選択もへったくれもなくホステスをやっている女たちを較べ、論じて、あたしの生きざまの軽さを否定することは、己れ自身に許せない。あたしの個人史が、ホステスを選択しえるものであった、つまり、あたしが中産階級に生れたということは偶然としか言いようのないことであって、だから、あたしのホステスぶり、そのとり乱しの按配《あんばい》を、その偶然をもって否定したならば、己れ自身の存在そのものを否定することになる。もとより、中産階級の甘さ、軽さ百も承知で、そこに居直りつつ歩を進めているのに、〈ここにいる女〉としてのその己れを否定してしまったら、他にどこに浮ぶ瀬があるというのか。

他のホステスを抱えたがるあたしの余裕のありようとは、実は、負け犬のカモフラージュにすぎなかったのだ。ホステス稼業とは、他の女と己れを絶えず引き較べて、そこにおいて自己肯定を確立しなければ成り立たない職業であるにもかかわらず、あたしは最初から白旗をかかげて登場したのだ。そこにはふたつの本音が介在していた。ひとつは、リブをやっていく過程の中で、女同士切り裂き合うことの痛み、その惨めさを知ったこと。そしてもうひとつの本音は、女と張り合うことへの昔ながらの恐怖であった。その女とは、自分よりみめ形よい女のことで、そういう女とすれ違う時、いつもあたしは、闘うまえに尻尾を巻いてコソコソ逃げてしまう犬に似ていた。物陰にかくれて、憎しみのまじった脅えに耐えつつ、ジーッとやりすごすという――。

リブの集会で、顔にアザをもっている女が、化粧をとって、素顔で歩こうと思います、というような発言をすると、あたしはその女のけなげさというか、ひたむきさというか、それに圧倒されつつ、思わずやめてくれーと叫びたくなってしまう。素顔で歩くという意味は、アザ、アザ、アザと思いつめ、日陰のもやしみたいに暮してきた今までと決別し、アザを白日の下にさらす中から、新しく「世界」を、「己れ」を視てやろうという、その意気込みを指しているのだろう。しかし、幼稚園の学芸会の折、アザ故に魔法使いの役割をふりあてられたというような過去を、その身に幾重にもひきずっているその人が、アザをとって素顔で歩く〈その時〉とは、革命の〈その時〉に他ならない。やめてくれ！というあたしの叫びは、とり残されてしまう予感に脅える者の、恐怖を帯びた叫びなのだ。

道で、自分が男だったら、まず抱く気が起きない、という風な女に出会うと、あたしは無意識に目をそむける。そむけつつ、あたしじゃなくてよかったとまず思う。しかし、自分がその女から目をそむけた瞬間、見しらぬ誰かが、あたしから目をそむけるのが、視える。みめ形よい女に脅える負け犬は、自分とドッコイドッコイの女に出会うとホッとして、自分より分の悪い女に出会うと目をそむける。そむけつつそこに自分を視る。「アザを気にしないで素顔で歩きます」というそのことばに脅えるあたしは、自分の分身が、ひとり自分を解き放していくさまに、とり残される自分を予感するのだ。人から顔をそむけられるばかりで、そむける相手を失ってしまうことへの、それは恐怖に他ならない。

女に対するいとおしみを恐れ、——男を中に反目してきた女の生き難さに対する共感と、しかし、できうることなら、その歴史性、その現在と、己れ一人は別れてキレイに傷つかずに暮したいという想いの、その二つの本音がホステス暮しのつらさを嘆息しつつ、他の女を抱きかかえたがるという、ウソッパチにあたしを巻き込んでいったのだ。

リブをやる中で女から女たちへという形で、存在証明しえる予感に己れひとりが喜んで、その喜びをできるなら平穏無事に維持していきたいという、そのあたしの甘さ、いいかげんさこそが、あたしのとり乱しの原因だった。これだけ長く女同士が反目し合ってきた歴史があるのだ。気心知れた、ひとつ目的の女同士ならいざ知らず、一歩世間サマに踏み出せば、女同士の荒涼とした関係は当り前のことであって、それを予感するが故に、あたしは早目に尻尾をふって、ホステスにサービスするホステスの役を演じたという訳なのだ。しかし、あたしはその役を計算の上で演じたのでは決してない。メスから女へ、女から女たちへと己れを求めていく可能性を知ったが故に、つらさひとしおのホステス稼業、その中で追いつめられた果ての、必死の道化ぶりであったのだ。壁にピッタリ押しつけられて、あとは首を横にふるしかないというまで追いつめられ、しかし首をふってしまったら万事おしまいだというその一念が、ホステスにサービスするあたしを産みだしたのだ。

しかし、もとより「喰いっぱぐれたら水商売」という、己れの中に巣喰うゴーマンさの正体見極めようとして始めたことで、メスとしてまだ生きられる、苦労しないで蜜だけなめたいという、奴隷として生きてきた者の、度しがたい愚かさが、招くべくして招いた結果であれば、肯定も否定もなく、打ち叩かれたその痛みの中に、己れの〈現在〉を知っていくだけの話だ。あたしは再度、ホステスをやってみようと思っている。「喰いっぱぐれたら水商売」の甘さ吹き飛んだあとで、一体なにが視えてくるか。今度こそ、ホステスからひっぱたかれたら、ひっぱたき返せるあたしでありたい。相手の生きざまに対し、己れの生きざまをもって対峙していく以外に〈出会う〉ということはありえないのだから。

東大闘争のさなか、「連帯を求めて孤立を恐れず」という、カッコイイことばが登場したが、これをあたし流に言い直せば「わかってもらおうと思うは乞食の心」ということだ。相反する本音をふたつながら抱えてその中でとり乱していくしか生きざまもへったくれもないあたしたち女であれば、例え女同士であれ、女同士！の語感の安らぎを最初からアテにしてはならないし、そしてできないのだ。〈出会う〉とは、徹頭徹尾己れを自立させていく問題であれば、己れ自身でさえ訳わからないそのとり乱しに、まずもって真向かうことだ。己れの〈現在〉を、本音の部分で知る中から、己れは己れの生き方が、鮮明にしえるのだから。ともすれば、人をアテにして楽して蜜なめたい奴隷根性の影よぎるあなたとあたしだからこそ、お互いにその身に言い聞かせようではないか。「わかってもらおうと思うは乞食の心」。女から女たちへの出会いが、そこから始まる。

新宿の、駅ビルトイレに駆け込んだら、居合わせた清掃のおばさんに、チリ紙が切れているが、代えはないですかと聞いた人がいた。すると、その清掃のおばさんは質問には答えないまま、連れの仲間に声高に話しかけた。「若い娘がチリ紙位もってあるかないと恥かしいヨねえ」。そして彼女は、いかにだらしない女が最近増えているかについてくどくどしくあげつらい始めた。どう女らしく粧おうとも鼻もひっかけられない老いたメスは、若い女をイビルことに隠微な喜びを見出していく。そのあまりの聞きづらさに、蛇口をひねりつつあたしは反論した。「人間誰しもチリ紙位忘れる時があるわよ。そんなにまで言うことないと思うわ」。

「お嫁に行けなくなりますョ」という恫喝は日常のささいなできごとを通じて、絶えまなく女に襲いかかってくる。よく、あたしは個人史の中で特に女を意識するように作られた記憶がない、などと言う人がいるが、女は川へ行かねばならないという外側からの強制は、いつのまにか、自ら川へ行ってしまう女を、女の中に作り出していて、〈女らしさ〉が無意識領分で操作されているところに、性差別の呪縛の、その解き放ち難さがあるのだ。意識領分がリブに賛同し、無意識領分はリブに叛旗をひるがえすために、ふたつの本音の間で、とり乱さざるをえない〈ここにいる女〉がいるではないか。それというのも新聞を読む女より、チリ紙を忘れずにもち歩く女の方が売れ口がいいという認識をあたしたちはイヤでももたされてしまうからだ。蝶の行く手を妨げるクモの網は、もっぱら人間関係を通じてはられていく。職場で、学校で、風呂屋で、電車の中で……そしてデパートのトイレで、「女はチリ紙をもたねばならない」というたてまえが、女の中に血肉化されていくのだ。不自然さがしらずしらずに血肉化されて、女の中にたてまえの女が住むようになる。たてまえの女の本音と、生身の女の本音は、絶えざる相克を引き起して、その亀裂から強迫観念がうみだされていくのだ。中年すぎの清掃婦の、非難あらわな口ぶりに女トイレが一瞬シーンとなった、そのことの中に、チリ紙を忘れてくる日もある、という生身の女の本音と、チリ紙を忘れるのは女のたしなみからはずれるという、〈女は女らしく〉のたてまえが生みだす本音の、その亀裂をみる。そして又非難を浴びせられる対象として明日の我が身を見出す想いで脅える女たちの沈黙をそこに視る。

女が話しことばで、つまり本音のことばで己れを語る時、ことばとことばの間からこぼれてしまうものこそ、そのトイレの一瞬の静まりであり、そこに〈ここにいる女〉のいま現在のすべてがあるのだ。である以上、女の話しことばは、ことばとことばの間からもれてしまうものこそ表現しようとすることばであり、それは常に生身の〈ここにいる女〉の生き難さ、その痛みから出発せざるをえない、いま痛い人間のことばとして、それはある。

あるセクト（党派）で活動している元学生の男に、一年ぶりに電話をしたら、いまだその電話の所在地たる親の家に同居していたので、実は通じないと覚悟してかけた電話だったので、あたしは少々おどろいた。

かねてその男が、三食付きの居心地よさで、そこに寄生していることを知っての、それはおどろきであった。おどろきがそのまま口からもれて、「学割りもらってやっている学生運動は信用しないっていってた人がいたけど、そう言われてもしようがない面があると思うよ」と、あたしは彼を問うた。相変らず興奮しやすい男で、「じゃあ、学生と労働者の連帯についてどう考える気だよ、エッ?」。あたしはあまりのかみ合わなさに、一瞬アッケラカンとしてしまった。その少し前も、別の男に同じ質問をしたら、「ボクはもう学割りを使ってない!」と、これも居丈高に言われて、思わず改めて顔をながめさせてもらったことがあった。「男ってたくさんのたてまえから器用に理屈をこねくり作るけど、そんな己れの求め方の中に、狂気が孕まれる訳もないヨ」といつか誰かに言ったら、ショーペンハウエルがどうしたこうしたと、ひとくさり述べた末に「ニーチェ的に言えば、キミの狂気云々の説は否定されたことになる」とその男が言ったので、その時はさすがに絶句してしまった。

学割りと反体制運動のかかわりを問うことばは、闘いを、つまり生き方をどうとらえるかの問題につながってくると思うのだけれど、ニーチェ云々を言った男も含めて、男という生きものが、問題を自分にひきつけて語ろうとはしないのは、男が、もたされてしまっていることばと深くかかわりあっている。「痛み」を「痛い」と感知しえない男のことばとは、たてまえのことばであり、それは己れを語るより己れの面子を守ることばであり、わからせることを目的にした啓蒙のことばであり、故に裏を返せば人を支配することばであるという、そのことにつながってあるのだ。

痛みをもちえない男の本音、本音と称されるものが、常に「妾をもつのは男の甲斐性」の延長線上をさまようものだったり、社会に己れを求めて求めえなかった落伍者の繰言《くりごと》に近いものだったりするために、男は己れの本音のあまりの虫のよさ、あるいはみっともなさに、さすが人目をはばかって、よりたてまえの己れをアテにしていくようになる。つまり社会に認められさえすれば、競馬ウマとして尻ひっぱたかれる己れの痛みなどメじゃない男だからこそ、落伍者の痛みもしょせん面子の問題にしかならないのだ。男の本音が聞き苦しいと言われる理由は、それが男らしさにはずれるからではなく、男らしくなりたくてなれない男のグチにすぎないからだ。それは女と張り合う中に己れを求めておきながら、充分に張り合えない不満、その〈女らしさ〉が男に認められない不満を裏返して、今の社会が、男がこうだからとグチっていく、その揚句の〈いい男がみつかるまでのリブ〉に等しい。共にグチるだけに終るところで、逆説的に己れを、社会を肯定していくのだ。痛みのない本音、すなわちグチと称されるものの惨めさは、出口なしの空転の惨めさに他ならない。しかし男という、具体的存在に向けて己れを問うべく作られたメスであれば、男の惨めさを通じて社会の、己れの惨めさを知っていくことが可能だが、社会という総体的、抽象的対象に己れを問うべく作られたオスは、社会も視えず、己れも視えずといったかんじで、その出口なしの空転はメス以上に惨憺たるものだ。

アンドレ・モロワはその男のとり乱しぶり、つまり男の真の本音をこのような美辞麗句にまとめあげている。「全ての偉大なるレンアイのうちには母性愛がある……、女らしい女が、男の強さを愛するのは、男の弱さを知っているからである」。つまり彼の言いたいことはこうだ。闇の中にいる者の方が、光の中にいる者より、ものごとがよく視えるのだから光を浴びていつつも、内実は空転している、男のその苦渋を、女の手で抱きかかえなぐさめて欲しい――。男社会の生き難さを、手近な女奴隷を相手に癒《いや》そうとする虫のいい男の泣きごとにそれは他ならない。しかし問題は常に男ではなく、女という性の主体者たるあたしたちであって、知性と教養を母性愛にくるめて男に貢いできた、高級奴隷のそのさまを、素顔を誇るリブの女たちの中に視ることがある。世の中もこう複雑になってくると、ただハイハイと男のいいなりになっているのは流行《はや》らないのであって、少しぐらい生意気で、生意気な分だけ経済的に自立しえてて、しかも男の弱さを知って、そのところを埋めてくれる賢い女が最近の「期待されるべき女性像」の花形なのだ。つまり、リブの女は、リブのまま結構モテル要素があるという訳だ。しかし男の引き出しからはみだしてしまうものを引き受ける限りにおいて、厚化粧も媚、素顔も媚の歴史性から逃げられようはずもない。逃げられないどころか、素顔の女の、故ない誇りは、厚化粧の女への蔑視の上に成り立ってきたのだ。マルクスもローザも、いい男が現われるまでの場つなぎでしかないくせに、その本音は巧みにおおいかくして、男に媚びない素顔の女、という表看板の裏で、媚の歴史性を再生産してきた〈ことばをもつ女〉の、その延長線上に、あたしたちリブの女がいる。である以上、素顔であるというただそれだけのうすっぺらな誇りをもって、リブであることを誇ってはなるまいぞ。男が好ましい自分でありたい想いは、あたしたちの中にいつも抜き難くあって、男に出会いたいのか、男に好かれたいのか、そのあたりの境界線はいつも混然と入り混じっている。

「リブってなんですか」と聞いてくる男に、ともすればわかってもらいたいと思う気持がわいてくるからこそ、顔をそむけざるをえないあたしがいるのだ。男に評価されることが、一番の誇りになってしまっている女のその歴史性が、口を開こうとするあたしの中に視えて、思わず絶句してしまうのだ。そこに、己れ一人だけ蜜をなめたいあたしが視えるからこそ、一度男に背を向けたところから出発せざるをえないあたしがいるのだ。顔をそむけ、絶句するあたしのその〈とり乱し〉こそ、あたしの現在であり、あたしの〈本音〉なのだ。つまりそういう形で、あたしは、リブのリブたる由縁を男に告げている。告げざるをえない者、〈ここにいる女〉としているのだ。

いま痛い人間は、そもそも人にわかりやすく話してあげる余裕などもち合わせてはいないのだ。しかしそのとり乱しこそ、あたしたちのことばであり、あたしたちの生命そのものなのだ。それは、わかる人にはわかっていく。そうとしかいいようのないことばとしてある。痛みを原点にした本音とは、その存在が語ることばであり、あたしたちの〈とり乱し〉に対し、ことばを要求してくる人に、所詮《しょせん》何を話したところで通じる訳もないことだ。コミュニケートとはことばではなく、存在と存在が、その生きざまを出会わせる中で、魂をふれ合わしていくことなのだから！〈わかりやすい〉ということと〈出会っていく〉ということとは、まったく別の事柄なのだ。自分をよそにおいて、つまりあくまで奴隷頭としての己れを維持したまま、「リブってなんですか」と聞いてくる男に、「わかってもらおうと思うは乞食の心」、とつぶやいて、己れの闇は己れの闇、その中をひた走る中で、姉妹たちよ、あたしたちはまず己れ自身と出会っていかねばならない。女から逃げ続けてきた〈ここにいる女〉と出会っていかねばならない。

本音の自分と出会いたい想いとは、女から女たちへと己れを求めていきたい想いであり、「女」として、オスではない「男」に出会っていきたい想いである。その想いの全てを込めて、「わかってもらおうと思うは乞食の心」の、むしろ旗を掲げるあたしたちなのだ。その旗のはためきを、祈るような想いで視つめるあたしがいる、あたしたちがいる。女と男と、ベトナムと、被差別部落民と、沖縄と、被爆者と……出会っていきたいあたしが、あたしたちがそこにいる。

ただでさえ生き難い世の中だから、素顔であることが、わずかばかりでも自己肯定の拠りどころになるんだったら、素顔でいればいい。素顔であることが、より生き難さを感じさせるようなら、お化粧すればいい。お化粧した位で消える生き難さなど、どこにもないは百も承知で、しかしそんなお化粧でも、しないよりした方に、心の晴れを感じるのなら、したらいいと思うのだ。「わかってもらおうと思うは乞食の心」のむしろ旗さえ、確かに掲げ続けていくならば、その心意気の中にリブの生命があるのであって、素顔か化粧か、などということはどうでもいいことではないか。〈ここにいる女〉の矛盾、素顔も媚、厚化粧も媚のその歴史性を素顔の己れから知り、化粧の己れから知っていくことこそ大切なのだ。その身に負っていくしかない女の歴史性、その闇をしっかり己れにしょい切って、「わかってもらおうと思うは乞食の心」、まず己れをつっぱね、女をつっぱね、男をつっぱね、世界をつっぱねて、さてそこから、己れを、女を、男を、世界を、とらえ返していこうではないか！　出会っていこうではないか！

聞く主体としての己れを問うことなく、わかりやすく、わかりやすくを要求してくる心の裏には「運動家」というものは、冬でもウチワをもって他人さまの心の火種をあおぎたてるのが当然、みたいな常識あってのことらしい。啓蒙されて動くのと体制の価値観を奉るのとでは五十歩百歩——可能性を己れの中に手さぐりしない者は、たやすくたてまえに己れを売り渡す。わからせてもらいたいと思うも乞食の心。

●リブと新左翼

全学連第30回定期全国大会での性の差別＝排外主義と戦う決意表明

一九七一年七月一五日

私はまず初めに、我々女が、我々女の言葉で、我々女自身を語ることがここにできることを、日本階級闘争史上初めて、いやこれまでのすべてのマルクス主義運動史上において画期となることを確認せずにはいられない。

ここに至るまでの長い苦闘を、そして、今も黙々と続けられている女の苦闘を、我々はここではっきりと、我々が看過ごしてきた階級闘争上の重大な事実だということを認め、性の差別がブルジョアジーの最後の排外主義の砦だということを看破しぬいていかなければならない。そして性の差別が我々革命的左翼の内部にあっては我々自身のいかなる腐敗としてあったか、ブルジョアジーのイデオロギー攻撃に屈したものとしてあったかを、本日はっきりと確認していかなければならない。

今年四月二十一日、東大安田講堂前において開かれた〝劉《リュウ》君支援・入管法粉砕行動(1)〟市民討論会において、我々はこの我々の腐敗を暴露した。劉君支援の闘争において、我々が突き当たったものとして、そしてそれは今も我々の内に強固に根を下ろしている排外主義イデオロギー＝男による女の排他的独占、それと意識することすら不可能にしてきた徹底した女への抑圧を、我々はリブ入管戦線代表によって糾弾されたのである。彼女に対する君達の、我々の対応はどの様なものであったのか。はっきりと思い出して欲しい。全学連は彼女らに対して〝性の差別〟をもって答えた。

ブルジョアジーの排外主義イデオロギーをもってこたえたのだ。

野次、罵声、怒号をもって彼女らを、女を抑圧して行った。闘おうとするものに対し、性の差別の暴力でもって彼女らの発言を殺していった。

我々女を諸君らは殺していったのだ！

彼女は言った。我々は女であることの抑圧された状況を問い詰めることなくして、在日アジア人民を踏み付け、虐げている我々自身の本当の姿を知ることは出来ないと、又、我々自身の姿を知ることなくして、敵の姿も見えないと、我々革命的左翼内部の腐敗にも気づかないと、それでブルジョアジーの攻撃に勝てるのかと。

〝テメエのカアチャン囲いこんどいて体制打倒なんてチャンチャラおかしいや〟。女子活動家諸君よ、囲われておいてその事にまったく不自然さを感じない革命的鈍感さをもっていたんじゃ、ブルジョアジーに勝てないよ。それどころか、更に抑圧され思考する力を奪われた婦人たちへのこの上ない敵対であること、奴隷として自らを意識するどころか、革命的左翼学生活動家として自ら登場するなどとは反革命的なんだとたたきつけた。

私はそのとき何ができたか。私は唯、怒りと屈辱の涙を、諸君たち一人一人を生かしていることの腹立たしい涙をながすだけだった。

そうあなたたちを生かしておきたくなかった。

あの時私は自分が十人の男に強姦されてもこれほどではないだろうと思った。あなたたちを生かしている私は、この上ない自分への裏ぎり行為をしている。抑圧されている人々への裏切りだ。あなたたちが私にどのような姿に見えたか、その姿を写している自分がどのようにみえたか、醜いという以上のものがあった。あの日、冷たい路上に座りこんで私は膝に顔を埋め、嵐の過ぎ去るのを、あなたたちの醜い姿が再びベールで覆われるのを待つつもりだったのだろうか？　しかし、私はあなたたちの本当の姿を視てしまった。

視てしまっていながらあの状況において、全てが正しくないというあの状況において私はなす術もなくリブ代表の発言に鋭く敵対していったのだ。

私の闘争はどこへいったのか。このとき私は自分が今まで自分として存在していなかったことをあらためてつきつけられた。そして必死になって〝自分は裏切っている、あなたたちを生かしている〟ということの思考だけは奪われまいとして、私の闘争の原点を再びさがしはじめたのだ。真っ暗やみの中で、私の闘いは物心ついた頃からはじまった。

私は、私でない私を〝女らしさ〟というものを押しつける誰かがいることを直感したときから、私の今までの人生の印象は、〝女らしさ〟との闘い、〝女らしさ〟への暴力的包摂(2)屈辱という印象で全てが語られうる。

私でない私を、あたかも私であるかのようなふりをして、ほほえみをもって、にっこり笑って受け入れることは私には到底出来なかった。

それは恐怖との闘いであった。その攻撃は日々、毎分毎秒、ありとあらゆるところから、父から母から、教師から、人間という人間が私をおそった。無意識的に或いは意識的に抵抗しつづけた。〝結婚〟〝適齢期〟〝恋人〟〝母の座〟〝妻の座〟〝主人〟ということば、〝うちのひと〟ということば、美人コンテスト、女の裸、ｅｔｃ…。あらゆる名をもった存在が、まだなにものでもない私を、一秒も無く休むことなくおそってくる。それとの不断の闘い。

〝私はイヤだ、イヤなものはイヤだ〟唯一、恐怖という感情を武器にして抵抗し続けた。私の顔は変わっていった。私の心は敵を見分けることを知るようになっていった。

そして、目的意識的闘争が八年前、父との間に、男との間に開始された。中学の頃だった。女子校に進んだらどうだという勧告を受けた。私は抵抗した。何者の勧めにも、男であれ、男に、敵に買収された女であれ、耳を貸さなかった。私はいよいよ私を全面的に縛りつけていこうとしている敵の姿をはっきりと見すえ、絶対に負けるものかと思った。(中略)男の価値観によってつくられた全体系を、自分をすべて失うことと交換に、全面的に受け入れよという、それはすさまじいイデオロギー攻撃だった。

大学[3]　それは近代の象徴だった。男が戦争と搾取の中でつくり上げてきた文化の最後の醜悪な象徴であった。私はごまかされなかった。敵の武器を自分のものにしていくことに、唯一、大学入学の意義をみとめた。

父はそのとき女子大学へ行くことを私におしつけてきた。私は泣いて抵抗した。およそ売春部屋に売れるときの女が、あなたには私をこのようにする権利はないと言うだろうか。ちがう。彼女は絶対に嫌だと言って抵抗するだけである。私も自分の論理的正当性を持ち出してくることはしなかった。その攻撃は、今まで不断に続いた攻撃の最終形態だということを直感的に知り、それを唯一の根拠として父に抵抗したのだった。このとき父は、私にとってはじめて敵の具体的な姿として、私の前にあらわれたのである。

彼は丁稚奉公をしながら、中学へ通った。ありとあらゆる苦しみと屈辱に耐えて大学へ通った。卒業の頃、彼を待っていたのはアジアの人々を殺していく太平洋戦争だった。彼の青春は、太平洋の孤島に失われていった。いや人間を殺していく野獣たちに青春はなかった。トラック島で敗戦を迎え、彼は田舎に帰り、野良仕事をしながら独立するチャンスを待った。彼は耐えた。無一文だった。次第に彼は生活を家庭を確立していった。そんな父は大学に行くまでの私に〝女らしさ〟を露骨に押しつけてくることはなかった。私と彼は創造的関係をつくり上げることもなく、ただ彼の子であるからと言うだけで、父であるからと言うそれだけで、同じ所に住んでいた。

この父をして、私に対し女子大へ行くようにと言わせたときから、私ははじめて彼との関係を、創造していくものとしての関係をもった。

それは私を、私をわたしでなくさせていく最も完成された攻撃が彼の口から出たとき、わたしが彼の中にわたしの全生涯をかけた闘争の敵を認めたとき、彼との耐え間ない闘争の連続という関係だった。

全てを虐げられた者として、奪われ続けてきた父、その父を私に——彼がそのために生きてきたと言える私に、生きることを許さない抑圧者として立ちあらわせたのは一体誰なんだ。誰なんだ。私と父とのより良い関係が闘争という関係にしか許されない状況にしたのは誰なんだ。私は今も続く父との闘争に、日々その問いをもってのぞんでいる。

私は男子九〇％以上の学部へ進み、辛うじて〝女らしさ〟のおしつけからまぬがれると、今度は男並みに優秀な女へと向かわざるを得ない自分に腹が立った。

何故、ダラクした敵の姿に自らを似せていくことで、私が、女が勝利出来ようか。そういうわけで、私は、女に納得のいく〝女らしさ〟もちょっぴりそなえた、まさに、化け物へと自分をあらわしていった。

ある男との出会いがあった。彼はいつもおずおずとしていた。支配者らしくない男だった。——そう見えた。彼はありのままの私を受け入れてくれるかのようにみえた。——しかし彼の、ある日の一言で——「女の人には家庭にいてもらいたい」と言うその一言で私は我に返った。私は私が何の名も持たぬ存在であることを再び知らされた。破局——彼との訣別。呆然自失の数週間。女であること、しかも女として生きられない。女になれないことの底知れぬ恐怖感を毎日味わいつづけた。破局にしか彼との最も良い関係がありえない我々。それだけが敵の攻撃に屈しない私の闘いの手段。父との闘争。男との破局——私は追い詰められていった。私の顔は存在しないものを写し出そうとする恐怖の顔であった。

〝あなた方を生かしておきたくない〟四月二一日の私の決意は、私とあなた方の最も良い関係を追求した私の、あなた方への愛の感情だった。愛がこの様な形をもってしか存在しえない今日、私の中に革命への志向は、希求は必然となる。考えることをしたくない、自分を知りたくないという誘惑にあなた方は屈しているのだろうか？　それでなければ、現在のあなた方の腐敗は、何と言ったら説明がつくのであろうか。考える者にとって、自分の感性を持つ者にとっては、現在の状況はすべてが正しくない。すべてが問われている。正しいとか正しくないとかいう選択は存在しない。

私は名もない存在としてしか存在しえない状況に長く耐える術を知らない。私の内にある抑圧された性の女と、抑圧民族である日本人としての抑圧する者の醜さ、誰にも出あえない支配者としての惨めさ、かなしみは別々の視点ではない。私とは、そういうひきさかれた者として、総体として存在する。

日本陸軍慰安婦の九〇％は朝鮮女性だった。日本女性は、自分が何のために慰安婦になるのかを知りうる力が残されていた。〝国のため〟というフレイズが彼女を辛うじて狂うことからすくった。本質的な自分の存在を視えなくさせられることによって、より深く転落していった。朝鮮女性は、そこで自分が引き裂かれ、貫かれ狂っていくことにしか自分を見出せなかった。

しかも彼女らは、日本女性と朝鮮女性は、慰安婦という、女の引き裂かれた性を本質的に共有している。だがしかし、日本女性慰安婦は、自分たちを同じ慰安婦である朝鮮女性に対し、抑圧者日本人として対し、自分を彼女等と区別している。区別することで、より一層転落していった。

ここに私は、女として引き裂かれ、女と女の最も引き裂かれた関係をみる。女の性に押しつけられた普遍的本質制＝慰安婦としての存在が、抑圧民族の女に、抑圧することの痛みを、自分の存在をかけた痛みにする。入管体制と闘う抑圧民族の戦いの根拠その必然性がここに生まれる。

ここに我々が今見出すべき入管体制粉砕闘争の決定的岐路がある。

他人の痛みでは〝被抑圧民族の痛みを自分の痛みにせよ〟式では自らの存在を賭けた入管体制粉砕闘争を闘う必然性は生まれてこない。六・三〇、七・一闘争の敗北は七・七[4]はこのことを我々に問うているのだ。日本プロレタリアートは自らが抑圧することの惨めさ、痛みを知らない。あなたたちも。他を抑圧することにおける、自分と全ての人間との関係が不自由になることの惨めさ、醜さ、総体としての引き裂かれた自己を、あなたたちは知らない。

あなたたちは、そのことに気づく力さえ奪われている。それほどまでに、それほどまでに奪われきっている。

私は私でありつづけるためには、あらゆる排外主義と闘うことにしか私の未来は有り得ないことを知っている。今までの、全生活が、こう言いきるための闘争であり、これからもそうであることを知っている。私にとって入管体制とは私の日常のことであり、入管体制との闘いは、日常的におそう〝女らしさ〟との闘いである。男への同化との闘い、〝女らしさ〟への同化との闘い、〝女らしさ〟に屈服し自分を失うことの危機感に追われ続けた毎日、今もつづく毎日、自分を裏切っていくことのもつ存在感の喪失。そこに、つき落とされてはじめて、同化と闘う、入管体制と闘う私の必然性が生まれてくる。

長く耐える術を知らない私にとって、革命とは待つものではない。我々女はもう待てない。男を待てないのだ。自分を取り戻すのを待てない。

ブルジョアジーとの闘いは、この日常的排外主義にまみれた自分との闘争である。勝利するためには、まず己の本当の姿を、抑圧され奪われきった、抑圧しているすべての人間から自己を支配者として引き裂かれた自分を知ることである。自己切開をなしえないとき、我々は腐敗部分を切除していくことだけが残るだけだ。自分の姿に気づいた我々がなすべきことは、ブルジョアジーを根こそぎセン滅していく闘い、その闘いのうちに我々自身の感性を取り戻していくことだけである。

我々はまず我々の今までなしてきたことの、存在の総括を、自己の生い立ちをかたることからはじめなければならない。

私は闘う関係以外に人間関係をしらない。

女よ、我々は非主体的に動員されていった、そのことに甘んじていった、去年の夏のアジア婦人会議(5)を直視しなければならない。男の指揮のもと何の討論もせずに参加していった、我々の大衆への裏切りは今も続いている。

29・全学連大会の婦人問題議案を徹底的に批判しつくさなければならない。中絶禁止法・労基法改悪の攻撃を、女にだけかけられたものとしてしか把握できないあなたたち男。性の差別が強化され、男はより一層資本の下に屈していき、支配者のごとく振る舞うことを強制され、女はヤミ中絶に追い込まれ、存在を〝抹殺〟されていく。低賃金労働と、無償家事労働により鋭く切り裂かれていく女にはもはや存在をかけて闘うことしか道はない。中絶禁止法の本質をすべての男の前につきつけよ。すべてを女に押しつけてきた男を告発し、中絶禁止法に対決せしめよ。沖縄には売春防止法がない(6)ことを、どれだけの諸君が知っているだろうか。〝基地〟を語れても、コザの女、Aサイン(7)の女を語れないあなたたち。それでは、沖縄を全く知らないことだ。全ての戦線が、総体として問われているのだ！

ブルジョアジーの強さは、排外主義を強固に支えている我々の腐敗なんだよ。我々の男と女の関係なんだよ。

最後に女子活動家諸君に。女がついていなければ闘えない、それほどまでに闘う必然性をもたない男など、(もしあなたに愛があるなら)つき放してしまえ！　全学連中央書記局諸クン、〝女性解放反対だね〟といった君のことだよ！　そして、最も鋭く女を裏切る自称革命的左翼の女たちよ。私は「女の問題は例えば部落解放運動は、浦和地裁占拠があったから闘えたんだけど、そういう女の提起がないからどうやって「前進[8]」に書いていいかわからないのよ」と言った自称活動家の女を決して許さない。部落解放への敵対的言辞にこれほどの言葉があるだろうか。女に対するこれ程の敵対が在るだろうか。私は私の存在をかけて、あなたを許さない。

男よ、私はあなたたちを生かしておきたくない！

女よ、自己解放のイニシアを男にわたすな！

日本階級闘争の未来を決するのは、我々女だ。

自分の言葉で、自分自身を語れ！

革命への内的必然性を、我がものとせよ！

(文・澄江)

（1）**劉道昌君支援闘争および華僑青年闘争委員会（華青闘）「七・七集会」について**　一九七〇年七月七日の盧溝橋事件三三周年記念集会で在日中国人で組織する華僑青年闘争委員会から実行委員会に対し、「新左翼八派の党派的囲い込みであり、新左翼もアジア人民の抑圧者である」という批判が出た。中核派をはじめ、新左翼運動に衝撃を与え、在日アジア人の自由を勝ち取るために闘うと自己批判をした。一九七一年四月二一日「入管法粉砕行動デー」で中国人学生劉道昌君が東大安田講堂前で、日本政府に抗議してハンストに入る。

入管闘争・入管体制　一九六九年七月一一日に出国手続きの簡素化、在留外国人に対する管理の合理化のために国会に上程された、出入国管理令・外国人登録法を柱とする日本の入管体制に対する闘争。「出入国管理法案」を法制定化の問題としてだけでなく、アジアへの侵略をしようとしている日本帝国主義の意向として、また在日朝鮮人・中国人の日常支配を強化するものと新左翼グループは位置づけ七〇年代闘争の焦点になった。その中で、戦前の強制連行をはじめ、数々の現在に至るまでのアジア人に対する抑圧が問題になった。

（2）二字不明

（3）二字不明

（4）**六・三〇**　一九七〇年六月のベトナム反戦。

七・一闘争　反安保・沖縄闘争のために行われたセクトによる一連の抗議行動。機動隊によって弾圧・粉砕されたこと。

七・七　「華僑青年闘争委員会」による告発のあった日。

（5）**去年の夏のアジア婦人会議**　一九七〇年八月に行われた侵略＝差別と闘うアジア婦人会議。

（6）**沖縄には売春防止法がない**　当時沖縄は、米軍の占領地で日本の法律は適用されていなかったため。

（7）**Aサイン**　在沖縄米軍が認可したというAサイン（approved sign）を掲げた風俗営業店。衛生的で米軍の認める一定のレベルに達した業者ということだが、売春行為も行われていた。

（8）「前進」中核派の機関紙

※　注は松香堂刊の資料集編集の際付されたものを掲載した。

●コレクティブの息吹

一九七一年九月

ひらけひらこう・ひらけごま!

——ガキ持ち女がひらく扉はこれだ!

東京こむうぬ

九月十二日午後二時、成増(東上線)コレ※に来たれ!! もう、ずいぶん前から、子持ち女を続けてきたような気がする。

妊娠10カ月とこの世に出てきて10カ月、だてに20カ月は過ぎちゃいない。20カ月の思いはしどろもどろだけど、私の肉体の方向を定めつつあるようだ。

「産まないがエゴなら、産むのだってエゴさ! 勝手に産む私と勝手に産まされるおまえがあるだけだ」

そこから出発する私の産む行為、妊娠中のハラボテ所有感と産むという確実な痛みにおいて、その、たしかさのぶんだけ、ガキと生きてみようと思った。たとえ、どんな子が産まれようと、一手に、私個人にかかってくる事を踏まえれば、暗黙の内のしめつけであるけれど、「そうなりゃなったでしかたあんめぇ」という形でしか整理できなくても、「とにかく、私は産む!」という決意に託して、毎月一回通う〝子宮見せ〟を終えていく。

子宮からの〝お宝さん〟が、グイグイひっぱって、くっきりとつけてくれた、子宮と外界をつなぐ回路を持って、陣痛室と分娩室が奇妙にわかれた病院を出ていく。昔よりは、はるかに豊かなオッパイが、文字通りオッパイとなって、赤ん坊の口によって吸われる私の姿は、再三再四、とりかえるオムツといっしょにはためき、「放っておいても、ガキは育つ」を連発しながら、「でも放っておいたら死ぬんじゃないかなぁ」とクルクル、まわり、まわり、泣き声にイライラする毎日が明け暮れる。

その毎日は、私の上半身と下半身をますます切り裂いてきた。しかし、切り裂かれつつも、私の子宮は叫んでいた。たかがガキじゃないか！

オロオロするなんざぁみっともないぜ！　たったひとりのガキに、あったりまえの、ミルクとオムツと泣き声の生活にオタツイているようじゃ何もできへん！　私の〝生〟もへったくれもない！

育児書の「こうすればこうなる」式の、いろんな例を通りいっぺん書いた育児を、そもそも私は、自分の手で現実にガキとの生活においてこわしていかなければ、ガキ共々、自メツしてしまうぞ。ガキの欲望と私の欲望がいつもチグハグしている毎日――眠たいガキが、すり寄りゃあ書きたい手紙も書けない！　ギャアギャア泣く声を放っておけば、一枚壁はさむお隣さんが気にかかるアパート暮らし、抱きたくない時だってあるさ！　それをてめえに忠実にやりゃあ、他人の視線はするどく光る。へん！　そんなもん知ったことか！　ギャアギャア泣いて、尻ひっぱたかれたってガキは勝手に生きてきよる。「かわいそう」やとか「可愛いい」なんて言葉は他人の無責任さ以外の何ものでもない。私がたしかに産んで、私がたしかに今、ガキ持ちと称して生きてるんや！　私の〝生〟の犠牲だなんて甘ちょろい事を言わせんだけの自信はある！

勝手に産まされたてめえにかけて、私の存在に迫ってきたらええ！「育てる」ちゅう感覚とは違うんや！

ここにガキと私が、ぶざまにも〝生きてる〟ちゅう事や！ ガキ持ちのてめえをどこまでも、どんな場所でも引き連れていく事が、今、必要なんだ。ガキ持ち女こそ、ガキを誰かさんに預けてイソイソするスッキリシャナリ型じゃあかへん！ ガキかかえた子宮にかけて、つっぱしらなあかん、つっぱしらなあかん！

ガキ背おってオートバイに跨がらなあかん！


（文・武田美由紀）

※ コレ＝コレクティブ

一九七一年八月

はてしなく欲情し　はてしなく奪え！

――がんばるのはもうなんだか疲れちゃったような気になっている女達へ！

8月21〜24日リブ合宿・エス・イー・エックス部隊に結集せよ！

集団エス・イー・エックス

「革命しようとしている人が楽しくない革命なんか革命じゃないわ」と若草物語のオルコット女史が言ったかどうか知らないが、私達は言おうじゃないか。大義名分なしに楽しむことは市民社会的で日和見じゃないかといつも思っているうちに楽しみ方さえ忘れてしまった貧乏性の左翼女は欲望の畑に踏み込んだことのない処女だ。処女は何も孕まない。そのうち筋肉がおとろえて不感症になること必然。耐え忍ぶことで自らヌケガラになっていった日本の女達と心中するなんてつまらなすぎると思わない？　自分の欲すら発見できなかった、私達を産んできた母親達、そのまた母親達にむくいることの出来るのは、私達が欲情し、延々とうばわれ続けてきたエネルギーを取り返すことだ、彼女達の分も。欲望の畑にクワを入れろ。アレは間違っているのじゃないか、コレをしたら軽蔑されるのじゃないかとビクビクしている自分を〈このいとしの自分じゃないか〉デーンと受けとめてやれ。やりたいことをみんなやってみない前に死ぬのは心残りナノダヨ。いままで日和見なんじゃないかとかハレンチじゃないかと出来なかったこと、すべてやってみよう。男と寝りゃ男がわかるというもんじゃないけど、男と寝てもみないうちから失望しちゃうのは不毛でしょ？　まずヤルベェ。可能性は自ら創り出すものだ。

リブ合宿に欲望ヒッサゲて行こう。イイ女が集まってくると思うよ。女をハントするのもまたいいではないか。

エス・イー・エックス部隊は欲望発見実行委員会なのだ。金はどうにでもなる。帰りたくなったら帰ればよい。ともかく行ってみなきゃソンソン。

●中絶と妊娠

榎美沙子と中ピ連

『女性学年報』一二号、一九九一年

秋山洋子

リブの分裂？　榎美沙子と中ピ連のことを書いておく必要があるのではないかと考えたのは、次のような文章を目にしたときだった。江原由美子編『フェミニズム論争』（勁草書房、一九九〇）収録論文の一節である。

日本におけるウーマン・リブは、優生保護法改正反対運動を中心にその広がりをもったが、一九七二年のリブ大会を最後に二つの団体に分裂した。すなわち、新宿リブセンターの「ぐるーぷ闘う女」と「中絶禁止法に反対しピル解禁を要求する女性解放連合」、通称「中ピ連」である。ウーマン・リブがこの二つの団体に分裂したことは、日本のフェミニズムにとって象徴的である。（中略）つまり、「ぐるーぷ闘う女」はそのスローガン「産みたい……でも産めない」が示すとおり「母性」を、「中ピ連」は「産む産まないは女の権利」という女性の主体性を選んだのである。まさに伝統的なフェミニズムの分裂の構図である。（浅井美智子「〈近代家族幻想〉からの解放をめざして」）

これを読んで私は軽いショックを受けた。まず第一に、日本のリブ運動は、発生の当初からそれぞれ独自の方法で活動をしていた小さなグループの総称であり、そのなかでの意見の違いや論争はあったにしても、二つの団体に、あるいは二つの思想的潮流に分裂するということ自体が不可能であった。また、中ピ連が誕生したのは、七二年のリブ大会の直後であることは確かだが、その誕生のいきさつは、リブ運動の思想的分裂といった次元のものではなく、もっと単純で次元の低いものだった。

浅井氏は、リブ運動が二つに分裂し、それぞれが「母性」と「女性の主体性」を掲げてたたかったという問題の整理のしかたをしているが、この点についても同意できない。たしかに「母性」と「女性の主体性」とは、これまでの女性解放運動の中で、しばしば互いに矛盾するものとして扱われ、平塚らいてうと与謝野晶子の間にたたかわされた母性保護論争に代表されるような論争のテーマとなってきた。

しかし、一九七〇年代の日本のリブ運動においては、「青鞜」の遺産はかなり広い範囲で共有されていた。「母性」と「女性の主体性」とは、女にとって二者択一の選択肢ではなく、その選択を強制されることこそが女に対する抑圧であり、そのどちらをも捨てることなく人間として女として豊かに生きること、それを可能とするように世の中を変えることが、当時のすべての日本のリブグループが比重の差はあれ共にめざしていた課題であった。したがって、「産む産まないは女の権利」は、けっして中ピ連が言い始めたスローガンではなく、当時のリブ全体の合意事項であり、その場合「産む」と「産まない」は同じ重さで語られたのである。そのことは、「リブニュース」や田中美津の著作など、当時の資料を読めば理解できるはずである。

あるいは、「ウルフの会」が七二年に発行した機関誌第二号の「特集　女にとっての性」では、各章のタイトルは、「生まないとき／生むとき／生めないこと／性とからだ」となっている。これを見ても、上記のスローガンが広くリブの女たちに共有されていたことがうかがえるのではないだろうか。

日本のリブ運動は、たしかに母性を否定しなかった。そのことは、同じ時期の欧米のリブの思想に比べてみるとはっきりとわかる。一九七〇年代前半までの欧米のフェミニストは、母性を女に対してしかけられた罠だとみなし、否定する傾向が強かった。また、母性にまつわる重荷を解決する方法として、生殖テクノロジーにかなり楽観的な期待を抱いていた。当時日本に紹介されていた欧米のフェミニストの著作、フランスのエヴリーヌ・スュルロの『未来の女性――彼女は母性を放棄するか』(朝日新聞社、一九六六)や米国のシュラミス・ファイアストーンの『性の弁証法』(評論社、一九七二)などには、それがはっきりとあらわれている。そしてむしろ運動が成熟してくる七〇年代半ば以降になって、欧米でもまた否定肯定といった二者択一でなく、母性は女にとっての重要な課題として捉えなおされるようになってきている(代表的な著作としては、アドリエンヌ・リッチ『女から生まれる』晶文社、一九九〇)。

欧米の女たちの母性に対する反発は、当時の女性解放運動の政治的課題が妊娠中絶自由化に絞られていたこととも関係があった。子供を産むか産まないかは女個人の選択にあると言い切るためには、キリスト教文化が押し付けてきた聖なる母のイメージから何としてでも逃れる必要が彼女たちにはあったのだ。それに対して神なき日本では、妊娠中絶は人口調節の手段として体制によって利用されてきた。「産みたい……でも産めない」は、戦後日本の女たちが自由に選択したはずの中絶は、じつは巧みに強制されたものではなかったかという問い直しのなかから生まれてきたスローガンであり、単純な母性主義のそれではない。

こういう背景のなかで、日本のリブ運動が最初から母性を否定せず、自分たちの主体性を追求する運動の中に抱え込んできたことは事実であり、私はそのことを肯定的に評価している。母性の問題が理論的にも実生活のうえでも解決されない限り、子を産むことを選んだ女はもちろんのこと、産まないことを選んだ女も、産むことができなかった女も、本当に自由になることはできないと思うからだ。しかし繰り返しになるが、日本のリブ運動の一方が「母性」を選び、他の一方が「女性の主体性」を選んだという整理のしかたは、たとえ相対的な比重の問題であるにせよ、正しくないと私は思う。その問題を論じるならば、むしろ一つの運動、ひとりひとりの女のなかで、それがいかに絡み合い、矛盾しあい、統合されていったかを分析すべきではないだろうか。

ウルフの会のピル試用実験　さきに引用した論文に対して、私がもうひとつ抱いた違和感は、中ピ連という組織そのものの評価についてである。日本のリブ運動を知ろうとして、一九七〇年代前半の新聞雑誌を繰ってみた人は、リブ運動の二大勢力として、田中美津を中心とした「リブ新宿センター」と、榎美沙子を中心とした「中ピ連」が活躍していたという印象を持つかもしれない。いや、当時でさえも、マスコミの報道を通してしかリブを知らない人たちは、同じ印象を持ったことだろう。ピンクのヘルメットをかぶって華やかに行動する中ピ連は、マスコミにとっては格好の話題だったし、中ピ連のほうも意識的にマスコミを利用した。それによって、リブ＝中ピ連といったイメージがかなり広範にばらまかれ、他のもっと地味な活動をしていたグループは、いろいろな形で迷惑をこうむった。基本的な問題は、女の運動を歪曲し、笑い物にしようとしたマスコミにあったとしても、中ピ連の側にもマスコミに乗じられる問題があった。それは軽率さというようなことではなく、もうすこし中ピ連という組織の本質に係わる問題である。端的にいえば、中ピ連は本当にリブだったのか、真剣な運動だったのかという疑問を、当時リブ運動に参加した女たちの多くがいまだに持ち続けているのである。

では、中ピ連とは何だったのか。その思想と運動を全体として評価することはここではしない。ただ、中ピ連とは何だったのかを判断する材料の一つとして、私が経験した榎美沙子との出会いと別れとをなるべく簡潔に記すことにしよう。

私が榎美沙子と最初に会ったのは一九七〇年の秋のことだった。あれはたぶん、私が翻訳者の一人だった『女性解放運動資料』という小冊子が発行され、それが「日本最初のリブ資料」として『朝日新聞』に紹介された直後だった。榎さんは、その記事を頼りに連絡をつけてきたのだったと思う。初対面の彼女は片山と名乗り、リブ文献の翻訳の仕事があれば協力したいといった。

ちょうどその頃、米国でリブ運動の『二年目の報告』が発行され、グループで翻訳しようという企画が始まっていた。のちにウルフの会と名乗るこのグループに、彼女も参加することになった。翻訳グループは志を同じくする人はだれでも歓迎だったし、薬学を専攻したという片山さんは、文科系の多いメンバーにとっては頼もしい仲間だった。彼女はいくつかの論文の翻訳を分担し、本作りの作業に参加した。七一年八月に発行された『女から女たちへ』の奥付には、翻訳グループの一員として榎美沙の名が載っている。(彼女は会の中では片山さんと呼ばれ、榎美沙/美沙子はペンネームとして使っていたが、以下は榎美沙子で統一する。なお、片山というのは戸籍名なのか、旧姓なのか定かではない。)

一冊の本を出版する作業を終えた私たちは、グループを存続させたいというメンバーを再確認し、「ウルフの会」として出発した。翻訳のあとには、こんどは自分の言葉で自分の女性解放の思いを書いてみたいということで一致し、機関誌『女から女たちへ』第一号が誕生した。榎さんは「性欲は本能ではない——ということ」という文を寄せている。他の会員の文章が、自分と女性解放運動との出会い、女性解放への熱い思いを述べたものであるのに対して、彼女の文章はきわめて淡々として自然科学のレポートを思わせるものであったのが印象に残っている。

機関誌第一号発行と並行して、「何かテーマを決めて協同作業をしよう」という声が会員のなかからあがってきた。自分たちにとって最も切実な問題として、性と避妊というテーマが選ばれ、協同研究が始まった。それぞれ分担を決めて資料を調べたり、知り合いの医者に話を聞いたり、避妊用具や生理用品を実際に使ってみたり……そういう作業のなかで、榎さんが本領を発揮したのがピルの試用実験だった。彼女はソフィアCとエナピッドというピルをどこからか無料で手にいれてきて会員に配った。

うかつなことに私たちは、そのとき彼女がどこからピルを手にいれたか確認しなかった。当時ピルは避妊薬としては認められず、月経困難症などの治療薬として医師の処方によって使用されていただけだったから、普通の人がピルを入手しようとすれば、まず医師の診察を受けなければならなかったし、何種類かのピルを何人分もまとめて処方してもらうことはできなかったはずだ。薬学の専門家だった榎さんには、手にいれるルートがあったのだろうが、それは薬品会社との直接の接触ではなかっただろうか。のちに中ピ連を結成してから、彼女が試供品と書いた箱からピルを配っていたという証言が『リブニュース この道ひとすじ』ミニ版第一号に載っている。

ピルの試用実験は、榎さんの指示にしたがって二カ月間おこなわれた。このときの体験報告と、それをもとにして会員で話し合ったことの結論は、機関誌『女から女たちへ』第二号に秋山洋子「ピルは本当に良いものか」として報告してある。この実験の中で私たちは予想外のことにであった。それは医学書には出ていなかった奇妙な副作用だった。

こういう疑似つわり症状は、服用を続けるに従って消えていった。するとこんどは、もっと微妙な、つかみどころのない反応がでてきたのだ。ピルのせいだかそうでないのか、自分でも判断できかねるけれど、なんだかいつもの自分と違っている、みんなが一様に、そんな奇妙な感じにおそわれだしたのだ。

テレビのディレクターをやっている人が、時間を一秒読み違えるという、ふだんは考えられないミスをした。妙に心が騒いで、昔の恋人のことなど思い出されてしょうがないという人がいた。鬱状態とは正反対に、アッケラカンと楽天的になってしまって、物事をあまり深く考えられないという人があるかと思えば、全体として感受性が鈍くなり、とりわけ性欲を感じなくなってしまったという人がある。こ

の楽天派と無性欲派は、いずれも妊娠した経験があり、そのときの状態とよく似ているということだった。〔中略〕

この奇妙な経験をもとに、わたしたちは何度か話しあいを続けていった。そこでみんなの中からでた結論は、こういうことだ。

ピルはたしかに便利なものだし、わたしたちも場合によっては利用したい。そのためには、なるべく安く、自由に手に入るほうがいい。しかし、ほかの方法が使えるならば、これを続けてのむ気はしないし、ほかの人にもすすめたくない。ピルは決していいものではない。

これはピルをのんでみた八人が試用体験と話しあいの結果たどりついた結論だった。試用体験をしたのは、確かな記録はないのだが一九七一年後半から七二年初めにかけてで、そのころ私たちは月に何回か互いの家などに集まって話しあいを重ねていた。榎さんの住むマンションにも何度か集まったことがあるが、それは当時のわれわれの感覚からいうと、かなり豪華なマンションだった。榎さんの言葉によれば、医者であるパートナーが船医として外洋船に乗り組んでおり、高い給料をもらっているということだった。彼女自身は専門分野の翻訳などをしていたようだが、定職にはついておらず、特に収入のいい仕事があるようでもなかった。

当時の「ウルフの会」の例会は、アメリカのリブが提唱した意識改革(Consciousness Raising)グループにも似た雰囲気をもっており、私たちは性のことや恋愛のことなど、いままでなら友達に話そうとは思わなかったようなことまで打ち明けて話しあったものだが、そのなかでなぜか榎さんは、よく話はしたが本当には心を開いていないという印象が残っている。そのときの私は、なんとなくこだわりを感じながら、それは理科系の人に特有なあっさりした性格なのかな、などと思っていたものだ。

リブ大会とパンフ無断発行事件　ピル試用体験の報告は、その他の避妊用具や妊娠、出産、中絶、不妊といった問題と共に分担してまとめあげ、機関誌第二号として発行しようということで、そのための作業を進めていた。しかし、それぞれ仕事を持ち、多くのものが家事、育児を抱えていたグループだったので、作業はなかなか進まない。一九七二年五月五日から開かれるリブ大会までに間に合わせたいという予定は、とうてい実現しそうになくなった。機関誌作りに積極的だった榎さんは、そのことにいらだちを見せていた。

もう一つの問題は、ピルの積極的推進論者である榎さんに対して、ピル試用体験に参加した人たちが、ピルに対して前述のような疑問を持ちだしたことだった。榎さんは自分の分担部分としてピルに関する原稿を書いたが、それをそのままウルフの会の見解ととられるような形で発表することには、ほとんどの会員は賛成ではなかった。そんなことがあって、リブ大会の直前に開かれたウルフの会の例会では、榎さんと他の会員との間で、かなり激しい議論があったと記憶している。

リブ大会の当日、会場に行った会員はアッと驚いた。会場では早くからきたらしい榎さんが、自分で発行した『ピルを解禁せよ』というパンフレットを売りさばいていた。その内容は、彼女が機関誌の原稿として書いたものと同じであった。それだけならまだいいのだが、パンフレットの表紙には「ウルフの会・ピルと避妊研究班」と印刷され、裏表紙の発行人のところには、グループの連絡先を引き受けていた会員の住所氏名まではっきりと書かれていた。

このパンフレットは、第一章　体の構造としくみ、第二章　ピル　①ピルとは何か　②ピルの飲み方　③商品名・価格・買い方　④副作用　という章立ての二〇ページの小冊子であり、ピルについてのごく一般的な解説書である。しかしその論旨は、私達が話しあった結論とはかなりのずれがある積極的なピル擁護論であり、私たちがもっとも気にしていた副作用についても、きわめて明快な割り切りかたをしたものだった。

現在、生まないための手段の一つの経口避妊薬（ピル）というものがある。これは女性が主体的に実行し得る唯一の避妊手段である。医者も、男性の協力もいらない。このような良い方法をぜひ多くの女性達に知ってほしいと思う。（はじめに）

まず最初にハッキリさせておかなければいけないのは、薬（クスリ）には必ず副作用があるということである。〔ピルの副作用についての記述中略〕いずれにせよ、薬を飲めば多かれ少なかれおこるたぐいのものである。（ピルの副作用）

このパンフレットに驚いた会員は、すぐその場で榎さんに対してパンフレットの販売中止を要求した。

何よりもまず私たちは、仲間の信頼を裏切った行為に対して怒ったのだが、榎さんはその点での非を認めようとはしなかった。結局彼女はそのままウルフの会とは別れ、残りのパンフレットはウルフの会の名と連絡先をマジックインキで消して売り続けられた。これが七二年リブ大会における「分裂」の真相である。

榎さんはその直後、六月一四日に中ピ連を結成し、独自の活動を開始した。したがって、中ピ連結成のきっかけはリブ大会だったといえなくはないが、そこで行われた議論の内容とは、全く関係のないことである。

ウルフの会はそれから数カ月遅れて、機関誌第二号『女から女たちへ――特集・女にとっての性』を発行した。その巻末には、「『ピル解禁』パンフについて」という題で、例のパンフレットは榎さん個人の責任で発行したもので、ウルフの会とは関係がないという断り書きを載せている。

中ピ連とは何だったのか　中ピ連――中絶禁止法に反対しピル解禁を要求する女性解放連合――を発足させた榎さんは、独自の活動を開始した。活動の中心課題であるピルについての普及啓蒙活動や、優生保護法反対などの運動のほか、離婚した相手に慰謝料の支払いを要求してその職場まで押し掛けていくというような運動の方法は、ピンクのヘルメットという「画になる」スタイルと相まって、マスコミにとっては格好の取材対象となった。榎さん自身も、マスコミを積極的に利用する姿勢を示してテレビにもよく顔を出し、討論番組はむろんのこと、娯楽番組に出場して歌をうたったりしたこともある。その姿勢は、ほかのリブグループが何度かの苦い経験から、マスコミに対してはかたくななほどに強い警戒の態度をとっていたのとは対照的だった。(例えば、集会などの取材に関しては、許可する場合でも女性の記者・撮影者に限るなどは、よくおこなわれていたことである。これは、女性のほうが偏見が少ないだろうという期待のほかに、マスコミの現場に少しでも女性がふえて欲しいというアピールの意味も込められていた。)こういう事情があったため、マスコミに登場する量からいうと、中ピ連は圧倒的に他のグループをぬいており、そのために、リブ=中ピ連というイメージはかなり広く定着することになってしまった。

中ピ連は、リブ新宿センターなどを活動拠点とする他のリブグループに対しても挑戦的な態度をとった。このことが、マスコミによって増幅されて、「リブ分裂」の印象を運動の外にいる人たちに与えたということもあった。運動の中でさえも、「リブはどうして分裂しているのですか」という問い合わせがリブ新宿センターに寄せられ、センターの人たちが驚いたというエピソードがある。

このような中ピ連の動きに対して、かなりの間沈黙を守った後に、リブセンター側から反論した文章が、「中ピ連への公開質問状」として、一九七三年五月一〇日発行の『リブニュース　この道ひとすじ』ミニ版第一号に載っている。

「中ピ連」は昨年六月に発足して以来、ニュースを出したり、集会を開いたり、本当によく活動している。お世辞抜きにそう思ってきた。何もやっていないところとは、意見の食い違いも出ないかわりに、又、何も共に生み出せないもの、「中ピ連」の存在は私たちにとってもハリがあることだと思ってきた。が、しかし、「新宿派」(「ネオリブ」に表現されているママ)は「現行優生保護法解体のスローガンをあげていないから現行法に反対してな」いなど、予断と偏見、中傷、デマゴギーとしか思えない記事を安易に紙上にのせ(ネオリブ六号)「一度ジックリ話し合おう」の呼びかけを一切無視。闇夜に平手打ちを食らったとはこのことで、訳わからないが故にその後も、機会あるごとに私たちは「中ピ連」に連絡を取り続けた。また、リブ新宿センターに「中ピ連」のパンフを置き、訪れてくるヒトにも積極的に勧めたりもしてきた。それもあれもすべて、目には目を、の不毛な対立がだれに漁夫の利をもたらすかを考えてのことだった。

我慢に我慢を重ねたが、とうとう腹にすえかねたといった感じのこの公開質問状は、延々四ページ半にわたって、中ピ連からの批判の内容とそれに対する具体的な反論にあてられている。その事実関係については、書かれている以上の裏付けはできないが、これを読んだとき私は「ああ、やっぱり」という感じをもった。私たちウルフの会は、年齢や活動方法などの面ではリブセンターの人たちとはかなり違っており、直接いっしょに行動することはほとんどなかったが、彼女たちのエネルギーには感嘆し、リブ運動の中心的存在として評価していた。また、マスコミを通じては奇矯な行動や「女らしくない」乱暴な言動をすると印象づけられていた彼女たちだったが、運動内での他のグループや個人に対しては、基本的なところではきちんと対応し、責任のある態度をとっていた。いわば彼女たちは「仲間の仁義」を守る人たちだったし、そのことが一見支離滅裂のリブ運動を何年にもわたって持続させる力になっていたといえる。そういう彼女たちがこれだけ腹を立てたのは、中ピ連がリブセンターを批判したからではなく、同じ運動の仲間同士の批判とはいえない態度をとったからだということが、この文章からはっきり読み取れた。

一九七五年の国際婦人年を境に、日本のリブは運動として一時期を画し、その後の女たちの運動はフェミニズム――女性学と呼ばれるようになる新しい流れをつくってゆく。榎美沙子は、一九七七年の参院選に「日本女性党」を結成してうって出てまたもや話題の主となったが、それを最後に、運動の舞台からすっかり姿を消してしまった。その後の彼女の足跡は、女性のネットワークには全くひっかかってこない。

「中ピ連」の基本的な主張そのものが誤りだったとはいえないし、マスコミを利用しての派手な活動には、優生保護法やピルに関して世論にアピールする効果もあったかもしれない。しかし、それ以上に、マスコミ受けのするキャンペーンでリブに対する偏見を固定化し、分裂のイメージを作り出したマイナス効果のほうが大きかったと私は考えている。そしてそのことは、リブの時代を共有した人たちの間では、かなり共通した認識になっている。例えば、リブの歴史を語るにあたって、藤枝澪子の「日本の女性運動――リブ再考」(『女性学年報』一一号、一九九〇)はさまざまなグループの活動を具体的にあげるなかで、中ピ連に関しては例外的にリーダーを持っていたグループの例としてあげているだけであり、松野潔子(三木草子)「フェミニズムは国境をこえる」(共著『英語で読むアメリカのフェミニズム』創元社、一九九一)は草の根的なリブの活動とそれにかかわった人を丹念に紹介しながら、あえて中ピ連と榎美沙子の名には触れていない。

榎美沙子という人がいったい何者だったのか、かれこれ一年もつきあったのに、いまだに私にはわからない。そのわからなさは、自分と全く異質の人だというだけではなくて、人間としてのコミュニケーションが全く成立しなかったということだ。榎さんの真意がどこにあったのかはわからないが、少なくとも、真剣ではあったが方法を間違えた人というふうな善意の解釈は私にはできない(例えば連合赤軍の永田洋子はそういう人だったと私は思う)。

一つの運動を歴史の中で評価することはとても難しい。その運動を指導した人たちのモラルは、運動を評価するうえで第一義的な要素ではないかもしれないが、問われなければならない要素の一つだと私は考える。それは運動の目標や成果とは直接かかわりがないことのように見えるけれど、結局は運動を歪め、本来の目的からそらすような働きをする。もちろん、中ピ連の運動に真剣にかかわった人はいたはずだし、そういう人にこそ中ピ連のことを語ってほしいのだけれど、あれだけ華やかに報道された運動なのに、榎美沙子以外の活動家の名も顔も、当時のリブに関わった人たちの記憶に残っていない。

リブ運動の中で、中ピ連とは何だったのかと問いなおすとき、少なくとも仲間だったと評価することはできないというのが私の正直な気持である。

●リブの母性

産の中間総括

『現代子育て考 その1』一九七五年

深見 史

「母性」の強迫は、分娩のさなかでさえ〝憂いを秘めた弱いやさしさ〟をその瞳の中にうつしだすことを私に命じた。「母性」はまた、「妻」の名を共に持つことで、その自然性を奪い、男社会を強固に維持する〝貞節な母〟を演出する。母性の自然性は、実は、「妻」を拒否するものであることを、母たちは知っている。今、ますます娼婦化してゆく「妻」は、母性の自然性からますます遠ざかり、女の二極分解(性と生殖)は緩和されるどころか、個の女の中で矛盾を増し続けている。

誰も子殺しの女を責めることはできない(男は、一言でも感想を言うナ!)。

私が今まで子供の首をしめなかったのは、全くの偶然にすぎない。

私が今まで中絶をせずにすんだのは、ただ運が良かっただけだ。

そのかわり、私は病気になった(あったりまえだ)。

私は月経困難症と神経性慢性下痢症と全身がかゆくなる病になった。

この幸運の中で、けれども私の日常は不消化である。

ついに生まなかった男と、子供を交えての「結婚」生活を続けてゆく時、産は孤独な重荷となって肩にくいこんでくる。産は一過程ではなく、日常普遍である。産みきってはいない。毎日、だらだらと際限なく産みつづけている。産みきれぬ思いが、痛みである。

誕生まで、私はその子の死を願い続けてきた。それでも産まれてしまったその子は、「母」の示す奉仕的な愛情を、かけらも見ることはなかった。産まれたばかりの赤ン坊はひどく醜い。細い手足を曲げて、赤い顔してヒーヒー泣くサマは、カエルを見るようで気もちが悪かった。おむつがぬれようがおなかをすかせようが、そんなことを私に要求してくるという一点で、もはや私にとっては敵対物であった。陣痛の苦しさに耐えることができたのは、腹ボテの予想以上のしんどさに、妊娠から解放されたいと思ったからだ。私は自ら産んだのではない。胎にいた子は、一人で育ち、一人で産まれた。

産みの翌朝、絶望的な感覚が、私を眠りから醒ませた。両の乳房の異様な肥大。固く張って、重く垂れ下がった乳房は、「結婚」と子育てを、最後的に封印するものだった。産んでも、私はまだ自分一人に戻れず、小さな暴君に鎖でつながれた奴隷であった。

昼夜を問わず、三時間おきに泣いておっぱいを求める子供と、そんな中でさえおむつ一枚洗おうとしない男と。二人は私の憎悪を受けた。

ほとんど眠れぬ日々は、やたら先を急ぐ日々でもあった。泣く子をかかえて乳首をあてがい、その時間の、無為であることに耐えかねて、私は「ながら授乳」をやった。活字であれば広告ビラでもよかった。何かを読みながら、見ながら、めんどうな授乳を耐えた。当然ながら、子供は満足感を得られず、すぐに、腹を減らして泣く。悪循環だった。

「子殺しの女状況とは……」と語り出すこと――その余裕は、私にとっては無縁だ。この一年半、子供が死ななかったのはただ運が良かったのだ、と実感している。ただ私の場合、「結婚」が私を「子殺し」に向かわせているのだと思える。「未婚の母」であったなら、私は産み・育てをたのしめたかもしれぬと思う。私の〝近代的自我〟は「結婚」――「家」の有形無形の抑圧、「腹は借り物」的思想をかぎとることに敏感であり、敏感すぎてすっかり参ってしまった。母子心中は、今なお家族制度の犠牲としてある。母の、子への占有意志は、父系家族――「腹は借り物」思想――に対する強烈な憎しみから湧き上った戦術ではないのか、と思うほどに、私は「結婚」にこだわりつづけた。

顔つきを気にするなんてことは、それまでの私には考えられぬことだった。「奥さん」とはじめて呼ばれたとき、「しまった」と思ったが、もう遅かった。私はその時から、「奥さん」以外の何ものでもなくなった。「奥さん」らしさが、周囲から責めてくる。私の好きな不機嫌な顔も、しだいに表には出なくなってきた。

常識の怖さ！　「妻」という名の、何という閉鎖的な収束性、その名を納得した瞬間から、私は「妻」に変わる。

出しゃばるな、論争するな、お茶を出せ。

いつも静かなほほえみを。

誰が言ったわけじゃない、知らぬうちに抱え込んでいた安全な処生訓が、自然にわきあがってくる。

「妻」というのは、外出するにも夫の許可がいるという。自分のために金を使う時、心が痛むという。痴漢に合ったら、夫は「嫉妬」し、離婚されるかもしれぬ、という。夫の会社の運動会のために夜を徹してかざりつけを手伝う、という。

はじめての人種——奥さん、とのつきあいは、新鮮な驚きをもって始まり、沈黙をもって終わる。

「妻」を期待されること——「夫」からであれ、世間サマからであれ——それは子殺しへの道だ。私の楽しみでない、私のためでない、子育てなど、誰がするもんか。父系の子、それゆえに、私は子殺しの女の側にいた。

男の性はどこで完結するのか、私にはわからない。射精という頂点をもって終わりを告げるのだ、ということをよく聞く。けれども女の性は、セックスの場でさえ内へ内へと激しさを押し込めてゆき、終わりがない。一度男と寝たら、性は無限に拡がり続ける。

放出するものが、私にも欲しい。

と、それはごく自然な願いとしてあった。その願いをためこんで完結として子産みがある、と言い切れるならば、私は〝産んだ女〟として自分を位置づけ、こんなにも混乱と悩みを重ねることなく安心していられたろう。だが、産みを性の完結と言いきれるほど、この世はおだやかではなかった。産みによる放心と分解をそのまま許容しうるほど、この世は寛容ではなかった。個の状況は、ことごとく外から規定され、時々の表情まで決定されている。

「男にとって女とは、静かな友か、情熱的な愛人か、忠実な妻か、である。」

と、ロシアのあるテロリストは言った。

忠実な妻に、本心からなりたいと思う女が、どこにいるだろう？ ——あんたは遊び相手としてはいい。でも亭主にしようとは思わない——と、今までの怨みをこめて逆に男に言ってやろう。——外国の男のテクニックを見習いなさいよ。亭主族なんてうす汚ない——と、言われてきた言葉をそのまま返してやろう。

でも、たいていの女はやさしくできていて全人格的に男と関わりたいと望んでいるから、そんな〝男なみ〟の言葉は吐けるものではない。

妊娠・出産・授乳は、すべて、性そのものである。大きく開かれたからだは、二度と閉じることなく、性ホルモンによってのみ維持される。だがそれは、男社会の中では「社会公認」を拒否される。女の月経が、あるにもかかわらず、ないと断定されている如く。体育の授業ではこそこそと教師に耳打ちに行き、労働の中では、うしろめたさを感じながら生休をとる。同様に、孕みの重みは、この社会では「ない」のだ。「障害者」を閉めだす同じやり方で、妊婦は身軽な人々の社会で同じにふるまわねばならない。立ち続けること、階段を登ること、早く歩くこと、走ること、人ごみにもまれること、それはすべて、妊婦にとっては苦行である。しかし、そうしなくては生きていけない。静かな環境、きれいな空気、やさしさに満ちた人間関係、そんな中で終日寝ころんでいるのが一番いいのだ。だがそんなことをしてたら、「働かざる者食うべからず」と、右からも左からも(?)非難の声がとんでくるのがオチだ。

(一部エリートをのぞいて、未婚の母が、母子とも食ってゆくのは至難のワザ、結婚すればしたで、「妊娠したからといって甘えていたのではいけません。ご主人への心遣いを忘れずに。夫の浮気は、奥さんの妊娠中が一番多いのです」)

「社会性」をこそ目標としてきたために、私はいつもあせっていた。生ききれなかった女たちの前例を、自分にもあてはめることを何よりも恐れていた。孕みに浸りきることを、だから、あえて拒否していた。それは、自身を生きることを成功させるためにプラスになるとは思えなかった。

「自立」のためには、寝ころんでいることなどできなかった。そして、寝ころんでいるしかなかった現実の中で、私は不幸な妊婦であった。

子供を見ることさえしなかった私が初めて子の成長を知ったのは、彼が九カ月の頃だった。誰も教えもしないのに、彼は這うことをおぼえ、突然移動した。動けないあかんぼ、泣くことしかできないガキ、としてイメージを固定化されていた子供は自らそのイメージをぶち破った。彼の中には自然が生き、命じていた。日に日に彼は変わり、たえず成長し、この世の空気を、この文明と共に吸いこんでいた。

私は泣いて彼に謝らねばならなかった。私は文明の汚れそのものであったのだから。

私はそれまで、四季の移りかわりさえ知らなかった。天候の具合さえ気にとめたことがなかった。カモメとニワトリの区別さえつかなかった。老人や子供は目に入らなかった。人を、存在そのものを受け入れ愛するなんてこともできなかった。それでいて、「自立」の阻害物としての子供、諸関係をいじくり回していたのだった。

幼年時代は、時間的にはそんなに遠くはない、と思っていても、やはりずい分とへだたりがある。遊びに淫する時代、そこから「成長」して大人になるというが、実は退行でしかないのではなかろうか。せいいっぱい、とか、いっしょうけんめいとか、政治家でもない限り、そんな言葉は白ける部類に入る。協調、それが大人の世界では一番大切なことである。型からはみ出ないように、適当にまじめで、適当にいいかげんな人間こそが善良な市民であり、〝人に迷惑をかけぬ人〟こそが唯一生き残れる人間である。私が世にうらみを抱いているのは、この私を充分生かさない、ということからではあるが、私を〝性格の悪い人間〟と決めつけたことが一番重い要因である。私は長いこと「協調性がない」といわれてきた。私は身がってで、陰険で、明るさがなく、独断的で、ナルシストで、ヒステリーだと言われてきた。多くは親の口から出た。だから私は自分をそういう性格だと思い、何と悪い性格だ、と、自分自身を呪ってもきた。社会的差別云々を語るときにも、この「性格差別」にまで考えが及ぶことはなく、むしろ変わろうにも変わりえない自分をもて余してきたのだった。

だが、違うのじゃないか、と思うようになった。変わりえないものを責めるのは差別という他ない。「性格差別」は、あるのだ。協調性を要求するのは、なぜなのか。私の陰険さとヒステリーは、どこからくるのか。「自己否定」が流行語であるうちは、その尻馬にのって悩むふりをすることもできる。だが、やはり違うのではないか。

自分に惚れきらずして、何ができる。

私はイヤな人間だ、と思いくらしているよりも、私は自分の性格を愛している、と欠陥人間として居直った方が、客観的に〝いい人〟になるのかもしれぬ、と思う。

一時私は、女を外面的に規定している、あらゆるものを遠ざけたことがある。ボサボサの髪、洗っていない顔、ヤニつきの歯、破れジーパン、乱暴な言葉、マタ広げての受講、怒号、そして「男らしい」デモ……今でも、むろん、そんな遊びをバカバカしいとけなすつもりはない。たのしいものだ。ハイヒールは、てん足と同様逃げだせぬためと、性器のしまりをよくするため、に作られた。女のもの、とされているものは、多かれ少なかれ、女の隷属の歴史性をもっている。それらをみんな投げすてるのは非常に痛快で、おもしろい。

だが、今はそれに固執しようとは思わない。昔は化粧した女を見るとへどが出そうになったものだ。男にすがった女を見ると本当に吐いた。

だが、今はそんなことはない。

私はあるがままの自分を肯定し、それを美しいと思いたい。何もかも遊びにしてしまいたい。余裕のなさを返上して、でたらめになりたい。

子供が終日遊んでいるさまを見ながら、そんなことを考えていた。

同じ一日であるのに、なぜ彼の驚きにつき合ってやれず、いつも白けているのだろう、と。子供は大人の鏡であるという。そうして日々、大人の論理に傷つけられながら、わずかな幼児期を生きている。もって生まれた自然性を破壊されてゆく過程が「成長」である。「だめ」「いけません」と叫ぶ時の母は、一種のよろこびに浸っているようだ。男が、唯一その「支配」欲を女に向けて、安心を得るように、女は、子を支配することで、かろうじて息をついている。

そうはなるまい、と思っても、確実に私は子供を汚している。子供を「見る」ことで自然性を知り、人間に戻りたい、と思いながらも、突如として湧き上る憤り――対象はさまざま――を、手近な弱者たる子供にぶつけてしまう。

産みきってはいないのだ。生んではいないのだ。


「主婦」ですの、という他に、自分を説明できずにいる私の、一種の恥じらいをこの二年間、ひたすらおしかくそうとしてきた。私は運の強い女だ、と思う。いつも、決して悪い方向へは行かない。適当なところで助け舟がやってくる。

今ではもはや「女も働くべきです」というような経済的自立論ははやらない。それは家庭内経済に於て「夫」と同等の発言力を有するためでしかなく、終日、家事、育児につながることから逃げるために他ならない。「女も」と言い続ける限りは――。従ってそこに踏みとどまることこそ最大の抑圧である、と女らは知っているのだ。

男は生まない。そしてまた、女の解放が、「女も」から動かぬ以上、女も生めない。

子供を五人も産み育て、疲れ果てて、はっと気づけば「夫」たる男は若い女とどこかへ消えてしまっていた、などという話はごろごろしている。生まぬ男の精子を受けて、それでも女は産み育てる。そのあげくに「オレの子だ、女が何を言うか」とくれば、こんなバカバカしい話はない。だがそれがふつうのこと。ぶつけようのない憎しみを、すべての男に感じながら、それは生まぬ男への憐れみに変じていく。度毎に選択されたセックス、発情者として性欲を整え、女が相手を選ぶセックス、およそ、そんな交合はありはしない。夫婦と呼ばれる男女の間では望めもしない。そうであれば、男は生もうなどという気にもなれぬのだろう。

妊娠中、『妊娠・出産のすべて』とかいう本を男が手にとってパラパラとめくるのを見るだけで、私はドキドキとうれしかった。結局、男はそれ以上のことはしようとせず、おむつは何枚いるか、とか、産後の母体は回復に何日かかるかとか、も、むろん調べようともせず、私にも聞かず、そして、それでおしまいであった。

一人で妊娠し、一人で出産し、一人で育てたのだ、と、そう言う安心を欲しいとも思った。けれども、どう言ってみたところで、子供が産まれるには父親がいるのだ。種馬さ、とあきらめきれぬのが、この父系の世だ。ほとんどすべての家庭は母子家庭だ。男はカネ以外では家の中では何の役にも立たない。最も自立しえぬ者ども、いつになったら気がつくのか。

Ⅱ　主婦リブ

日本には、「主婦リブ」とよぶほかない言説が、厚みをもって存在する。それは、「一部の過激な女たち」のものだと考えられていたリブのメッセージが、結婚し子育てに従事していた多数派の女たちをたしかにゆさぶったこと、そしてリブに対して彼女たちが暗黙の支持をあたえたことを意味する。七〇年代は、日本の歴史のなかで、主婦化の完成とその分解の時期にあたる。「専業主婦」という言葉が登場し、主婦が自らのアイデンティティを問わなければならなくなった時代である。「主婦」が問うに値する問題であることを、主婦である女性たちじしんが引き受け、問いつめていった過程がここにはある。その過程で、家事労働、子育て、介護、結婚と夫婦など、日常の自明性がつぎつぎに問いかけられていった。「賃労働」だけが「労働」か、というラディカルな問いもまた、彼女たちが生んだものである。

田中喜美子がいうとおり、日本の女は「家庭と子どもをけっして捨てない」が、その内部でたしかに変貌していった。彼女たちはけっして「遅れた層」でも「取り残されたひとびと」でもない。日本では草の根の女性運動を、しばしば主婦活動家たちがささえているという逆説がある。その中からNPOのにない手や社会起業家なども、次々に生まれるようになった。八〇年代の階層分解をつうじて主婦は特権層になった。主婦と「働く女性」のあいだの緊張と対立は、今日のフェミニズムにも持ち越されている。

(上野)

●主婦とおんな

「べつ」意識の構図

『婦人公論』一九七八年一二月号

伊藤雅子

自立への身じろぎ　女の自立ということについては、これまでいろいろな形で論議が続けられ、方法が模索されています。私たちは、女の解放、自立的な女の生き方を求めたたくさんの古典を思いおこすことができるし、たくさんの先駆的な女性たちの歩みや主張をたどってみることもできます。また、一九七〇年代に入ってからは、ウーマン・リブの勢い等に大きく刺激されて、いろいろな分野で、さまざまな動き、風潮がたちあらわれ、いまや、この問題は、かつてのように一部の先進的な人にとっての課題として在るのではなく、たくさんの人にとっての関心事になってきているのかと思わされます。この数年の間にいままでにない斬新なグループが輩出したり、新しいタイプの運動が続出しました。これまでの常識やタブーをくつがえすような、挑みかかるような表現や発想が次々にあらわれました。そして、いまでは、それらが一時期のような衝撃的な意味を持たなくなったほど、私たちの感覚にさほど珍しいものではなくなってきているように思います。ことにマスコミの動向などをみていると、性差別ということばや女の自立ということばがふんだんにあふれて、これらの命題は、少なくともことばとしては、あるいは風俗としては、いままでにない広がりをもった大衆化現象を呈してきている感があります。なかには、まるで、女の自立というものがひとつのファッションになってしまっていると言いたい気配さえあります。いまふうに言うなら、「あなたも自立してみませんか」式の、かろやかなイメージで謳われ、お洒落の一種かなにかのように、新しい色の口紅といくつかのアクセサリーをコーディネートすればたちまち「翔んでる女」に変身できそうな、そんな錯覚を与えられる。女の自立が商品になり、新しいマーケットとして成り立ち始めているとも言えそうで、これも昨今の特徴のひとつでしょうか。

一方、こうしたファッションふうな動向や、目的意識的ないわゆる運動とか闘争とかの、具体的な、はっきり見える動きとはちがって、人の目につきにくいところで、自立を求めて、自分の日々の生活や内面をみつめなおして身じろぎはじめている女の人たちの静かな動きもずいぶん増えてきているように思います。その動きは、外に向かって何をしはじめるというのではないし、派手に徒党をくもうとするわけではないし、すぐさま形にあらわれもしないから、動いているとも気づかれにくいけれど、それだけに遠い地鳴りにも似て、なにかを大きく動かす力につながっていく予兆のようにも感じられます。

たとえば、家庭の主婦たちのつぶやきの中に、私は、しばしばそれを感じます。

先日も、私が勤めている公民館で開かれた「主婦が働くとき」という全十回の連続講座に参加したひとりの主婦が、こんなふうに言っていました。

「自分は、いま、とりたてて何が困るということもない暮らしをしている。夫にも不満はない。けれども、こうして小ぢんまりと子どもを育て、夫が持ってくるお金で小ぎれいに暮らしていてそれでいいのかという気持ちが、いつも胸から去らない。心がいつとはなし外に向いている。主婦の生活だけに満足できない自分というものは何なのか、そういう自分というものを知りたいと思ってこの講座に出て来た――」と。

それは、自分にたしかめるようにして訥々と語られたことばでした。結婚後十余年を経たおとなの女が「自分というものを知りたい」と言う、そのことばのひびきは、けっしていっときの思いつきとはきこえませんでした。おだやかな微笑を浮かべながら、ちょっと気はずかしそうに、そう言って自己紹介した彼女の一言一言を、私は、胸にたたみこまずにはいられませんでした。彼女は、一言も、自立だの、解放だのとは言わなかったけれど、女の生き方を内側から問うているその重みは、彼女ひとりのモノローグとしてとどまるものとは思われません。

また、ある主婦は、こうも言っています。先にあげたと同じ講座に出席していた方で、これは、最後の日にみんなして語り合った中での発言なのですが、「私は、幸福な結婚をしたと自己満足していたが、その結婚をきっかけに、自分の内面がだんだん侵蝕されてきているということを懇切丁寧に腑分けして見せてくれたのが今回の講座だったように思う」と。

ここでは、それがどんな内容の講座であったかは省略しなければなりませんが、このことばも、主婦である自分を対象化し、その自分をもう一度みつめなおしたところで面《おもて》をあげた人の心のたたずまいが強く感じられて、居合わせた人たちの胸に深くとどいた一言でした。これも、かすかな気配ながら、ひとつの身動きだとはいえないでしょうか。

「べつ」意識　さて、このように、いま、たくさんの女たちが、自らの生き方をたずねてさまざまに動いており、その動きが多方に広がっているというのに、どうして、その力がひとつにつながらないのか、ダイナミズムを生む力になっていかないのかという声が、よく聞かれます。「女たちのポテンシャル・エナジーは、もう相当の蓄積に達したように思われる」(アピール「あごら」18、一九七八・六)のに、と。

怠けものの私などには、運動としてというような視点で考えることはなかなかできませんが、それでも、実生活の中で女同士が互いにゆきちがい、そむき合って暮らしているありさまは気がかりです。ことに、組織的にどうこうというより、個々の女たちが、実にこまかいところで互いを隔て合ってしまっている現実を見るにつけ、その根は何かと考えこまされてしまいます。

たとえば、家庭の主婦と職業をもつ女との連帯をとか、接点をというようなかけ声はくり返し叫ばれているスローガンのひとつですが、実態はといえば、家庭の主婦にとって働く女は、ゴミのしまつや、留守中の配達物や、ＰＴＡの役員を家庭の主婦におしつけ、子どもや家事をなおざりにして金稼ぎに走り出している身勝手な存在としかうつらないことが多いのだから、連帯のどうのと言われても、それは、これ以上迷惑をかけられては困ると逃げたくなるだけかもしれない。また、働く女の方から言わせれば、日ごろ家庭の主婦たちの冷たい視線にいためつけられていたり、自分で被害妄想的になっていたり、肩ヒジはっていたりするから、互いの関係についてこのままでいいとは思っていなくても、自分たちのことがわかってもらえるとは思えなくて、なかなか家庭の主婦たちに親しい気持ちを持ちにくいようなところがある。

かといって働く女同士なら通じ合えるかというと、そうでもなくて、フルタイムだとかパートだとか、専門職だとかそうでないとか、結婚している女とそうでない女、子どものいる女といない女との、露骨な、あるいはなにとはなしの隔て合いがある。同時に、同じ家庭の主婦同士であっても、子どもがいるとかいないとか、その子のできのよしあしとか、男の子だとか女の子だとか、はたまた夫の社会的地位によって、夫の寛容度によって、互いに「自分とはちがう」「あの人はべつ」としきりを作り合っていることが多いのが実情ではないでしょうか。

そして、私は、この、現象的なちがいにとらわれ、人と自分とはちがう、「あの人はべつ」「自分はべつ」と決めこんで、予断をもってその先をはかろうとするところに、女が自分で自分を閉ざし、ひとりの人間として生きる力をひよわなものに衰弱させている、ひとつの根があるように思えてなりません。

この「べつ」意識とでも名づけたい思いこみは、たくさんの女たちの意識のひだに巣喰っていますが、私の観察では、それが目に見えて、より顕著にあらわれるひとつの場面があります。それは、サラリーマン家庭の主婦が〈働く〉ということを考えるときです。そこで、いま、この場面を一例に、この「べつ」意識について、少し、考えてみたいと思います。

働きたいと思っている主婦、働きたいと言っている主婦はたくさんいます。働きたいと言うほどではなくとも、働くこと、あるいは自分が働いていないことについて気にしている主婦はたくさんいます。そして、でも自分は働かない、働けないということを言うときに、たいていの人が、次のように言いはしないでしょうか。

「生活のために働かなくてはならない人は『べつ』だけど」
「能力のある人は『べつ』だけど」
「家庭と職業を両立させることのできる器用な人は『べつ』だけど」
「家事や子どもをなおざりにして平気な人は『べつ』だけど」
「夫に理解がある人は『べつ』だけど」
「お金のためならつまらない仕事でもわりきって我慢できる人は『べつ』だけど」
「条件に恵まれている人は『べつ』だけど」
「いいかげんな働き方でも平気な人は『べつ』だけど」

……つまり、主婦が働くということは、そういう、良くも悪くも特殊な人にしかできないことであるという断定。「であるから、自分が働けないのはやむをえない」「働かないのは当然のことだ」と一生懸命言う人が実に多いのです。

もちろん、こうした発想が出てくるのは、その背後に、子もち女が働くことをたいそう困難にしている現実の職場の状況や社会的な諸事情があるからにちがいありません。子どもがいても勤め続けるのがふつうというふうになっていない現実や、女は家に在るものとする社会通念がどんなに主婦が働く上で大きく災いしていることか。その現実をみれば、どんな人でも働けるとは言い難い気持ちになるのは無理もありません。また、家庭にいる主婦は、家庭や地域でおきるこまごまとした、そして膨大な一切の用事を背負い、心を配って、子どもの教育をひとりでとりしきらされているのに、とかく「なにもしていない」者とみなされる不当があって、働かないで家にいることについて誰にとがめられるというのでもないのに、なんだか言いわけをしないではいられないような、「私だってただ家にいるというわけじゃないのだから」と自分にも言いきかせて自分の気持ちをあおっていないではいられないような、妙なおちつかなさがある。そんな不安定さも、この、働いている人は特別の人たちだと思いたいし、人にも言いたくさせている一因になってはいしないでしょうか。

こういう状況の中で、家庭の主婦という生活を長く続けてきた女の人たちが、「自分も働きたい」と言いながら、「働いている人は私たちとは『べつ』な人たちよ」と思いたい気持ちは、よくわかるような気がします。

けれども、私は、こういう思いこみからいったい何が生まれているのか、何が開かれていくのかと思うとき、やはり、その気持ちがわかる、わかるとばかりは言っていられないように思うのです。

まず、事実として、ほんとうに、働いている女というのは特別の人種なのか。どれほどその事実を確かめて「べつ」だと言っているのでしょうか。

私の知る限りでは、あの人たちは「べつ」という目で働く女を見ている人たちは、おおかたの場合、働く女の具体的な生活をつぶさに知ろうとし、知って、その上で「べつ」だと言っているのではなく、ただ漠然と、自分とはちがう、「ふつう」ではないらしいと思いこんでいる人が多い。だから、ちょっとした話をしていると、洗たくはいつするのか、ごはんはどうしているのかというようなことばかり聞かれて、ああ、こんなことも知られていないのか、想像がつかないのかとおどろかされることがしばしばです。必要に迫られればちえも湧くし、家庭全体に力も出てくるし、日常生活の中にそれがくみこまれていけば、どうというほどのこともなく歯車がまわっていくのだけれど、想像しているだけでは、やはり、その生活がどんなことになるのか、具体的な事実についてイメージが湧かないのかもしれません。そうかと思うと、共働きをしているというだけで、「子どものことを気にしていない人」とか、「家庭のことは二の次とわりきっている人」とか、さもなければ「ご主人に理解のある人」とか「生きがいを求めて働いている人」とか、簡単に判断されてレッテルを貼られてしまう。これもまた、なにも事実を見ていないじゃないかと思わされます。

その昔、フルシチョフがはじめてアメリカを訪れたとき、彼一流のユーモアから「ほら、私をごらんなさい。共産主義者だってあなた方と同じ人間であることがおわかりでしょう。シッポも生えていなければ、角もないでしょう」と言ったとか。私は、その話をときどき思い出すのです。ちょっと大げさかもしれないけれど、「共産主義者」のところを「共働きの女」とおきかえてみたくなるからです。

「べつ」のなかみ　さて、この、事実を確かめないで「べつ」とレッテルを貼るすばやさの陰には、もうひとつ、こんな思考様式が、まるでトリックのようにひそんでいます。ここでも主婦が〈働く〉ことについて考える場面を例にしてみましょう。「共働きの女イコールゆとりがない、だから子どもは愛に飢えて非行化、夫は浮気」式の、たいへんマンガ的な短絡図式で因果関係をつくりあげ、急転直下「だから私は働かない」と結論を導き出してしまう思考様式。「近所の共働きの家の子がいつも買い食いをしている、だから私は働かない」とか、「新聞に、共働きの子が万引きしたと載っていた、だから私は働かない」とか、「職業をもっている女はよく離婚をするそうだ、だから私は家にいる」等々。こうして書き並べてみると、あまりに短絡的で、まさかと思いたくなりますが、実際には、主婦たちの会話の中でこの種の発言が頻繁に出てきます。これでは、まるで、主婦が家にいる家庭からはこれまで一件も万引きの子や、夫の浮気事件が発生しなかったみたいな話ですし、主婦が働きに出さえしなければ世の中に離婚はおきないのかとからかわれそうな論法です。というより、共働きと、そうした「不祥事」とをまるで不可分のもの、ワンセットのものとしてとらえ、「そういう共働きをする人たち」という見方で、現に働いている女たちを「べつ」と見る目のおきどころ、それはいったい何を意味するのでしょうか。本人としては無意識なのかもしれませんが、徒《いたずら》に共働きの女を差別視しているだけだとはいえないでしょうか。そして、それは、他者の生活のひとつの現象部分、ネガティブな部分を拡大視することによって自分の現状を正当化しようとしていることになると言われても仕方ないでしょう。働き出さないでいる自分の、ただのいいわけとしかきこえないかもしれません。

少なくとも、こういう視点で「べつ」だと見ている限り、「べつ」だという認識がプラス方向に生かされることがない。「だからあんなふうにならないように、自分はよりよい働き方をしたい」とはならないで、「だから働きたいけどやめておく」ことになって、事態はなにも変わらない。

ここであらためて念おしをしておきますが、私は、「働かない」という結論を出すことについてとやかく言うつもりはないし、また、人と自分とはちがっているという認識そのものを否定視するものでもありません。私は、人が自分とちがってみえるとき、そのちがいが本質的なものであるのかどうか事実に即して直視する必要があるということと、その事実認識を互いの関係の中でプラス方向に生かすのでなければ、たんなる隔て合いになるだけで無意味だということを言いたいだけです。あの人たちは「べつ」だと自分を閉ざしてしまうのは、自分をまもっているつもりで、自分を見失ってしまうことにさえなる、と思うのです。

たとえば、これまで働いていなかった女が、なんのきっかけからか働いてみようかと考えるのは、少なくともいまの生活を自分なりによりよい方向に変えよう、もう一歩前へと思ったからではなかったのでしょうか。多かれ少なかれ、現状の自分への危機感なり、反省なり、不満足があってのことでしょう。とするなら、そこで「働こうか」と考えたのは、その動機としては強制的な労働ではなく、自分の生き方の上でのひとつの自己決定であり、それなりの自己省察があってのはずなのに、「あの人たちは『べつ』という見方をした途端に、どうして自分は働こうかと思ったのか、自分としては働くことをどうとらえているのか、どんな働き方をしたいのか、また、それは、働いていないいまの自分をどう考えてのことなのか等々が、一気に霧散され、考えなくていいことになってしまう。「あの人たちとは『べつ』」という見方に立つことで、すっかりシャッターをおろして、そういう自分をも見ることができなくなってしまいます。

共感する力　さて、これは、くり返し言うように、主婦が働くことそのものについての論議ではなく、私たちの中の「べつ」意識について考えるための一例にすぎないのですが、〈働く〉という、その人の生き方がそのまま問われる問題だけに、その意識も、その人の本体がむき出しにされてしまうのかもしれません。働くことと限らず、いろいろな場面で、いろいろな現象のちがいにとらわれて、私たちは互いに「べつ」だと意識し合っている。その現状があらためてかえりみられます。このように、私たちが、とかく人は「べつ」と思いたがる傾向を持ち、人とは「べつ」であるところに自分の存在価値を得ようとしがちなのは、同じ女でありながら、それほどにも互いに分断されているひとつの証左でもあるのでしょう。

ちょっと身のまわりを眺めても、私たちは、ほんとうに、小さな生活圏の中で、自分と似たような生活条件の中の人としかつきあっていません。異質な生活の人たちとは互いに知り合うチャンスさえ乏しいのがおおかたの現状です。自分の目ではなく、旧来の社会通念のレンズやマスコミ的情報の色めがねによってしか他の人たちをイメージできなくなっています。いつのまにか人を「べつ」と見るようにしむけられているとも言えます。そんな中で、人との共通項をみつけ出す力や、異質なものを受け入れる力を失い、人との共感に励まされたり、人間関係に支えられる喜びというものから縁遠い暮らしに押し流されているのではないでしょうか。そういう状況におかれてしまっていることを、私たちは、まず、しっかり認識しておく必要がありそうです。

この小文の最初に引いた「主婦が働くとき」という講座の最終回の話し合いの席で、参加した主婦たちが口々に言ったことばを、私は、いままた思い返しています。

ある人は、こう言いました。

「なにか自分の中ではっきりしないものがあって参加したのだが、それが、いまになって、仲間を求めていたのだと思いあたった。」

また、ある人は、こうも言いました。

「これまで、平塚らいてうとか市川房枝とか婦人運動をしている人たちというのは、なにか神がかり的な、自分たちとはまるで『べつ』な人たちだと思っていたが、この講座を通して、彼女たちに対して、一生懸命生きた人、生きている人として近しい気持ちがもてるようになった。また、私は、自分は主婦だからなにもできないと決めているることが多かったが、この講座のどの講師も家庭では主婦である人たちであることを知って、私たちもここまで出来るのだという励ましを受けたような気がした。」

「この講座で、女たちの働く現実をいろいろな角度から学んで、夫たちもまた『働かされている』とし か言いようのない働き方を強いられていることをあらためて認識させられた」とか「自分の悩みを解決したいと思ってこの講座に出たのに講座がすすむにつれてますます悩みが深くなり、苦しみながら通い続けた。そして、自分の悩みを小学五年生のわが子に話したところ、子どもなりに精いっぱい聞いてくれて『おかあさん、一生懸命悩んでいるんだね。弟たちのことは自分がいっしょにるすばんしているから、これからもしっかり公民館でべんきょうしておいでよ』と言ってくれた」と語った人もいました。

どの人のことばも、精いっぱい自分をみつめている人の真実にあふれて、きき手のあいだから思わず拍手がおこることも度々でしたが、助言者として加わっていたその日の講師は、しめくくりのことばの中でこんなふうに分析してくださいました。

「どの人の口からも、いっしょに学んだ仲間への、講師たちへの、婦人運動家たちへの、夫の労働への、あるいはわが子とのあいだの共感が生まれていることが語られていましたね。わずか十回の講座のなかで、これは、たいへんな収穫だと思う。考えてみると、これまで、たとえば、婦人運動の中などでもなかなか得られなかったのが、この共感関係ではなかったでしょうか。」

——私は、そのことばを聞きながら、いま、おとなの女が学ぶことの大きな意味のひとつは、ここにあるのだとうなずかされ、力づけられていました。すなわち、互いを知り、自分をみつめることによって共感する力量を学びとっていくこと。言いかえれば、自分から目をそらさず、自分の中の虚妄な「べつ」意識を超克していくこと、です。それは、また、自分をそまつに見放さない力・人のせいにしない力を養うことであり、自立・自尊の力が大きく培われていくことだと思います。

おとなになって学ぶということが、そういう人間的な力量を体得することであるのなら、いま、声高に言われている「婦人教育」や主婦のための生涯教育の内容や方法も、ずいぶん焦点がはっきりしてくるのではないでしょうか。とするならまた、女の自立・解放をめざす上での実践的な課題も、より明確になってくるのではないかと私は思うのですが、いかがなものでしょうか。

高橋ますみ

●主婦からの出発

主婦の壁を破るセミナー

『女40歳の出発』一九八六年

何かをしたい主婦たち

私は、まったくの専業主婦の生活を十年余り経験し、その中から少しずつ社会参加するようになって、また十年の月日を重ねた。この数年、各地の婦人学級や草の根の女性グループから講演の依頼を受けることも少なくない。最近では「主婦」という肩書きは名乗りづらくなり、税務署への届け出は、「生涯教育事業」などとなっている。これは自分が好んでつけたのではなく、納めている税金の中味を考慮して、税理士に手続きをとってもらったのだが、現実には子どもの手がかからなくなったこと、三年前にしゅうとめを見送ったことを除けば、今もって主婦的状況を引きずりつつ何かをしていることになる。

したがって、グループ活動や東海ＢＯＣ※で出会う主婦層が、私にとって一番身近な仲間という気がして、それでいながら「何かしたいけれど、もやもやしていて一歩を踏み出せない」主婦と向き合うと、相手がまだろっこしくて、不遜にもいらいらすることがある。

どの人も自分には特別の事情があって、踏ん切りがつかないと思い込んでいるのだが、実は中流階級に帰属意識を持つほとんどの専業主婦がワンパターン的に落ち込む状況で、彼女らは、似たような人が沢山いることに気付いていないようだ。

たとえば、三十代の専業主婦の一典型は、夫の転勤または結婚を機会に、自分の育った土地をあとにして未知のところに住み、小さい子どもが一人か二人または三人いる。夫は、近い将来中間管理職が予定されている会社員で、夫婦とも高学歴である。彼女たちは夫や子ども、つまり家庭を一番大切にしているのだけれど、それを損わない範囲で何かをしたいと漠然と夢に描いているが、今あるものは、髪の毛一筋も失うことを恐れている。現状にはどこか不満をいだいていて、子どもの手もかからなくなるときに備えて、何かちょっとやっておきたいと思っている。

民間で行われている「再就職セミナー」などの企画には、そんな主婦が殺到し、真剣にメモも取るのだが、いざセミナーが終わって具体的に再就職の口があったりすると、ほとんどの人が後込みをする。

保育園が三時までしか預ってくれないから二時までしか働けないとか、火曜日と木曜日はほかのお稽古ごとがあるので都合がつかない、土曜日と日曜日は夫の会社が休みなので出られない。ざっとこんな調子で、いっぱい条件をつけた上で何かしたいと望んでも、そんな結構な働き口はまずない。好きなときに働けるものとしての筆頭は、化粧品、健康食品、宝石などの委託セールスであるが、主婦は買うことは得意でも、ものを売ることは苦手である。その上、知的で格好のよい仕事を夢想していて、立ち仕事や体を動かす仕事はしたがらず、そうまでして働きたくないなどという。

自分は一体何をしたいのか

主婦は、夫や子どもの都合によって自分の都合が決まり、夫や子どもの人生のすき間を縫って生きている。自分自身は何がしたいのか、どう生きたいのか、をつきつめて考えることはわがままではないかという罪悪感すらいだいている。

家庭中心の価値観は、何をおいても仕事を優先させる現代の産業界にはなじみにくい。たとえば、東海BOCが受けた期限付きの仕事を、担当の主婦が家族の都合で簡単に断わってしまう。家庭の事情を理由にすれば、主婦は何でも許されると思っているようだ。穴埋めは東海BOCのスタッフが徹夜してでもしなければならないことになる。

主婦は競争社会から疎遠になって久しいので、何でもできそうな能力過信と、これといった特技のないコンプレックスの間をゆれ動き、仕事を引き受けられるのか、られないのか、本人もはっきりしないことが常である。

そうした主婦の意識にほとほと困り抜いて、東海BOCをはじめて二年目ぐらいのときだったろうか、何かをしたい主婦自身が、身辺整理というか、自分の意志確認をしてみる機会が必要ではないのかと考えた。

毎回毎回、能力を委託登録しに来た主婦の、出口がないと思い込んでいるもっともらしい理屈や悩みをきき、励ましていると、あっという間に一、二時間はすぎてしまう。

いつのときだったか、出がけに拙書を読んだという人から電話がかかってきた。私は名古屋市内といっても辺地に住んでいる。そのときは、一時間に一本しかない東海道線に乗るために出かける間際だったので、理由を述べて、あとからかけるからと電話番号をたずねたのだが、相手は気を悪くして切ってしまった。

夕方新聞社から電話があり、その主婦が私の電話の応対が事務的だったと、私の本の書評を出した新聞社へめんめんと電話で訴えてきたという。

私はその電話を受けた新聞記者の方には恐縮したものの、不思議に腹は立たなかった。私にもそうした時期があった。片言しかしゃべれない幼い息子たちと、しゅうとめのぐちばかりとつき合っているうちに、私は大人と対等な会話をするバランス感覚がおかしくなってしまったことがある。十年前、初めておずおずとグループ参加をはじめたとき、閉ざされた家庭からいきなりさまざまな人に出会ったために、狭い視野からの正義感で、むきになったことは数限りない。そうして幸運にも多くの人々とのあたたかい出会いによって、今の私はあると思う。思い返してみると、恥をかいたこと、見当違いの怒りを持ったこと、そんなことの連続だった。

主婦は自分に関心を持たれることと、じっくり誰かと話し合うことに飢えている。そうして、自己を語ることにはもっと飢えているのである。

自分は将来に向けてどうしたいのか、夫と十分話し合う習慣を持っていないのではないだろうか。じっくり話し合うプロセスを経ないで、いきなり、「パートに出る」などと結論だけを宣言し、夫の反対の一言で自分の決意も簡単にひるがえしあきらめてしまう。夫の扶養家族になるということは、自分の意志や行動の責任を相手に預けてしまうことである。

専業主婦は自分の人生でありながら、自分の人生の主人公になりえていない。

わが家を例にとれば、夫とは対等なおしゃべりを気楽にする習慣がない。夫は聞いているのかいないのか、無表情で無言、相づち一つ打つでなく、お地蔵様のような相手に一方的に私がわめいた時期もあったけれど、そのあとの自分がみじめで、しゅうとめが同じ部屋にいるだけに、夫に相手にされない嫁の立場は面目丸つぶれであった。夫の無言は私には威圧感があり、ますます私の意識を金縛りにしていったと思う。

意識改革の場がほしい

私は一九七五年国際婦人年に国連採択された世界行動計画を読むまでは、男は外で働き、女は家事・育児を優等生的にこなさなければならないと思い込んでいた。そういう生き方の姿勢について、夫と話しあったことや意見をきいたことは一度もなかった。私は勝手に、夫は私が良妻賢母であることを望んでいると思い込んでいた。

つまり家事・育児以外に、社会に出ていろいろな出会いをしたいし、働いてもみたいとどんなに願っているかを夫に話していなかった。一度だけ、子どもの手が離れたら教職につきたいともらしたことがある。「そんなことできるものか」と、私の能力不足の問題として彼は言った。自分は妻にどんな生き方を望んでいるかとか、協力できるとかできないとかいうような会話には発展せず、私は押しだまってしまった。

「手内職一つようしない」と私の不器用さをなげくしゅうとめに、転勤が一段落して定着の地を決めたら、近所のお子さんの勉強でもみてみたいと夢を語ったら、「あんたにそんなことできるわけがない。世間さまはきびしいでなも」と、これも私の能力の問題として否定されてしまった。

こうして主婦的状況の中で、女性の社会への夢はどんどんしぼんでいき、自らも、自分は家の中以外では役立たずなのだと思い込んでしまう。

多分、夫もしゅうとめも、当たり前のことをいったまでで、私の未来への意欲の芽を摘んでしまったとか、私の自尊心をひどく傷付けたとは気がついていないだろうけれど、主婦の生活経験の積み重ねは、社会への自信を失っていく過程でもあると思う。日常の家事・育児はとどこおりなくやれて当たり前で、ちょっとでも不都合があれば文句をいわれる。

まして、夫とかしゅうとめ、親類縁者が、主婦の社会参加を、あるいは社会に向けて自己実現する手助けをしてくれることはまず期待できない。

「毎日が日曜で結構なことだ」とか、「料理なんか誰でもやれるが、ほかのことをやる能力のないやつにやらせてやってる」と専業主婦時代の私に向かって夫はいった。彼は軽い調子でいったつもりかもしれないけれど、めったに対話のない夫婦にとっては、ひとこと、ひとこと妻の側に執念深く残っている。これは、私だけでなく、日本のかなり多くの妻たちが経験していることではないだろうか。

もしあのとき、私に、そこからより深いコミュニケーションへと会話を発展させる才覚があったなら、心の傷として残るようなことはなかったかもしれない。この頃の私は、いいにくい人にいいにくいことを、はっきりその場でいえるようになった。

そんな主婦の状況を整理し、それを打破し、お互いの意識改革をする場を創り出したかった。東海BOCの場は、どうしても私にとって必要だった。一般の社会教育の場でなされている再就職の講座は、洋裁とか経理、簿記など実務が中心であるけれど、私は、主婦自身の意識改革や状況把握がそれ以前に必要だと考えた。

主婦の壁を破るセミナー

一九八四年、東海BOCの若手スタッフの山中洋子さんと田島美紀さんが「主婦の壁を破るセミナー」を託児付きで企画したので、私も大喜びで参加しアドバイザー役を引き受けた。六畳一間とはいえ、専用事務所があるのは強みである。力不足で、四年前にはそんな企画も行政にゆだねなければならなかっただけに、自主的にできるようになったのは、東海BOCもわずかながら進歩があったのかなあと思えるだけでもうれしかった。

美紀さんと洋子さんは、自分たちと同じような状況の二十代三十代の主婦たちに、主にクチコミで伝えて、一歳から四歳までの子連れ受講者が十三人集まった。東海BOCの狭い和室で、その人たちが小さい子どもたちをバタバタさせながら、身内同志のようにのびのびと屈託なくおしゃべりしているのを見て、私はまぶしいと思った。

私とは、わずか十五歳ほどの違いなのに、彼女たちはすでに〈子育て中の女性の自立を考えるグループぴゅうい〉とか、〈あごら東海〉などで小規模なグループ活動に参加していて、どの子がどの人の子か私には判別がつかないほど、大人も子どもも打ちとけ合っていた。

私の二十代後半から三十代の前半は、もっと孤独だった。とくに富山県下にいたときは上の子が四歳、下が一歳だったろうか、新聞社の通信局は田んぼの中の一軒家で、ともに語り合う友がいなかった。それに、女同志が一人の人間と人間として出会うというてだてを知らなかった。

だから外では、地方記者の女房として、幼い息子たちのおかあさんとして、また家の中では、しゅうとめからすれば、不本意ながらもらってやった嫁として、役割をこなすのに精一杯だった。

あのとき、もし私がこのセミナーの主婦たちのように、女同志が平面で語り合う方法を知っていたら、私はもっとのびやかで、はつらつとしていて、しゅうとめにも被害者意識を持たないで、おおらかにやさしくあれたにちがいない。彼女らが、そこに居合わせていることも、セミナーで話し合うことも、当たり前のように享受していることが私にはまぶしかったのである。

のびのびした主婦たち

　順番に自己紹介しあって聞いてみると、全員が子どもが一人から三人までのサラリーマンの核家族で、年寄りの介護をしている人は一人もいなかった。私が必死で破ってきた「主婦の厚い壁」の中にいる人は誰もいないようだった。大都会に住み、サークルで同じような子育て中の友人に恵まれ、国際婦人年もあり、ウーマンリヴのことばも考え方もわずかながら市民権を得て、彼女たちはすでにムードとして享受していた。そして私にとって、老人介護が人生の一番盛りの時期に最もエネルギーを注いだことだったと話をしたとき、

「ますみさんの話は、もう古くて、私たちには、ピンとこないネ」

とささやかれて、私は脳天をぶんなぐられたように感じた。私が老人介護に費やした年月は、彼女らにとっては未知の問題であるだけで、多分、十年後ぐらいには、ボツボツ生活の中にのしかかってくるのではないだろうか。きたるべき高齢化社会と女性の生き方とは無関係ではありえないであろう。子どもに一番手のかかる時期と老人介護の時期が、私のように時を同じくしていないだけに、延べにすれば、家庭に拘束される年月は私より長くなる人も出てくるのではないかと思った。

　今は、「主婦の壁」の中にいることをも含めて、理屈っぽく語りあって楽しんでいるように見えるけれど、一度自らの状況を客観視しておくことは、彼女らにとっても決して無駄ではないと思う。私は「古

い」といわれてもひるまず、ニコニコしながら話し続けた。

かつて、私が嫁姑の葛藤と夫とのコミュニケーションの欠如から、どう自分自身をなだめすかそうかと悩んだ末に、小学二年生と四歳の子どもを残してケンブリッジへ夏期留学したことがある。たぶん彼女たちには、追いつめられて、崖っぷちから飛び降りるような思いで旅に出ることはないであろう。不器用で、クソ真面目だった私とは異なり、もっとスマートに、和気あいあいとしたムードで切り抜けていけそうである。それに、経済的自立をそんなに渇望しているようでもなく、今の生活をまったく変えないで、何かを手に入れられるなら結構なことぐらいの必要度のような気がした。

スタッフの桜井京子さんと伊藤汎美さんが、それぞれ一足先を歩いている先輩として、一回ずつアドバイザー役を引き受けた。私も含めて、ネームバリューも肩書きもない先輩主婦を助言者にしてのセミナーに、一回千円の受講料と託児料を払って参加した若いミセスに私は感謝したいと思った。

セミナーの記録をまとめる

セミナーで話し合われたことが、このまま消えてしまうのももったいない気がして、「このテープをどなたか起こしてみませんか」と呼びかけてみたが、誰も反応を示さなかった。

つぎの機会に、チャレンジ精神がないと事は展開しないこと、いつまで待ってもじっとしていては収入になる結構な話はまずこないこと、テープ起こしのように素材がないと練習できないものは、ビジネスとして期日決めの責任を引き受ける前に、私ならばやってみるだろうと話した。そうすれば、自分にも第三者にも力量がよく分かり、つぎに仕事をしてテープ起こしの注文がきたときに積極的に引き受けられるはずだし、家でできる数少ない仕事の一つだと思うと言ってみた。

そうしたらほとんどの人がテープ起こしをやってみるといい、たちまちにして、セミナーの全記録が出来上がってしまったのである。みんなで手分けする能率のよさに、私はさすがだと思った。だけれど、少々すすめられたぐらいで、すぐその気になってしまう素直さに、拍子抜けしてしまったのも事実である。私なら、私が説明した程度の読みというか打算は瞬間的にはじいてしまい、いやなものはいやで、強情である。だから今までは、人も自分と同じように強情だと思い込んで、私は人を説得したことがない。

人が私と正反対の意見を持っているときは、そっとしておいて、その人をあきらめるか、それを肯定したままその人を受け入れるようにしてきた。私のちょっとした説明や説得が人に行動を起こさせることに、私は驚き怖くなった。

そんなこんなで、「主婦の壁を破るセミナー」の全記録は、セミナー参加者のテープ起こしとリライトによって、一編の読み物に仕上がった。読み返してみると、うっかり聞きのがしてしまったきらきらした発言を再発見した。主婦たちの言っていることは、働き続けている共働きの女性がきいたら、結構なご身分の人たちの滑稽なおしゃべりであるかもしれないが、当人たちにとっては、大真面目すぎて、悲しくさえ感じられた。

結婚か仕事か、子育てか仕事かを悩みあぐんだ上に、または深い考えもなく、当然のこととして家庭を自ら選んだのだといい、社会的に選ばされたのだとは容易に気付かないのかもしれない。女は、生まれたときから結婚を人生のゴールとして育てられ教育され、ゴールに到達してから自分の生き方に悶々とし、その中で本当の意味での女性問題に出会うわけである。

もし、十五年か二十年前に私がこの「主婦の壁を破るセミナー」の記録を読んだとしたら、少なくとも、私は主婦の孤独感から救われたろうし、もう少し自分の状況をクールに整理できたのではないだろうか。

本にして出版したらどうかというアイディアが脳裏をよぎり、私はもうじっとしていられなくなった。

本作りをめざして

早速、セミナーの受講者たちに出版を提案してみた。セミナーを企画した田島美紀さんは、できたらそうしたいと前から夢に描いていたという。しかし私たちは著名人ではないので、自費出版しか道はないであろう。

一人十万円ずつ持ち寄って、その範囲内でなんとかなるものだろうか。本を出すとなると、受講生の中にも賛否両論が起こりざわめいてしまったが、一人十万円の拠出となると、どうやって働いて稼ぐかが問題になった。

私は、せっかく「主婦の壁を破るセミナー」などという景気のよさそうな講座をぶっておきながら、一人十万円も稼ぎ出せないとしたら、なさけない気もした。

女性の経済的自立などと、大上段にかまえれば大変だけれど、さしあたって一年以内に十万円という目標は、卒業実習のちょうどよい宿題のようでもある。

でも、もしみんなが本気にして、十万円持ってきて本にならなかったらどうしよう。言い出しっぺというものは、ひらめきのままにものを言い、その後でいつも大変な思いをする。いつのときも、以後どんなアイディアが浮かんでも、何もいうまい、もう責任を伴う仕事に追いまわされるのはやめようと思いながら、またないところから仕事を創ってしまうのである。

私は、「主婦の壁を破るセミナー」の記録を、学陽書房の編集者・阪田康子さんに思い切って送ってみた。阪田さんは私に、どういうプロセスで今の私の状況があるのかを書いてみるようにとすすめてくれた人である。私は、大脇雅子弁護士の『働いて生きる』を編んだ人として、その仕事ぶりもでき上がった書物から推察していたし、出版記念会の折には、遠目にその人を見知っていた。

それに、私たちのセミナーに対してあまり予備知識のない人が、プロの目で本になる価値があるのかどうか見てもらいたかったのである。もし彼女に一笑されたら出版はあきらめ、その気になっているメンバーに潔くあやまろうと覚悟を決めた。

「先日依頼した原稿がもう届いたかと、手回しのよさにびっくりして開いたら、似ても似つかぬ原稿だものねェ。でも、出版する方向でいきましょう」と阪田さんからの電話を受けたのは、「主婦の壁を破るセミナー」の記録を送ってから二週間もたった頃だったろうか。私はその反応の早さに驚き、プロの仕事にはスピード感があると感心した。しかも自費出版ではなく、学陽書房として出そうといわれ、今度も私は怖くなってしまい、とっさに、「売れなかったらどうしよう」の想いで胸が痛くなった。

子連れの主婦がモタモタと、ああでもないこうでもないと、井戸端会議のような調子でグチリあったことを本にしていいものだろうか。ネームバリューのある人は一人も参加していないし、買った人は本代がもったいなかったと怒りはしないだろうか。受講者たちは、いい気になって世の中を甘く見るようになりはしないか、心配しだしたらキリがなかった。私の心配をよそに、受講生グループは代表窓口を決め、学陽書房と直接交渉しながら作業に入った。

セミナーの記録が『何かをしたい主婦のために——「主婦の壁を破るセミナー」の記録』(編者・東海BOC可能性教室　発行・学陽書房)が一一〇〇円の定価がつけられて本屋の店頭に並んだのは、一九八五年五月上旬であった。

その間受講生たちは、日曜ごとに集まり編集作業をくり返した。セミナーの当初は、託児つきを希望し、託児がないと外へ出られないと思い込んでいた人たちが、夫に子守りを頼めるからと夫の休日の日曜日を望むようになった。専業主婦はウイークデーの昼間が外出時間で、土曜・日曜は夫の在宅を理由に外へ出たがらない、というよりも出るものではないと思い込んでいたのが、夫に子守りを頼んで、海のものとも山のものとも分からない本作りに出かけるようになった。これだけでも大変革である。

夫たちもまた、妻を介在させないで我が子と向き合う経験をして、思わぬ喜びや発見があったのではないかと思う。

国際婦人年をきっかけに、女も男も家事・育児の責任をともに負い、共同でかかわり、女性も経済的な自立をめざす、それが、女も男も人間らしく生きる平等への道筋であることを私たちは確認したはずである。しかし、その具体的なノウハウの一例が、せめて日曜日に夫が子守りをし、妻が外出して本を作ることからはじまってもいいと思う。

本が出てから

『何かをしたい主婦のために』を最初に手にした人は、まず表紙をほめる。

楕円型の木枠のある鏡、花瓶にさされた小さい草花たちと電話の受話機が、居間らしい壁をバックに淡い色調で描かれている。それだけで、一見居心地よさそうなリビングルームの一角を想像させ、鏡は主婦自身を映し出すものとして、電話は壁の中から社会への窓口を、草花は主婦の生活の心づかいと余裕と退屈などを表わしているようで、非常に象徴的である。

この本を読んだ主婦たちも、私たちが試みたように、自分の中の価値観を問い直し、意識改革をし、家族や近隣を巻き込み、主体的に状況を切り拓いていく第一歩を踏み出すだろうか。

「あの本を読んでると、主婦たちが、ああでもない、こうでもないと言い合ってるんだけど、少しも動き出そうとしてないのよネ。国際婦人年以来のこの十年、私たちは何をやってきたのでしょうね。ああいう主婦たちが再生産されているだけならわびしいものよ」

マスコミで働き、女性運動のグループ活動では、ずっといっしょに議論しあってきた友人は、しんらつな批判をした。彼女は働きながら、出産も育児も老人の看護も全部こなし、夫ともしゅうとめともきちんと向き合って、人間としてのトータルな自活を試みてきた人である。毎日が戦闘のような生き方をしてきた友人の前で、私は一言もなく、頭をたれ謙虚に受け止める以外にことばがなかった。

でもしかし、ぬるま湯の中で窒息しそうな主婦たちに「あなたは結構なご身分でご主人に感謝しなさい。不満があるとしたらわがままというものよ。世の中にはもっともっと不幸な人が沢山いるのよ」などと、世間の年輩者と同じようなことを言ったり、知らないふりをして、私だけが川の向岸に辿り着くことはできない。

これら何かをしたい主婦たちが一歩を踏み出し、女性活動の輪の中に多様に参加してきてこそ、世の中はダイナミックに大きく変わってくるのではないかと思う。

私は主婦の壁を破るのに十年かかり、その前に、壁のあっちを押し、こっちをつつきの十年があった。

動きはじめた主婦

しかし、セミナーの受講者たちは、さすが現代に生きる人たちで、ああでもない、こうでもないのあとの行動力もすばやかった。

セミナー受講者の一人から、「今度、会社を作りましたのでよろしく」とダイコーサービス代表取締役・諏訪部美和子という名刺を差し出されたのは、『何かをしたい主婦のために』の出版よりも早かった。

黄色地の大学ノート大のチラシには、家事代行の〝ダイコーサービス〟とあり、「単身赴任の方、独身の方、共働き家庭、老人家庭、家事の代役が必要な時、あなたに替わってお手伝いします。週二回の掃除・洗濯は単身で月額二万円、家族構成により二万五千円より」と、非常に具体的に説明してあり、〝プライバシー尊重〟ときめ細かな気配りまでしてあった。

美和子さんは、子どもも小学二年生と四年生になり、勤めに出ようか、何か自営ではじめようかと迷っていた折に、このセミナーを受けた。そして雇われる側になるより、自営業の方が中高年の再出発としては成功例が多い、ときいたのをきっかけに踏ん切りがついたとのこと。

確かに、自営の方が自分の時間を自分でマネージできる点で長続きしやすいが、それには企画力と行動力が絶対欠かせない。ところが社会的な信用がないのと、開業資金を用意しにくいのとで、計画倒れになりがちである。その点、ダイコーサービスは、ヤル気十分な友人と二人で共同ではじめたとのことだが、大きな資本がいらないことと、主婦の家事経験を生かせる点で、アイディアだと思う。早速クチコミで、知人から老人のリハビリにつき合ってもらいたいとか、風呂に入れる手伝いを頼むとか、ほんのちょっとした人手がほしい家庭の役に立っているという。

一般新聞に紹介されたこともあって、ダイコーサービスで働きたい主婦、あるいは、利用したい人からの問い合わせが相つぎ、今度はこの仕事の社会的な位置付けについて弁護士を紹介してほしいと依頼を受けた。すぐ友人の弁護士が、親身になって相談にのってくれているが、女性が法曹界のような専門分野で活躍していることは、女たちが一歩でも動き出すのに本当に力強い相談相手である。

ダイコーサービスは、東海BOCのように業務が多種にわたるものより、仕事の焦点がはっきりしていて、発展も早いのではないかと、とても楽しみにしている。だが、セミナーの受講者の中には、ダイコーサービスの業務は主婦業の延長で、結局、女は家事や介護でしか役に立たないことを証明しているようなもので割り切れないといった人がある。確かにそうかもしれない。でも、相変わらずあでもない、こうでもないと批判しながら動き出さない人より、私はいいと思っている。

それに家族のために当たり前のように無償でする家事と、ビジネスとして報酬を取り決めてする家事介護とを、同質のものとして否定するのは問題だと思う。中高年の主婦が、経済的自立をめざして再出発しようとするとき、ケチのつかない職種は一つもない。働きながらの方がより広く、ベターな展望が開けてくると私は信じている。

セミナーのメンバーには、ほかに施設で働くようになった人、インテリア・アドバイザーとして照明関係のショウルームへ勤めに出るようになった人もいる。

あと五年ぐらいしたら、セミナーを終えた人たちがどんな行動をし、何を感じ、自分や周囲がどう変わったかを、私たちのセミナーの記録を買って読んで下さった人たちに報告したいと思っている。そのときには、セミナーの記録を読むことによって生活に変化のあった人たちにも、ぜひ執筆参加してもらいたい。

※　本巻解説一七頁および注(29)を参照。

『エロスとの対話』一九九二年

田中喜美子

●主婦フェミニズム

エロスとの対話より

ヨーロッパで、街を歩き回る度に感じます。どうしてこっちのおばあさんは、魔法使いのようなおそろしげな顔になってしまうのだろうか……。

彼女たちはもう、神を信じていないに違いありません。となればたのむべきものは、ただ「自我」とその「欲望」だけ。そして人が老い、死ぬことが必定であれば、どれほど強烈な自我を持っていたところで、敗北は避けられません。私には彼女たちの荒涼とした顔つきが、その不幸を表わしているように思われてならないのです。

反対に日本の地方の町を歩いていると、ほんとうに柔和な、幸福そうなおばあさんに出会うことが(ごくまれですが)あります。

あの和やかさは多分、昔ながらの家制度に守られて暮らしている老人の幸せからくるのでしょう。しかしもっと深いところで、それは私たちのなかに潜む無意識の信仰、自分が「個」でなく、大きな自然とつながっているという感覚からくるように思われてなりません。

その意味で日本のおばあさんは、西欧人の自我の孤独地獄から救われ、基本的に死と和解しているといえるのではないでしょうか。

西欧の老婆の表情に、あるおぞましさを感じる私は、日本のおばあさんを前にするとき、なつかしさと安らぎとを感じるのです。そして私のこの感覚は、決して私一人の特別のものだとは思えません。

しかしそうかといって、私が日本のおばあさんの現実に満足しているわけではありません。なぜなら私たちは絶対に、彼女たちのような幸せ(あるいは不幸せ)を手にすることは出来ないのですから。いえ、そうなってはいけないのですから。

ああ私たちの自我は、何と引き裂かれていることでしょう! とりわけ私のようなフェミニストの自我は……。

私たちの自我は、かつての日本の女たちのように、自然や社会や、家族に埋没することができません。そのくせ私たちは、欧米の女たちの強烈な「自我」も肯定はできないのです。

こうしたことのなかから、私に、わかってきたことがあります。なぜ、この国にはフェミニズムがひろがらないのか。

そうです、日本のフェミニズムは、キリスト教やマルクシズムと同じく、「輸入品」だったのです。この国に、ついに根づくことのできない「輸入品」だったのです。

もちろん「輸入品」が、たとえば新憲法のように、実に大きな役割を果たすこともまれには起こります。

しかしそれはその「輸入品」が、土着の思想と合体することに成功した場合だけなのです。

しかしフェミニズムは、ついにそれに成功しなかったのでした。

フェミニストは女と男とを、善と悪とにわけています。男は抑圧者であり、女は被抑圧者であるという、すべてを対立としてとらえる二元論の立場をとっています。

フェミニストは日本人の大好きな、「型の文化」に反対します。男女の平等を追求するあまり、「男らしさ」や「女らしさ」というものはすべて、後天的につくられたものと主張します。

フェミニストは挑発的スタイルで戦うことを好みます。しばしば、女たちの実際の利害と関係のない象徴的問題(例えば相撲の土俵に女を入れないといった)を取りあげて、マスコミを騒がせます。そのことがますます、ふつうの女たちを彼女たちから遠ざけています。

フェミニストはしばしば男女の「愛」を誹謗します。「愛」と「母性」とは、近代社会において女たちに献身と自己犠牲を強いる、まやかしのイデオロギー装置である、と断じます。

フェミニストは制度としての結婚に反対します。結婚制度のなかにいる女を攻撃することさえあります。

これらの思想や実践のスタイルは、一般にフランスでも、アメリカでも、より多くの女たちに受入れられ、是認されたのでした。

ところが日本ではそれは、当の女たち自身に、無関心と疑惑と、ときには反発で迎えられたのです。

かれこれ二十年前、まだ亭主関白が横行していたころ、男の専横を弾劾するフェミニストの主張は、妻たちの間に大きな共感を得ていました。しかし彼女たちの主張が過激になり、愛や、母性や、結婚までを否定するようになると、ふつうの女たちの共感は、潮がひくように退いていったのです。

それ以来、フェミニストにとって事態は一向に変わっていません。男女平等は着々と進み、ある意味で女はたしかに「解放」されつつあるのですが、それは社会の産業構造の変化と、性のテクノロジーの進歩のおかげで、フェミニズムのせいではほとんどありません。

長く『わいふ』の編集にたずさわっているうちに、私はつくづく、日本では、インテリより民衆のほうがはるかにうわ手ではあるまいか、と思うようになりました。

どんなに過激派がアジっても、どんなにフェミニストが叫んでも、日本の民衆は肝心要《かなめ》のところにくると、絶対に動かないのです。

女が動かないところ。それは「家庭」を、とくに、「子ども」を放棄しないというところです。

男が動かないところ。それは「仕事」を放棄しないというところです。

もちろん現在の日本には、家庭にも労働の場にも、問題は山積していますから、そのなかで「放棄」の方向に走る人たちもときどきは出てきます。子どもを残して離婚する妻も、会社を訴えるサラリーマンもいます。そして現在のような状況のなかでは、彼らは正しいのです。日本の家庭と会社とが、いまのままであってよいはずはありません。

しかし動かない人たちは人たちで、それもまた正しいのです。

女性解放をめざすフェミニストたちは、自分たちが、例外的な人間であること、衆に抜きん出るエネルギーと、知性と、特殊な能力と、社会的地位と、おそらくは性関係にも恵まれた人々だということ、一言でいえば、「強者」だという事実を忘れがちです。

ところが日本のふつうの女たちは、「強者」であるフェミニストたちと、自分たちとの差を言わず語らずのうちにはっきりと意識しているのです。

すべての人間が「強者」であることをよしとし、その行動をなぞるようになるとどうなるか。その例がアメリカです。ヒューマニズムがもっとも激烈なかたちの競争社会をもたらし、力の論理がまかり通っているアメリカです。

いったいあの社会では、ふつうの人、ふつう以下の能力しか持っていない人は、どうやって生きていったらよいのでしょう。ドラッグへの耽溺、セラピーの横行、時折起こる悲惨な大量虐殺事件などは、力の論理に骨がらみになってしまった「ふつうの人々」の悲劇を表わしているように思えてなりません。

日本の「ふつうの人々」はこれに反し、自分たちに真にふさわしい生活スタイルを無意識のうちに選び取っています。

前にもいったように、彼らは自分の「自我」や「個人の権利」などに大した価値はおいていません。彼らはより大きなものの一部である自分を感じています。それは大抵の場合、男にとっては労働の場であり、女にとっては家族や家庭です。

この事実はこれまで、「帰属意識の強さ」とか「集団主義」とか呼ばれ、日本人の勇気のなさと事大主義を表わすものとして語られてきました。そしてそのかげに潜む真の意味はこれまでほとんど探られてこなかったように思います。

それは弱い者にとって生きやすい社会、ふつうの人間が支えあって暮らしていくシステムが働いている社会です。一人がすさまじい能力を発揮するより、みんなが一緒にものごとをする楽しさが、個人の力より集団の和がものをいう社会です。

「輸入もの」の価値観にとらわれているとき、私の目にはこの日本的「システム」のマイナスの側面しか見えませんでした。すぐれた人の足をひっぱり、異質な者に白い目を向けていじめにかかる陰湿な側面しか見えませんでした。

しかし、少なくとも人間社会には、「ふつうの人々」のほうが、「すぐれた者」「強い者」よりも圧倒的に多いのです。「個」としての強さを持たないふつうの人々が、他者とつながり、家族とつながり、ひいては自然とつながることによって支えられている社会――これが、これほど競争の激しい現代において、日本人がともかくも精神の安定を失わず、健康に生き抜いている理由ではないでしょうか。

これが、あれほど外国からたたかれながら、日本のサラリーマンが長時間労働に耐え、日本の妻がうさぎ小屋の家庭生活から飛び出そうとしない真の理由ではないでしょうか。

もしもフェミニズムをひろげようと思ったら、日本の現実を変えようと思ったら、私たちは輸入品でない土着の思想を、むしろ輸入品と合体することによって力を増す土着の思想を育てなければならないのです。

なぜなら西欧のヒューマニズムが行き詰まっているように、私たちの日本もまた、独特なかたちで行き詰まっているのですから。いえ単に行き詰まっているばかりでなく、内部から崩れかかっているのですから。

Ⅲ　リブの思想的鉱脈

リブには、その直接の担い手たちより少し年長で、リブの運動には直接加わらないが、その影響力の点で、いわばリブの「伴走者」とでもいうべきひとびとがいた。すでに言論活動をしていたこの年長の女性たちの仕事は、「自前の思想」を求めて悪戦苦闘していたリブの女たちに大きな示唆をあたえた。

日本の戦後史のなかで、わたしたちは誇るべき女性の思想家の系譜を持っている。それは九州サークル村に拠った森崎和江、石牟礼道子、河野信子のような人々、さらに丸岡秀子や高良留美子などである。女性の作家のなかでも富岡多恵子は早い時期から、リブへの親近感をしめした。彼女たちは、女が自前のことばで語るとはどういうことか、そのことによって男の思想が届かなかったどのような位相を照らし出すことができるかを、リブの女たちの目の前で、身をもって示した。自分を表現しようとしたときに男仕立ての言葉しかない現実のなかで、「自前の言葉」を求めて、リブの女たちは、わらにもすがるような思いで、彼女たちの著作を読み継いだ。

ここでは「産の思想」をめぐって、二人の対照的な論者を、「個を超える思想」と「個に還る思想」として、とりあげる。「人間が生き延びる」ことをめぐるこの希望と絶望の言説は、どちらも「女がつくる思想」だが、男もまた直面することを迫られている。

（上野）

第三の性――はるかなるエロス より

『第三の性』一九六五年

森崎和江

分っているんでしょうといわれると困るんです。あなたのお友達のことばのように、二人で握りあった手があるじゃないかと、いうことなら、人類はあらかた握りあっているわけですけど、でも性は古今東西にわたって問題になりつづけているんですもの。たしかに律子さんが直観していらっしゃるように、性のしくみに何かがあるから、こう人類が問題にしつづけるのでしょう。

エンゲルスの『家族・私有財産および国家の起源』は、わたしをずいぶん救ってくれました。その性のことについてね。人類の婚姻史を生活資料の生産に関連させて展開したエンゲルスの洞察は見事なものです。おかげで夫婦喧嘩があちこちでしやすくなったことでしょうね。けれどもこの労作も、わたしのような飯炊き女にはまだ充分とはいいきれない。髪をくしゃくしゃさせるところの、なんとも切迫しきってこぬものを残すんです。

婚姻は物質の生産と関連して今日の形態へ至っているけれども、性の内実は階級対立じゃない。犬もくわぬけんかでは婚姻がふくんでいる階級対立的側面は止揚すべくもないけれど、でも支配被支配的な男女の関係を越えれば性が解きあかせるわけじゃないんです。革命後の社会では女は何の懸念もなく子供を産むことができる、という。けれどその社会体制下で性のしくみがときあかされたけはいもなく、相かわらず内的なとらえ方はできていないんです。

旧約聖書の「創世記」にも、性の必然についてのべてありますね。「エホバ神言いたまいけるは、人独りなるはよからず……エホバ神アダムを熟く睡らしめ、睡りしときその肋骨の一をとり肉をもてそこをふさぎたまえり。エホバ神アダムより取りたる肋骨をもって女をつくり、之をアダムの所につれてきたまえり。アダムいいけるは、これこそわが骨の骨、わが肉の肉なれ……アダムとその妻は二人ともに裸体にしてはじざりき」

両性の交渉の必然について、これほど完璧な表現をわたしは知りません。「人独りなるはよからず」そのとおりにつくられている。「これこそわが骨の骨、わが肉の肉なれ」とはおそるべき表現です。これこそという内容が、性の生理的メカニズムをさすのではなくて、あたかも性的存在ともいうべき人格的対応をさすのですから恐怖をさそう感動が湧きます。美しく見事な人間の把握ですね。

けれども、このように無時間的空間において性をとらえるのは、エンゲルスが歴史時間の側から性へせまったのと対比できて、いずれもこの現実の時空に男と女がいて、抱きあい、自然を再生産し、ふたたびこの時空に男と女という二個の人格的存在へ分離していく性の内面を全面的にとらえきれない。

わたしたち人間は、自然界と社会時間に限定されながら人間を再生産しているんです。大前提と、大前提を基盤にしつつ移行する社会時間に射ぬかれる。時間性をはらいすててもだめだし、空間性でとらえ得るものを捨てても、二つの性に分離している存在どうしが性関係をいとなむ事実の、何であるかが語れない。

人間の身体を自然界の一環としてとらえるなら、「性」も意識に先行して人間に帰属しているところの本来性でしょう。自然としての生体にふくまれる根源的な規定性ですよ。あなたのワン公のように。それはワン公の季節のように生理の成熟にしたがって身体が行為する。エホバの啓示のように。人独りなるはよからず、です。

性教育をお花でいたしましょうというのは愚劣だけれど、肉体のメカニズムの一面をとらえてはいます。でも人間の性は表現行為として外化するわけで、それが眠ったり食べたり排泄したり働いたりする行為とちがっているのは、行為として対象化するときに、異性の肉体のメカニズムを直接的に必要とする点です。が、それもやはりワン公とかわらない。そして原始人の性はワンちゃんと同じいみあいであったでしょうね。つまり条件反射的で無差別な性の交渉です。

けれども人類はかなしいかな、犬たちとちがって、性の行為を、性のメカニズムから分離させてとらえてしまいます。感覚や意識が。表現そのものを映像としてとらえたり追体験したりする。そしてそれを、社会的にいみづけたり、制度化したりする。その過程で、性の本来の姿は失われてしまう。

わたしは結婚生活へ入って、まるで白色の霧と、闇にたちこめる霧とがいりまじったようななかで、方向感覚を失ったままで立ってでもいるかのような奇妙な目まいを感じました。それまで単独な個体として感じとっていた自分や、また相手に、かつて一度も感じなかった何かが霧へまつわりつき、また霧がこちらへまつわりついている……。うまくわたしの意識でとらえ得ないその混沌とたちこめるものを呼吸しながら、それを何と名づければいいものかと思っていました。

結婚だとか、夫婦愛だとか、家庭だとか、あるいはあなたのお友達のように握りあった手だとか、そんなふうにいえば、それでなんとなくすむものであるのかもしれませんね。なんとなく踏みわたりそこから発生したり、また外界からまき起こされたりすることがらを解きつついのち終わっていいしろものなのかもしれません。けれどもわたしは不器用ですから、ああこれがあれか、というふうに置き換えがきかないんです。

わたしはここに音なくたちこめているものを大切なものに思っていましたから、それを正確にとらえたかった。夫と共に意識しあいたかったんです。わたしが目まいする霧をなんとかことばで、そしてまた原理的につかもうとうなっている様子を、夫は、一組となった者の生の感覚として素直にそれを生きぬいていこうとなぐさめました。

わたしは一生けんめいに、そのなぐさめにみちた崩壊と発生の、不分明な霧になれてみようともしたんです。とき色のように染まって透明になったり、軽石のようにかたまって解きあかせなくなったりするもののうえにころがりながら。けれどもまたくりかえし不審なおもいそのものを、夫へ手渡し、共に持ちたいとおもいながら。それはわたしがこの人の子供を産みたいと思っていたことと重なっているようでもあり、ずれているようでもある……。わたしは自分のおっぱいが夕方の雨をたくわえていくようにゆさゆさと小さな音をたてるのを、彼の自転車のうしろにのっかって感じながら、何か話をして、とせがみました。

話。彼にとって性の一組が交換する話は、単独者どうしの世界を五月の光がさしつらぬいているようなものとして感じられている気がしました。対話は特別さしつかえがないもののようでした。いろいろな話をしてくれました。石垣を築いていくように。わたしに何かがこみあげました。どこに、何を土台として……。この霧のなかに？……。

個体への愛があるからいい、ということでおさまりがつかぬほどふかく、或る独立した情況そのものとして、ここに何かがある……。単独者としての世界へおさめきれないものが。それを彼がどう受けているのかが分らずわたしは不安でした。これまでわたしが生きてきた世界には、それはありませんでした。そこは単独者どうしの社会でしたから。それは一般的な概念へ手渡しえぬものだったのです。わたしは子供を産むということとつかず離れずに、それが夫とわたしとの意識によって家庭内外に対象化される期待とそして不安ですごしました。わたしにはそれが、彼個体の内的な秩序にすっかりほんやくすることができ、また彼が固有に復元することが可能であるような顔をしているように感じられることが、不安でもあり奇妙でもあったんです。

性の交換はわたしに存在を失念させるような瞬間があることを覚えさせたのですけれども、その瞬間が針のようにすきとおり音がない……。それは、単独な存在としてそれまでわたしが自分をとらえていた自己というものを、まるでいままでとらえていたその固さは、それを失わせるためのバネであったとでもいうかのように、心身の内側からまた相手からふきださせる。けれどもそのバネをふきとばして向かうところの、その果ては？　――それはただ音のない世界ではあるまい……。

わたしは一対の男女が生み出す感覚や意識が、一対外の世界ではまるで無用な質であるかのように社会ができあがっていることが、不安でした。

単独者の実体ばかりではなくその影まで崩壊させせんとする二人の傾斜を、ただ性の自然だとしてうけながすことはできなかったんです。病身であったとはいいながら、結婚生活へ入るまで五年ちかくかけて、さまざまな誤解や通俗的な誹謗や、また日常生活の困難ななかをとおって互いをとらえあおうとしてきましたから。多くの人の群れのなかで、自分たちがどう位置するかを、またそれぞれの個体が追求したがっているものを一対となってなおかつ追い得るかを問いあってきた間柄でしたから。ですから性の交換がみなれぬ空間を引きだしてしまうことに無自覚でおれない気がしたんです。愛をともなう性交が生みだすものに対して、無責任になれなかった。あの音のない空間。ただ単独者としての自己原理の崩壊というその側面だけで片づけるわけにいかない何ものかがここに在るのです。それをわたしは夫とみつめあいたかったんです。

こうしてわたしのもたつきにおかまいなしに、性交渉はやさしさをともなった大胆さへ深さへとむかっていきました。それは性のよびあいがもつ生産と消費でしょうと思います。それは、わたしに、あの無音の空間を欲情という名にはりつかせてしまえとでもいうようでした。けれども律子さん、結婚という形は、生活の基本でもあり過去未来へわたる人間の、生存様式でもあるんです。その核心のところがぽっかりと自然そのままであるはずがない。組みあっている自然体が、わたしたちの意識へ向かって圧迫をかけてくるんです。その圧迫と個体がもっていた諸観念が押しずもうをやっているようでした。それを性の生活の原理とよぶ？ 冗談ではない思いでした。

日常的にわたしはしあわせな日をすごしていたんです。そして自分にわだかまっているものを、なんか自分の側からすこしずつ毛糸のもつれを解くように辿ってみようとしはじめました。夜中に起きてベランダにねころび、ぼんやりと空をみていました。わたしは自分の性の裸形が何かを育てているのを感じていました。夜空にうかぶものはあられもないむきだしのイメージですが、それはまた、たいへんに潔癖な或る選択性によってみずから引きだしてくる自分の内面の、肉体による対象化でもあるんです。潔癖な選択性——それは個体が負ってきた固有な歴史をものがたる……。わたしは、それまで沢山の異性たちとことばを交してすごしてきたあれこれを思いました。また特定者との間で交してきたささいな心身の動きを。握手を。キスを。抱擁を。

それらはわたしがここへ至るまでの、男たちとの個別なたたかいでもありましたし、皮をはぐような思いのする過去でもあるし、わざわざ思いだしてみる必要もないものでもあるんです。けれども、自分が直接的な性の交換にたちいたって、それまで自我のたたかいのようにしてふみわたってきたそれらとは、まるで質の違ったもの——存在の基本的色彩を性交は一切のかざりなしにあらわにしてしまうこと——の相違を思っていました。わたしは青空のもとでの交情のように自分をひらいていくことが、自分の潔癖な基準とも性の快感ともなって肉体にしみついていることを結婚してはじめて知ったんです。そして思い返していたのは、ここへ至るまでのあれこれの男たちの体が、それぞれ固有な個体史を微妙に表現していた、ということでした。パントマイムのようにそれらを眺めるときにみえるのは、個体の心理ではなく、その存在の個体史また階層性とでもいうような質でした。

わたしは自分が夫の身体表現を、自分の固有なみちすじをとおして、わたし自身の形而上性のなかへとおくりこんでいるのに気がついていたんです。それは形而上性というよりも、そこへ至る手前の、心的な素材とも情念の裸体ともいうようなものです。よく男たちが集まって女の話をしますね。それは誰かにとらえられて、きっかりと形而上性へと昇華されるところの、素材的な一般的な性の形而下的裸形のきれっぱしでもあるんです。

わたしは自分の形而下的な裸形も、そうした一般性のなかへ、つまんだ仔ねずみのように運ばれ得ることを考えました。たとえどのようにわたしが自分自身の選択性で、自分の情熱の資質をふるいわけながら相手へ向かったとしても。

これまで男たちが、百人斬りなどといって女の話をしてきましたが、それは四畳半的売春制度が基盤になっています。わたしは四畳半的趣味ではどうしても情欲が湧かない。そのように人それぞれ固有な情欲の標目をもっているわけだけれども、たとえどのようにもとうとも、肉体の直接的交換であらわになるそれは、相手にとらえられ、異性である他者の内奥へと変形されながらはこばれていくんです。

わたしはひんやりしたベランダであけがた近くまでそうしたことを思っていました。そして夫の内側で、どのように変形され固定化されるのか不安でした。フランスのドルドーニュ地方のコンバレル洞窟内の線描画は、四万年以上も昔の人類がのこした性的な絵なんです。そんなはるかな昔、やはり人類は存在の不安につきあげられたのでしょうか、ペニスをはさむ女体と、接迫しようと泳ぐ男体とが、いいようもなくまだるっこしい性に、決着をつけんとするかのように定着されているんです。

なぜ大昔の人はこれをかかずにおれなかったのでしょう。まるで異性によってとらえられた肉体の表現は、とりかえしのつかないものであるかのように。そのように性が、異性の肉体を直接の媒体にしてくりかえし自己疎外をあらわしてしまうことをかなしむかのように。互いにとらえあった表現行為が、他者の内部で変形させられることを奪回せんとするかのように。そのような存在の不安定さを性の交換が現わすことを、うったえるみたいに、線描なんぞを発生させている……。描くことで、意識による性の把握をこころみているんです。性の交換が、原始においてすら、何か不可解な圧迫をその内面に蓄積させていっている。

そんなふうに人類にとって「性」は、生殖のためのメカニズムであるけれども、異性他者の自然を媒体にした対象化行為と二重になっているのです。性の表現自体を、そのメカニズムから自己疎外する。こうした分離を、ふたたび感覚や意識をとおして存在へ取り返そうとします。性が自然の一本糸で、単性生殖的に終止できないのはかなしい。性はその形而下性でもって、人間の形而上界を育てているのです。肉体的表現と心的イメージとを意識によって統一しなおさないことには、存在は生体のメカニズムをもちつつ現実の諸課題に直面して生きている自分を、回復しえないんです。

けれども、そのように自己回復を意図しようとも、性交渉は同時に、他者である異性にとらえられているのです。そのことを男たちは、これまでずっと黙殺してきましたが、女にとっても、性交渉の表現性は、形而上的な映像の素材となります。肉体の直接的交換によって、他者の心情に意識に抽象界に、ガラスの破片のように存在の基本的資質がとびこみ、つきささります。肉体の表現そのものが、存在の質と意図とを、いやおうなく語ってしまう。その指先に。手の動きに。触感に反応しているその反応のありかたに。一ことのことばもともなわなくとも。その存在の位置を——精神の階層性とでもいうような感覚や情念やまだ混沌としてくろずんでいる未開放の領域などを、告げてしまう。

性も、或いはそれをいざなったりまたそれに触発されたりする形而上的裸形も、ともに存在の奥ふかい原基からの発生であるのに、それは肉体交渉の直接性によって、直接的に他者の手に入ってしまう。とらえあったものは、互いの内部で固有に変形させあう。およそ、その全面的な奪回は、不可能であるという構造を、人間の性はもっているんです。

律子さんがおっしゃったように、性は生命を誕生させる機能であるのに、そこにとどまっておれないんです。わたしは夫と以上のことがらについて、もっとはっきりと認識しあいたいとおもいました。もはやとりかえしがつかぬように相手へ渡してしまったもの、また渡したくてならぬことの根っこをみつめることができるなら、単独者として生活していたころとはちがった原理を、一対の男女は生活の軸とすることができるかもしれないと思いました。

形の上では一組になり、また本質においても単独者としての自分を全面的に取り返せない性の交換を生きながら「握りあった手があるから不安がらなくともいい」とか「自分は一応の整理がついているのだから、自分の内側へしっかり入ってすごせば大丈夫」とかいうことで、どうしても落ち着いていけないんです。

わたしは今まで単純に単独者ということばをつかってきたけれども、それは社会を動かしている原理につながっている男たちが感じている単独性と、それと無縁な女たちが自己をとらえているときの単独性とは根源的にちがいます。わたしたちは二人の間で、愛がそのちがいをくつがえしていくはずだよと、やさしくなろうとしていたんです。事実、この上なく夫は努力してくれました。

わたしが子供を産み育てていきながら、なるほどと感じたのは次のようなことでした。形態的な複数も、本質的な単独者崩壊も、彼は(そして男たち一般は)実体として生きながら、観念的に既成の単独性を持ちつづけるということ。そしてそれは生活の外にある社会の原理と、拮抗する内的手段であるということ。また男たちは女のように十ヵ月もの間性機能の変化を持続させないために、単純に擬似的な単独性にもぐりこめるということ。

でも、わたしは子供を産むときのこの上ない快感を占有するのがおそろしく、そのことにふくまれる女の心理の傲慢さに直面することをおそれて、夫を分娩の場によびました。わたしは充分に知っているんです。分娩の快感を。肉体をしぼる苦痛にも似た快楽を。それが生命の生産であるとともに、死とすれすれになっていくところの、自己愛の高潮であることを。

わたしはけんめいになって、二人が共にもちあった瞬間を、ここにも再現しようとしました。自分ひとりの性感に閉ざして子供を産んだりしたくないと、どうかこの快楽が彼のものでもあってくれるようにと祈る思いでした。意識がもうろうと眠りこみかけるのを、注射でささえてもらいました。

そして新しい生命が、目のまえにあらわれた事実に打撃をうけました。それは一瞬のうちにわたしを、単独な存在へと放ったんです。わたしはいいようもない感動でいました。夫とその瞬間まで持ちあおうとしていた連続性――その架空な共有の世界と、新しい生命はまるで無縁な完結さでわたしたちのまえにありました。ふさふさとした髪をなでながら、わたしは一晩中ねむりませんでした。このくっきりとした個と、わたしはいまから関係をつくっていかねばならぬことに押されていたんです。わたしはまたしても自分が素手であることを知りました。まちがったらごめんね、わたしは涙を流しました。あずけられた生命に対する恐怖がありました。

そしてね、律子さん、それからのわたしはまたくりかえし夫に対話をせがんで、くたびれている夫を困らせたんです。彼の基準になっている単独性と、完結した魂としてあらわれた個体と、そしてわたしが子供を産んだあとに感じているもはや性を卒業したような単独志向――これらにふくまれている誤謬について語りあいたかった。こうした個々のなまはんかな生活原理めいたものの中核に、ひっそりとたまってわたしたちを関連づけているものがある……。

それは、この一グループの外界を律している既成の社会規範と根源的にちがっているものなんです。「一緒に考えていきましょう。一緒に追究しましょう。一緒に仕事をしてこれが何かを表現しましょう」わたしは、自分でももてあますように彼をゆさぶりつづけました。が、時には子供をあずけて出かける職場で、思いきり自由なこころみを生徒たちとしてみることに充たされて、わたしもこの生活でよくはないかと思ったりしました。つまり職場では単独者としての自分に重点をかけ、性もまたそこに現象している支配・被支配的関係に対応させてみていくことです。そして一対の性愛は、それの弱化へむかうものとして認識する……。

いつまでもわたしは性愛とは何かが分らぬまま、行きつもどりつしていました。夫は事業に情熱をもやしていました。まだ若い男が、妻と子供を得て、外界へ向けてしょんぼりしていてはさみしいことですから、彼がこころみようとしていることを思いきりしてもらいたいと思いました。そうすることでなおはっきりとなるにちがいないのですから。共有空間のようにわたしらを抱きこむものと、単独者の権威によって勝負しようと動きだすものとは。

ばたばたとあわただしく帰ってきた夫をつかまえては、仕事の進展ぐあいをたずね、そしてどこかおずおずとなりながら執拗にわたしはより根源へむけて会話していこうとくいこみます。彼は、へきえきして、気持は分るけれども少し整理して話しなさいと、紙やインクや書物や時間などをくれました。わたしは夜、やみのなかで手さぐりで詩の一行をかきつけたり、昼間夫へ手紙をかいて机のうえにのせておいたりしました。わたしはまるきり、愛すること寝ること産むこと生活することは、考えることと同じ意味あいをもつようにしていました。これはわたしの気質であるにちがいないのですけれども、体験を曲りなりにもロジカルな小径として開くことなしには生活に馴れることが困難でした。

人間は単性生殖ができないはんぱな性をもっているのですから、ややっこしくていけません。性の交換は、存在の分裂を現象させる反面では、そのはんぱ性をみたそうと動くんですね。恋なんぞという観念を人類が発生させたのは、そのあたりに根っこがあるのでしょうね。分離された性を片方ずつもっている生体の自己充足は、欠如でもあるために異性を必然的によぶのでしょう。

以上のような性の自己矛盾が、存在の悲哀となって、古来人類のテーマになってきたのだと思っているんです。感情の、意識の、認識の。

「わたしは一人だ、たった一人だ」という声は、欠如が放つ波がしらだとおもいます。また「結婚は墓場だ」といううめきは、奪回不可能な傷を負った単独者が、真の単独個体を死滅させてしまったことへの悔いでありましょう。

けれども性の構造は、たとえば単独者の内実が男女に決定的な差があるように、単独の崩壊にせよ一対の発生にせよ、まだ全く男女離反したまま無自覚にふれているだけであって、わたしにはいまから料理する野鳥のように、新鮮で食欲をそそる食物にみえてくるんです。でもね、ひそかに弱音を吐けば(あるいは欲を吐露すればばかな)マリアは実にけっこうな生殖を行なったものですね。あれは人類の悲願ですね。たいへんな女の性の、権力欲ですよ。処女懐胎というやつは。あれは人間には不可能な性の解決法だけど、まったくかかあ天下どころのさわぎでない。鬼ばばあの執念というやつです。だからこそ聖なるものといわねばならん……。

●個に還る思想

母親からの解放

富岡多恵子

『藤の衣に麻の衾』一九八四年

『モア・リポート』という、女性の性に関するアンケート調査の報告書が出ている。アンケートは女性雑誌『モア』が一九八〇年と八一年に、二回にわたって行ったもので、二十代を中心として十三歳から六十歳までを含む回答者によって五七七〇通の回答がよせられた。

『モア・リポート』には、そのうちの六〇通の回答が具体例としてそのままのせられている。他は統計された数字や回答の一部が質問別に出ている。

こういうレポートを旧時代のひとが読むと、日本の女性も自分の性をこんなに語るようになったのか、という感慨をもつにちがいない。たとえば女がマスターベイションのことをこのようにくわしく述べたことは今までにないだろうから。

アンケートという方法による性の調査であるために、その方法が限定するものがあるのは当然で、回答者の体験を問うようにできているので、五七〇〇余人の女性の「性」に対する「考え方」がそれだけの数出ているわけではない。つまり、自分の性体験は以前に比べて語りやすくなり、また語られるようになったが、生命の問題として、また男女の関係論として女性が性を語りうるようになったわけではないのである。しかし、『モア・リポート』は回答者の数からいっても、『ハイト・リポート』などをはるかにうわまわり、日本人の女性の性の実態(ということは男性の性の実態でもある)が多くの問題を提出するのを知ることができる。

たとえば、マスターベイションをしたことがあると答えている女性が八八パーセントおり、性交の時オーガズムの振りをする女性が、六八パーセントいることは、男女の性関係の困難さをあらわしていないだろうか。そしてさらに、いかに人間の文化が、男性の女性への性欲という一方的な方向によって決められ、計量されているかを感じるだろう。

ところで、「出産」「育児」に関する女性の意識の実態はまだよくわかっていないのではないか。これらが調査されると、「性」の別の面があきらかになるかもしれない。「出産」「育児」に関しては、あまりに具体的であるために、体験が語られるばかりである。体験で語られ処理される限り、男はそこにかかわれない。昨今の「子供の暴動」というべき事態は、たんなる「教育の問題」ではなく、人間の文化がずっと男の性欲中心に動き、女の性欲とそれにつらなる「出産」「育児」を無頓着に疎外してきたからではないかと思えるフシもある。今後、「性欲」も「出産」も「育児」も体験記や体験談を超えていかねばならぬところに、女は困難とおもしろさを前にしている。とはいっても、当分は「体験主義」全盛時代であろうから、それぞれがテンデバラバラなことをいい合って混乱するだろう。

「育児」に関して或る雑誌で或る小児科医が書いていた次のようなハナシは興味をそそる。

幼児を保育所にあずけて働いている母親が、朝その幼児をあずけにくる時も夕方むかえにくる時も、ほとんど子供と喋らず不機嫌そうな様子で、家に帰る時も子供の手をひこうともしない。また家に帰っても、子供がまつわりつくとうるさいといって小銭をもたせ、なにか買って遊んでこいと外へ追いやる。しかしその子供は夕方母親を見ると手を振ってニコニコするし、保育所の中でも元気でハツラツとしている。

一方、おやつはすべて手づくりのものを与え、買ってやる絵本もよく吟味し、ねる前にはおはなしの本や童話を読んでやり、スキンシップが大事といつもよく子供に話しかけ、よく子供を抱きしめてやる母親の子供が、無表情で元気がなくボンヤリしている。

そのくだんのお医者さんは、前者の母親には「なにか」があり、後者の母親にはその「なにか」が欠けているのだろうと診断し、その「なにか」を考えてくれと書いていた。

ただし、お医者さん以外で、育児の非体験者がこんなことをいうとたいていは問題にされない。先の前者のような母親は、明治生れの、無智で貧乏な母親には多かったが、当節は、この手の母親は非難される。先の例も、そんなことありえないと信じられないか、稀なる例とされるかである。

わたしはかねてより、オヤは「子供」を問題とする時、それは「自分の子」であって「子供」一般を問題にしえないのではないかと思っている。オヤは、「子供」の問題でどれほどの難儀、難問題が山積していても、真に革命的にその難儀、難問に立ち向えないのではないか、とさえ思ってしまうのである。オヤのなかでも、ことにハハオヤはそうなりやすいのではないか。

「育児」というのは、「子供」が自分ひとりでエサを得る術を身につけるまでオヤが保護しつつエサ獲得の方法を教えることである。エサを自分で獲得して生きるまではオトナではないから、オトナと対等ではないはずである。「子供」はこの点に於てオトナから差別を受けて当然であるが、当節はこの差別を認めない。「子供」はオヤに、エサ獲得の方法を教えられつつ、オヤの文化を学ぶ。いい絵本を与え古典的童話を読んでやっても、オヤに文化がなければ、「子供」はたんにエサをとるだけのオトナになる。

「育児」イークォール「実母」というイメージが強いが、「育児」は「子供」にとっては「他人」でも行うことができる。極端なことをいえば「他人」の男でもそれはできる。先のお医者さんのいう「なにか」が「育児」する側にあるかないかが問題となる。幼児は動物であるから、犬と同じようにオトナの「なにか」のあるなしを敏感に察知する。ただし、たいていのオヤは、幼児を「動物」とは思えず、それでいて、オトナのことはなんにもわからぬ者だとみくびっている。

おそらくオトナのなかにも、「育児」が得手のひとと不得手のひとがいるだろう。これは子供好き、子供ぎらい、とは無関係だと思われる。たとえ「実母」であっても、「育児」の不得手なひともいるだろう。だれにも教えられないのに植物を育てるのが上手なひとがいたり、いくら習っても勘のないひとがいるようなことが、「育児」にもあると思える。しかし、子供を生んだオヤはだれでも「育児」は得手だと思いこまれている。またオヤは他人より当然子供への愛情ははるかに深いと思いこまれている。したがって、こういう思いこみの信じられている社会では、他人が子供を育てるということが信じられず、またひろがっていかない。「もらい子」「連れ子」「まま母」「なさぬ仲」のようなコトバが陰湿に使用される。ましてや、オヤのない外国人の子供を育てようなんて思うひとはきわめて稀である。

オヤは、子供が自分の子だというだけで、その子が生得的にオヤと一体化する能力をもっていると信じている。しかし、子供は自我が形成されていくとオヤから離れようとするから、オヤはそこで子供との新しい関係をつくり出さなくてはならなくなる。或る時期からオヤと子は、「親子関係」という「契約」を結ぶのである。まだ自我のない赤児や幼児が必要としているのはオヤであるオトナの愛情と保護であって、オヤだからといって指名しているのではない。ただ、子供を生んだオヤがオトナとしての愛情と保護をもっとも発露しやすい立場にあるということである。ところが、こういうことを認めたがらぬオヤたちによって、「孤児院」の子や、「もらい子」や集団保育を受けた子が疎外されてきた。そして「育児」の社会化は絶望視されるのである。

それにしても、オヤの子への盲愛(というよりも猛愛)は昔からあることながら、「他人の子供を叱ってあげよう」運動などというヘンテコなことが起る世の中というのは異常である。オヤと子は一組の閉鎖的密閉的関係となり、これが、子の自我形成後も、エサをとりうる独立後までもつづくのはなぜなのだろう。

考えられる理由の第一は、子供の数が少くなったことである。子供の数が多ければオヤの関心は分散されるが、少いと一点集中主義にならざるをえない。一点集中主義になるのは、女性のほとんどが、子供を生み育てる以外に、オトナになってからすることがないからである。子供を生み育てることの他することがないのは、動物としては当り前のことである。ただそれが異常なほどの一点集中主義となるのは、子供の数の少なさもさることながら、「育児」に於ける「野蛮」或いは「野性」がなくなって「文明」になったからである。たとえば、ものを食べはじめた幼児に、オヤは固いものを自分の歯でかみくだいて食べさせた「野蛮」は「非衛生」と非難されることになり、離乳食という機械がかみくだいた「文明」を尊ぶようになった。一事が万事、この流儀が流行して「オヤがせざるをえなかったこと」が極端に減ったために、「育児」の内部に多くの空白が生れ、それをうめるために、「オヤがしなくてもいいこと」をオヤがするようになる。これが子供への一点集中主義をつくりあげていく。しかも、「オヤがしなくてもいいこと」をされるのは、子供にとって害にこそなれ益にはならない。それでいて、「しなくてもいいこと」をする余り、オヤが「しなくてはならないこと」をしなくなる。このことは「育児」に「野蛮」が失われたために、子供があきらかに「野蛮」のままオトナになっていくというパラドックスを生んでいる。イヌがイヌに育てられて犬になるように、ヒトもヒトに育てられて人間になるのに、人間に育てていく過程で、「オヤがしなくてはならないこと」をされぬままで、人間の社会に放りこまれるならば、子供は暴徒とならざるをえない。

「主婦」解体にとってもっとも大きな問題は「育児」だろう。

大ざっぱにいって、これから女性が「育児」に対してとる態度が二種類に分かれるのではないだろうか。制度として女性もオトナになれば必ず職業をもたねばならぬことになれば別だが、いまそういう制度化がないものとして考えた場合、第一に、オトナになって他にすることがなく、特にすることも思いつかぬから、子供を生むのを当然のことと考えるグループがあり、第二に、オトナになってしたいことがある、或いはせざるをえないことがあるためにそれをやっているうちに二十代が過ぎるが、年齢的限界内で子供を生もうとするグループがある。高年齢初産が、「専業主婦」以外の「職業人」女性にふえるのは当然である。

女がオトナになって、「他にすることがないから」子供を生むというと、このいい方は嫌われるだろう。しかし「子供を生むのが当然」或いは、女が「子供を生むのは天職」とするならば、それは、子供を生むことの「他にすることがない」のと同義である。わたしは、男女ともに、人間も動物であるからは、子供を生み育てることの「他にすることがない」、少くとも「たいしてすることはない」ものだと思っている。

とにかく、「育児」しかすることのない女と、「なにか」他のことをしつつ、「育児」もしたい女とに分かれる。後者の初産年齢がどんどんあがるのは先にいった通りである。「育児」もしたいというグループの女性は、「育児」が「女の天職」であるとの意識が潜在的にあるから、それが「なにか」に一時おさえられてはいるが「したい」という欲望になるのである。

「育児」しかすることがないと思うグループは、当然、子供を生むと「育児」に専念する。そしてその「育児」に「専念」する母親は、自分と子の生活を支えるのは、当然、子の父親であると考える。「育児」への「専念」こそが、「主婦」という身分をもっとも確実に保証する。昔の「三年、子なきは去る」のような男の家の側のいいぶんは、血筋をつなぐという名分もさることながら、「育児」という「仕事」のない女を「主婦」にはしておけないということだったのではないか。「育児」という最も重大な「仕事」があることで、「主婦」は安泰してきた。

ところで、先にいった、子供を生み育てることの他にすることがない第一のグループと、子供を生み育てることもしてみたい第二のグループの他に、子供を生まずに一生を送る、という第三のグループも、少数ながらあるだろう。この第三のグループは、前近代には特殊な場合以外はありえなかった女の態度(生き方)であるから、まだほとんど正当に考えられてはいない。また実際、その生き方をえらぶ者は、まだエリートかハグレ者とかの特殊例に限られている。それに、社会の中に、女が思想をもつなどとまだ信じられていないのが実情だから、たとえばニヒリズムを女がもつとしてもとうてい信じられないだろう。

女は子供を生み育てることによってはじめて「人間」になると、まだ一般に信じられている。女に想像力及び創造力を認めないとしたらそうなるにちがいない。いずれにしても、先述の、第一、第二、第三のグループに女は分かれるだろう。第一のグループが多数派であり、第三のグループは少数派である。ところで、おそらくこれから、最も多くの問題を起し、また問題にぶつかるのは第一のグループであろう。

オトナの女が、子供を生み育てる他にすることがないと思っている場合、そのオトナの女が健康であるならオトナの男と性交することでたいていは「母親」になることができる。「母親」になることは、生物的な意味に於てほとんどその人間の能力とは無関係である。身体的な原因がある場合をのぞいて、だれでも「母親」になることができる。つまり、それは「自然」として受けとめられる。

ところが、現実の社会構造は「自然」を規準につくられていない。また「母親」になる方も、ほとんどの場合「自然」に子供を生みつづけない。それで「育児」の時期は限られていき、「育児」が終ったあとの長い時期が待っている。「自然」に「母親」になった者は、「育児」を終えた時「母親」以外になるすべがなく、途方にくれることが多くなる。「母親」でないとしたら、「老人」にしかなれない。オトナの出発点にあって、「母親」を唯一、最大の目的とした女は、たいてい「老人」へ直進していかざるをえない。

この道筋を、意識的、或いは意欲的(?)に受けいれて出発したのならいざしらず、今の時代は死までの時間が長いから、長い「老人」期間はかなり苦しくなる。

とはいっても、第一のグループの考え方と実行を、女の大多数だけでなく、男の大多数も受けいれているのであるが、実際に「反自然」の社会の中で「無為」の長い「老人」時代を先にスタートしなければならないのは女の方である。それで、その「無為」は「育児」の期間を延長することで少しでも埋めあわせようとされる。子供が「成人」したあとも「育児」はつづけられるのである。生物的にみて、この「育児」の病的状態が、さまざまな社会的疾患をつくり出していると思えるのに、あまりかえりみられない。女が他にすることがないから子供を生み育てる、或いは女は子供を生み育てるのが天職だという「自然」が「反自然」の社会の中で行われていることに、女の方も社会の方も気がつかぬか、気がつかぬ振りをして済まそうとしている。そればかりか、社会が「育児」延長に荷担している。これは、この国特有の、かなり特殊な風景である。

第一のグループの、「育児」集中、「育児」延長の傾向は、当然「父親」である男を家庭内で疎外し、男の孤立化をすすめる。子供中心の食事にはじまり、子供の学校中心となり、子供の学校のために、男が「仕事」のために転地する時も「別居」させられるくらいは朝めし前となる。「別居」せぬまでも、男と女はそれぞれに孤立して、孤立したままで「老人」になっていく。

まだ第二のグループのひとたちの出会わざるをえない難儀難問の方が、未来的ではあるだろう。つまり、その難儀の大部分は「育児」の社会化にひろがる問題だからである。第一のグループのひとたちの「育児」延長が、第二のグループの「育児」を助けていく方向をとることは、今のところあまり考えられていない。短期大学の保育科かなにかの学生をベイビー・シッターにするより、「育児」の経験者がそれをする方がいいとは思われても、例の、我が子への一点集中主義によって、そうなりにくい。

「育児」に「野蛮」が嫌われるようになったために、子供は相当不幸におちいっている。まだ四ツや五ツの子供が文字を読んだり計算をしたりするなんてことは、本来不必要なことであるが、これをおしつける「文明の野蛮」という「新しい野蛮」が、出現して久しい。子供に「文明の不幸」はしわよせされている。それをなげいているのは、第一のグループの母親ではなく、むしろ第三のグループの女や或いは男ではあるまいか。岡目八目といえるかもしれない。

「育児」が、第一のグループのひとたちにあまりにも「私有化」されることによって、その「私有化」内部が社会的批評にさらされることがほとんどない。それは第一のグループのひとに、「母親」にしかなれぬ、という自己認識がほとんどないからである。さらに極言すれば、そのひとたちに、動物としての認識がほとんどないのである。それは、そのひとたちがきわめて動物的だからである。動物としての認識をもつことは人間だからであり、動物は動物の認識などはもたない。男は、子供を生めないことによって、動物の認識をもたざるをえなかったために、「生殖」を思想化しえたのである。ただしその最も不幸な例を、ヒットラーのような考え方と実践に見ることができる。

第三のグループのひとたちは、ごく少数ではあるだろうが、確実にいる。それは特に避妊の自由がある現代に限られていなかった。たとえば、修道女や出家者のような宗教者はこのグループに属することになる。これら宗教者たちは、子供以前に自分と男性との性関係をすでに否定している。しかし、世界に子供が出現することを否定しているのではない。一九七〇年代のはじめ、五月革命のころに、フランスの三十一歳の女の高校教師が十七歳の教え子と恋愛して、その子の両親から訴えられた事件があった。その秀才女教師は「未成年誘拐罪」で泥棒や売春婦といっしょのカンゴクに入れられ、その後自殺した。教師と生徒の年齢が逆であれば、ありふれたことであったが、女教師は旧道徳の犠牲となった。その女教師が最も保守的だと思っていたカトリックの尼さんたちが、傷ついた彼女を最もなぐさめた。宗教は、根底に「ゆるす」ということをもっている。マザー・テレサというひとのように「中絶」はいっさい「ゆるさぬ」という「思想」は困るが、多くの宗教者の女性が孤児を助け育てているのは事実である。

ところで現代、第三のグループに、こういった宗教者の他に、男性との性関係は行いつつ子供はもたぬひとたちが入りはじめた。さらに結婚をしていて、子供をもたぬひとが入りはじめた。「性」を「生」の中で享楽したいひと、「女性未発達」のひともそこにはいるだろうが、宗教者とはまた別の「思想」によっているひともいるにちがいない。おそらく、そのひとたちは、「子供」について観念的に考えているだろう。いや、考えざるをえないだろう。こういうひとたちのいまだ混沌たる未分化な「思想」がよりはっきりした思想となって社会にあらわれる時もくるだろう。

女性解放は、その初期に於て、必ず「男役」を必要とする。いまでこそ、それを滑稽化しうるが、女の政治家や学者に独身者が多かったというのは、そのひとたちが「女性未発達」であったからではない。第三のグループのひとたちの中には、「女は子供を生み育てるものである」という歴史的決定に「男役」の立場を自覚するひともいるかもしれない。

女性の中に、原女性（このゲンは、原住民 aboriginal のゲンに通じている）、半女性、反女性等の意識の分化が起ってくるような予感がする。そして過渡的に、女性の中に女性的女性と男性的女性が生れるかもしれない。すでに、アメリカにはレズビアニズム（ホモ・セクシュアルの一種）がある。ホモ（同性）の関係が、ヘテロ（異性）の関係に差別を受けるのは、ホモの関係が子供を生み出さぬからである。

第一のグループは、いわば「原女性」のグループであり、そのひとたちは、たとえ一組の男女が二人しか子供を生まぬとしても、とにかく子供を生むグループである。第二のグループは、子供を生むグループではあるが、意識の上でも行動の上でも全的に原女性ではない点に於て「半女性」である。第三のグループは、宗教者やホモ・セクシュアルの者を含み、また、ひょっとしたら、「女は子供を生み育てる者である」という歴史的決定になにか別の「思想」を切り開いて加えるかもしれぬ者を含む「反女性」の少数者から成っている。

二、三年前、或る若い女優さんが妊娠発表の記者会見というフシギなものをやった時、子供をタマゴで生みたいといって話題になったことがある。「タマゴで生みたい」というユニークさにさすがの物見高い芸能記者も唖然となったらしく、微笑をもってそれは伝えられた。「タマゴで生みたい」とは、新しくあらわれた「思想」である。第一のグループからはこういう「思想」は出てこない。第一のグループのひとの中に、「避妊に失敗したからやむなく生む」というひとも多いが、それは「女は子供を生む者」だから失敗したのである。第三のグループにそういう失敗はないだろう。したがって、第一のグループには、避妊の失敗は「ゆるされる」が、「タマゴで生む」ような荒唐無稽は「ゆるされない」。

今後、ふえていくのは第二のグループであろう。そのひとたちは「育児」の社会化をすすめるために戦略的にならざるをえない。このグループのひとたちは、自分が「母親」であることを或る程度対象化しうる批評者をすでにもってから「母親」になるからである。「子供も生みたい」というのは、自分のすべてが「母親」でないとの自覚であったからである。ただし現実は「親がなくても子は育つ」といわれても「親がいなくても子は育つ」といわれない。「親がいなくては子は育たぬ」と信じられている現実の中で、「育児」の不得手な母親や「職業」をもつ母親は疎外される。

子供を育てる過程に於て、ヒトは多くのことを知り、また学ぶはずである。それにしては、人間がいつまでも愚かなのは不思議といえる。もし、「育児」が人間に多くのことを教え、学ばせるのであれば、「育児」のほかになにごとも思い及ばぬ第一グループの「母親」は最大の知者となるが、実際は知者ばかりではない。「育児」の与えるものを買いかぶってはならない。「育児」によって子供はオヤのところまで達するのである。子供はオヤになにかを教えようとして存在しているのではない。子供からなにかを学ぶことを「発見」するのはオヤの方の勝手である。「育児」からなにも「発見」しないオヤがいても不思議はない。オヤが、「育児」によって子供とともに成長するとしても、その場合、オトナが自己の「成長」を子供の成長によって反復することに他ならない。独立した子供がオヤを超えた時、オヤがその子とともに、オヤ以上の次元に乗り出せるかどうかというと、ほとんどの場合そうではない。オヤが子供とともに成長するのは、オヤのレベルまでの出来事であり、それ以上はほとんど不可能である。したがって、女が、子供によって一人前になるというのは、子供の成長で自己の成長が反復反芻され、それによって自己が充実することの他には、過大な意味はない。生命の成長を反復反芻することであるなら、虫を育てるのでも、猫を育てるのでも、ひとによれば似た体験をして学ぶことができる。むしろ、「育児」によって得る自負よりも、「子ゆえに迷う闇」に思いをよせる謙虚が必要かもしれない。

一九八二年の一月と九月に、日本、フイリッピン、アメリカ、スエーデン、西ドイツ、イギリスで一二〇〇人ずつの女性を対象に同一方法で、総理府が行った調査が一九八三年の四月四日に発表されて新聞に出た。それによると「夫は外で働き、妻は家庭を守る」という考えを、日本の女性の七一パーセントが肯定している。スエーデンは一四パーセントである。つまり日本では、七割強の女性が、「原女性」であり、第一のグループだった。「男は外、女は家庭」の考え方は、当然女が「育児」専業を意味しているからである。これでは「育児」の社会化はきわめてむずかしい。「原女性」から「育児」をとりあげると、彼女たちにはすることがなくなってしまう。「育児」の問題も、つまるところ、人間が生きている間になにをして一生をつぶすか、人間がなにで一生という長時間の間をもたせるかという問題にかかわっている。歴史的に宗教的求道者がほとんどすべて男性なのを考えてみるとよいだろう。

世間にあるのは「育児」の技術論ばかりである。子供を生まぬ男に人間の「育児」の哲学は生れていない。学問も法律も哲学も男のつくったものである。男は「育児」を文化のレベルで問題にしてこなかった。「出産」と「育児」は女に属する「自然」であり、それらは知的世界の出来事とは無縁だと思われてきた。「出産」が問題にされるのは、人口問題の時ぐらいである。ただしそれはあくまで統計的数字として問題にされるのであって、女性個人の生涯の時間の問題として考えられるのではない。女が子供を生み育てることを、男は「本能」としてかたづけ、まさか「他にすることが思いあたらない」からするのだとは思いもしない。一九八〇年代にあって、日本の女の七割強が、成人したアカツキに、男と暮し、家の中にいて、子供を生み育てることの他に、なにもすることを思いつかないのだ。それがヒトの一生である。しかし、彼女たちの生きているのは科学工業の支配する文明先進国である。

「性」は男女間に於けるコミュニケイションの大事な方法のひとつであるが、それがうまくいっているとはいえない。男と女は、それぞれが世界のへりに追いやられていく。世界のへりで、それぞれが男の世界と女の世界をつくり、それぞれの世界から、おたがいが男と女を求めてその間に立つ市に相手を買いにいく。女の文化は、男の文化とは別物だとの認識は過渡的には正当な主張かもしれないが、その強調は、逆に男と女の文化圏をひき離していく。男と女は、別の言語をもち、両者がかわしている言語は、一種のピジン語である。女性雑誌を定期講読している男の政治家や学者が幾人いるだろうか。女は、男にとってサブ・カルチャーである。

日本の女の七割強が「男は仕事、女は家庭」という役割分担を信じていることに、男も女も、もし胸をなでおろしているとしたら、これは相当な楽天主義である。女の、原女性主義(?)というものが、いかに極端に男と女を世界のへりに分離するかを知る時がくる。これは経済の原理というより生物の原理に於てである。離婚の増加(ひいては両親のない子供の増加)は、先進国病として考えられるが、それは男と女の、新しいコミュニケイションのかたちが手さぐりされている時代ということもできるのである。離婚の増加という一夫一婦婚の崩壊が、「育児」の「私有化」を「社会化」へ、期せずしてすすめていく。つまり、子がオヤを選べないという宿命から、オヤを選ぶという解放へすすむかもしれないのである。母親の「育児」からの解放は、じつは、子供の「母親」からの解放であったのを、ヒトはやっと知るのである。

Ⅳ さまざまなフェミニズム

フェミニズムのなかにあってさえ自明とされた異性愛や国籍、民族、健常者のコードに対して異議申し立てをし、マイノリティの権利を主張したフェミニズムがある。この社会には身体的な機能や性的指向性、人種、民族などで「社会的少数者」として差別される人々がいる。自らもまた「社会的少数者」の運動として出発したフェミニズムのなかでも、それは例外ではない。「あらゆる被差別者の連帯」は、かけ声どおりになりたつはずもなく、部落解放運動のなかには女性差別が、女性解放運動のなかには障害者差別や民族差別がはいりこんでいる。

フェミニズムはたしかに、声をあげるゆとりのある、どちらかと言えば高学歴で中産階級の女性によってになわれた。そして「女の経験」の共有を強調する立場は、女性内部のあいだの対立や多様性をおしかくす傾向をもっていた。だが同時に、フェミニズムは、運動内部の「社会的少数者」にも、「声をあげる権利」をもたらした。「個人的な経験」を政治化するというフェミニズムの方法論が、それを可能にした。従来の反体制運動が、運動内部の少数者の声を「分派主義」として抑圧してきたことを思えば、フェミニズムの「差異の共生」をめざす多様化への志向は、特筆されてよい。

（上野）

●障害者フェミニズム

子宮とのつきあい

『私は女』一九八四年

岸田美智子

私は一種一級の脳性まひです。食事、トイレ、お風呂、着がえなど、日常の動作のほとんどすべてに他人の手を必要としています。上体はわりに安定しているので、ふつうの車いすに乗り、前に傾いたときに身体がとび出さないための用心に、ゆるくベルトで固定しています。移動するとき以外は、車いすから降りてじかに座る方が楽です。両ひざから下を左右に投げ出す座り方で、ちょうどトンビが空を飛ぶときに翼を大きくひろげる形に似ているところから、〝トンビ座り〟といわれています。座ったまま、拍子をとりながら、ひざでピョンピョン飛んで、少しの範囲なら移動します。本を読むときは唇でページをめくるので、汚ない本は遠慮します。文章を綴るときは床にひらがなタイプを置き、全身の体重をかけて左手のひとさし指でキイを押します。だから、身体が二つ折れになって、だんだん腰が痛くなってきます。調子のいいときで一日五時間、午前と午後の二回ぐらいにわけて、一千字ぐらいが限度です。

生理は毎月きちんと一週間、生理痛はありません。一般に脳性まひのひとは声が大きいそうですが、声を出すのも運動のひとつなので、運動神経の障害である脳性まひ者は、全身の力をこめないと声が出ないのです。そして、言語障害があるときは、少しでも聞きとってほしいという思いもあって、それで自然に大きくなるのではないでしょうか。私の声も大きくて、言語障害が少しあります。笑うときも大口をあけて、まわりのひとがふりかえるぐらい大きな声で笑います。そして泣くときは――小さいときから、あまり泣いたことはありませんが――右腕が肩の高さまではあがるので、顔をうつむけて、涙は右手の甲でふけますが、鼻みずは誰かにふいてもらうまで流れっぱなしです。

これが私の自然の姿です。でも〝自然な姿〟と自分でいえるまで、ずいぶん長い時間がかかったし、身体をこわすようなこともありました。身体をこわして、やっと自分の姿を見られるようになったともいえます。だいたい私は、ものごとをパッと理解できるタイプじゃないのです。たいていの場合、あとになって「そういうことだったのか」と気がつくしまつです。

三年おくれで養護学校に入学し、十三歳のときに足の手術をされました。「放っといたら脱臼するかもわからんよ。それに、もし歩けたときに、かっこ悪いから」という説明はありましたが、でも私には、わけのわからない恐怖と怒りしかありませんでした。手術は局部麻酔だったので、身体を切り裂くメスの感じは、いまでもおぼえています。右の太股に十五センチぐらいの深くえぐれたような傷あとが残りました。

障害者ということで、本人の納得ぬきに身体を傷つけられることがあるということを、身体で知った、それが最初のできごとだったのだと、いま思います。そのとき感じた、わけのわからない恐怖と怒りは長く残りました。いまでも私は、障害者に加えられる仕打ちを見聞きするたびに、意味を考えるより先に、身体で反応してしまうのです。身体が痛んで硬直し、胃腸をこわしてしまうこともあります。

Sさんに会ったのはいまから七年まえ、養護学校の高等部を卒業したばかりのときでした。誰からどのように紹介されたのか、いまとなっては思い出せないのですが、ある施設の片隅で会ったのです。

私はSさんを男性とばかり思って話していました。話の最後に女性だと知らされて、もう、びっくりしてしまいました。Sさんにとっては最悪の状態のときだったと思います。女らしいふくらみが全然なく、ゴツゴツやせた身体、髪は極端に短かく刈りあげられ、地味な服を着て、濃い眉毛と固く結んだ口もと、そして太く低い声。そのときはじめて「子宮摘出」ということを知らされ、私の全身に痛みが走りました。(先日、ひさしぶりに会ったSさんは、強さが美しさとなっているひとでした。かつて少年のようにみえた彫りの深い顔は、豊かな表情にいろどられ、あでやかに人目をひき、低い声も魅力のひとつに感じられるほどでした。施設という箱から、身も心も自から解放していくなかで〝変身〟していったのでしょう。むかしのSさんとは全くちがっているのにびっくりしました。)

そのころの私は、これからどうやって生きていったらいいのか、行き場を探してあせっているときでした。まわりを見まわしても、障害者は誰ひとりいないのです。求めていくつかの障害者のグループに近づいても、何かウソのようで、自分のやりたいと思っていることも、自分の存在さえも、何もかもウソにしか感じられなかったあのころの思いは、どういっていいかわかりません。そのくせ、何かにふりまわされるように外に出て、そのことで親とけんかし、ときには打たれることもありました。

でも、外出といっても、トイレに行かないですむ範囲に限られていました。女性の介護者がほとんどいなかったからです。卒業間際に先輩たちがはじめたばかりの共働作業所に誘われ、卒業と同時に籍はおいたものの、そこに行くのは一週間に一~二回ぐらいでした。メンバーのなかで、女は私ひとり、その私がきちんと活動をしていくためには、女性の介護者が必要だったのですが、そのことはなかなかわかってもらえませんでした。なぜなら、トイレ介護にかかわることなのに、そのころの私は、男性の前でトイレの話をするなんて、はしたないことだという感じがあって、問題にすることができなかったのです。

養護学校を卒業したばかりの私には知りあいも少なく、女性の介護者なんて、そんな簡単にみつかるわけはありません。大事な会議のあるときは、前もって水分をひかえて出かけるようにしていました。会議でも、私が問題にしない以上、女性介護者を探すことには触れられず、もっぱら、障害者が働くことについてとか、仕事の内容とか、いまになってみれば実になってはいるものの、そのころの私には、何が何やらさっぱりわからない話が、夜中の一時、二時まで続くのです。家に帰れば親に叱られ、もっと遅くなると、そのまま作業所でゴロ寝。そうすると、きまって傍にいる男性が手をのばしてくるのです。私が大声をあげて拒否すれば、まわりは笑い出し〝犯人〟も頭をかいて〝ゴメンゴメン〟というかんじで、まるっきり冗談として片づけられ、抗議すべきことであることも、そのころの私は気がつきませんでした。

二十一歳で高校を卒業するまで、養護学校という箱と、家という箱のあいだを、親の運転する自動車という箱で運ばれるだけだった私は、たとえば介護のひとに家まで迎えに来てもらうとき、自分の家の場所を説明できませんでした。そして駅に行けば運賃表があり、赤と黒で大人と子どもの料金が書いてあるのですが、それを見て「これ、なーに？」と、思わず聞いているのです。もちろん、電車に乗るには運賃がいることは知っているのですが、現実に運賃表を見たことがなく、頭の中の「運賃がいる」ということと、どうしても結びつかなかったのです。また、混んだホームで、最前列にいる車いすの私が人波にかくれてしまい、次々に増えてくるうしろのひとたちから押されて、線路に落ちてしまったこともあります。

家という箱のなかから、自からを放り出すように世の中に出て、自分の生き方を探そうとやたらに動きまわってみたものの、現実と自分の落差にぶつかるたびにショックをうけ、それを埋めるためにまた動くという悪循環です。親との関係は最悪になり、家では意地をはっていたけれど、外に出ると、ちょっとしたことでも泣くというふうに、気持が不安定になっていました。そのあいだにSさんに会ったショックもあり、落ちこみは、精神的なことだけではすまなくなって、とうとう身体をこわしてしまい、もうこれで寝たきりになってしまうかと思いました。いまでももとのように身体は動きませんが、一年間ぐらい、まったく家から外に出られない日々でした。もう五年ほど前のことでした。でも、その一年間は、気持の休養の時期でもあったようです。

ただやたらにケンカするだけだった親ともあらためてつきあおうと思いました。肉親としてよりも、たまたま一緒に暮らしている他人として、お互いうけとめていける信頼関係をつくりたいと思いました。それは障害者である自分の姿を、親にも他人にも同じようにさらけていくことが、結局は楽なのだということです。

いまのところ、親はやっぱり私のことは〝自分の子〟としてしか見ていないので、家の中に介護者が入ることは、気持のうえでかえってしんどいといって、ほとんど認めていませんが、それも体力の続いているあいだだけのことだと私は思います。いつかは体力がなくなり、介護者が入るのを認めなければならない日は来るのです。そうなったときの親の気持はわからないわけではないのですが、できることなら、一日でも早く「それが自然なのだ」と思ってほしいと願っています。私がいま、生理のときでも出かけるのは、私の生理介護は母でなければだめだということにならないための、そして私が生きのびていく手段のひとつでもあるのです。

生理と外出が重なると、いまでも時々、母は介護者に連絡して——私にいっても聞きませんから——「めいわくをかけるから行かせたくない」ということがあります。でも私の方も、そんなことでひきさがったりしない介護者を、あらかじめ選んでおきます。「本人に聞いてみないと、私からは何ともいえません」という返事に母の方がひきさがるというパターンになっています。

優生保護法という問題が、介護にかかわって、重度障害者の生き方そのものと感じるようになったのは最近のことです。

私が家にいるとき、通常のトイレ介護は父がすることもありますが、生理介護だけは、どんなことがあっても母がしています。四十三キロの母が、四十七キロの私の身体を支えて、拭いたり、下着の上げ下げをするのですが、生理のときはナプキン交換で、かなり時間がかかります。五十八歳になって、体力の落ちてきたいまは、ときどき冗談のように「重たいな」「(子宮が)あっても仕方ないやろ」「(子宮を)摘りいな」「私があんただったら、摘ってるよ」などということばが出てきます。そうすると私は「しゃあないやろ」といって、母のことばのなかにある本音の部分に気づかないふりをしてやりすごすのです。

でも、母が病気のときなどは、無理を押している姿をみると可哀そうな気がします。この気持がもっと強くなれば、そして母が、せっぱつまって、もっと強いことばで迫れば、私も自分から「子宮を摘る」というかもしれません。そう思ったとき、子宮摘出がどのような状況でされていくのか、自分の問題としてみえてきました。

本人の口から、さも本人の希望のようにいわされるのです。施設であれ、在宅であれ、私たちの状態が〝自然でない〟とされているあいだは、子宮摘出は、私たち重度障害者の誰にも、いつでもふりかかってくることなのです。親に迷惑をかけ、社会に何の役にも立たないとされる重度障害者のできる唯一の恩返しが、子宮摘出であったり、死後解剖であったり、結局は生まれてこないのがいちばん良いのだとされていく道すじがみえてきます。

現実にも、私の身近なところで、親しくしていた重度女性障害者Nさんが、家族の介護をうけられなくなって山奥の施設という箱に入れられ「子宮摘出」をせまられていました。Nさんと私の運命を分けているのは、親の体力のあるなしという、ほんの偶然に過ぎないのです。何と危うく、もろい支えでしょう。Nさんの身の上におきたことは、実は私におこっても不思議ではなく、私は自分の身をNさんに重ねて考えないではいられませんでした。

今年(一九八三年)にはいって、私が六年前から参加しているグループの機関紙に、「いま思っていることを何でも書いて」といわれたときに、すぐに頭に浮かべたのは当然Nさんのこと、私のことでした。そして「子宮とのつきあい」と題して書いたその文章がきっかけとなって、金満里さんと一緒にこの本をつくることになったのです。少し長くなりますが、以下に全文引用してみます。

今、私の頭と身体から離れない問題にNさんのことがある。それは、典型的な重度女性障害者の子宮摘出の問題です。Nさんは、トイレや食事はもちろん、全面介護がいりますし、いつもうつぶせに寝たままで、一時間に一回ほど緊張のため(脳性まひ者に起こる不随意運動。意思と関係のない全身のつっぱり)手足が痛くなります。そして、ベッド型の車いすに乗り、いろいろな介護者をみつけて、どこへでもいく二十七歳の女性でした。

そんな彼女は、私達重度女性障害者に、多くはっきり見られるように、親からも、男性や社会からも、女性として生きることを否定されるのです。その結果、性に対してすごく憧れたり、全く絶望してあきらめたりするのです。そして親などが歳をとって、体力的に子供の介護に自信がなくなってくると、安易に「おまえは自分の事もでけへんし、結婚などもでけへんねんから、毎月こんなしんどい生理なんか、ないようにしてまおや。あったってしょうないやろ。おまえがひとりになったときも、ちょっとでも他人に迷惑をかけんですむやろ」などと親からいわれて、本人も「生理があると介護者もしんどがるし、街には私にも使えるトイレがないから、生理の日は家から外にも出られへんし、他人に〝ありがとう〟とばっかりいわなあかんしんどさや、介護者さがしのしんどさのことを考えたら、生理なんてないほうがええんや。子宮なんかとってしまおう。そうしたほうが少しでも楽に生きれるんや」と思いこまされてしまうのです。

差別や偏見は、教育や仕事や生活などを奪うだけのものでなく、障害者の場合、簡単に自分の身体の一部をとられたり、優生保護法のもとで殺されたりするのです。

話をNさんのことに戻しますが、女性として生きることを否定されてきた彼女は、セックスがどんなものなのか、正しい知識も与えられてこなかったし、まして体験などあるはずがありません。ただ単純なあこがれから、介護者の男性とセックス的な問題を起こしてしまいました。娘がセックスのことなんか考えているとは、思いもしたくないし避けてきたNさんのお母さんは、この事件が引きがねになって倒れてしまわれて、お母さん自身も障害者になって、Nさんの介護ができなくなってしまいました。

Nさんは仕方なく、山奥の施設という箱のなかで生きていくことになり、二年以上が過ぎました。私も一度だけしか行っていませんが、バス停から歩いて四十分ほどかかったと思います。歩いても歩いても、見えるのは山ばかりで、本当にこんなところにあるのかと心細くなったのをおぼえています。途中に豚小屋があったのですが、その豚小屋の方が駅や人家に近いなあという恐ろしさと怒りを感じて、私の身体が硬くなったのをおぼえています。本当に隔離・選別の施設の姿でした。

そんな施設から彼女が家に帰れるのは、お盆と年末年始だけです。そして家に帰った彼女から、この施設での生活について聞くことのできた私は、愕然としました。お母さんもびっくりしておられましたが、太ったら介護がしんどいということで、ご飯はほんの少ししか食べさせてもらえないし、トイレも何時までにしなさいとかいわれるそうです。そして、ある寮母さんからは、家に帰るとき「あれ、ないようにしといでや。今度もどるときまでに。K子ちゃんはええ子やから、このあいだ摘ってきやったのに。あんたはあほやなあ」と、子宮を摘ることがまるであたりまえのように強制されるそうです。そしていまは「いやや!」とだけしかいえないNさんに「おまえは家に帰っても、いろいろしゃべるからあかん」といわれる毎日だそうです。

いま私は、毎月の生理介護のしんどさとつきあい、子宮ともつきあっています。そして生理日でも、目的があり介護者がみつかれば、どこへでも行くようにしています。そのときはなるべくトイレに行く前に「今日はアンネの日やねん」と、しんどいことを先に言ってしまうのです。そうしていくと、私も子宮を摘ってしまおうかという母とのどうしようもない対話のしんどさも、介護を頼む気持の負担なども、なぜかみんなのしんどさになって、私はあまりしんどくなくなってきます。そんなことを通して子宮とのつきあいを、そして施設という、あの箱に入れられてしまったNさんのことを、いつも考えていきたいと思います。私もNさんも女性なのだから。

(後略)

●レズビアン・フェミニズム

あらゆる女はレズビアンになれる、もしあなたが望むなら

『フェミニズムって何だろう』一九九〇年

町野美和／敦賀美奈子

究極のフェミニズム

私はいわゆる全共闘世代で現在四〇歳の会社員です。一九七〇年頃から、「女」というだけで差別されることに疑問を持ち、ウーマン・リブ運動に関わり、リブ新宿センターのメンバーとして活動していましたが、その中でフェミニズムを推し進めるとレズビアンにならざるを得ないと気付き、一九七六年頃からレズビアン運動を始めた一人です。

初めて男とセックスした二〇歳頃、大学生の私は世間の期待どおりの「女」でした。セックスというのはあの『風と共に去りぬ』の主人公、スカーレット・オハラとレッド・バトラーみたいに、めくるめく燃え上がるようなすごく楽しいものだと思いこんでいました。しかし、セックスの実際の仕方などはまるで分からなくて、おしっこの出るホースが自分の体の中に挿入されるなどと思ってもいませんでした。だから、最初のセックスはすごく不潔に感じましたし、痛いだけでちっとも快感などありませんでした。さら

に、高校の卒業時に見せられた純潔教育映画の影響でしょうか、妊娠するのではないか、梅毒にかかるのではないかとおびえました。

不安は見事に的中し、たった一回のセックスで私は妊娠し、子供を産み育てることがこわかったので中絶しました。中絶手術がすごく痛くて、何で私だけがこんなひどい目に遭わなければならないのかと思いました。アポロで月に人間が行ける時代に、私は男と女のセックスのメカニズムや避妊さえ教えてもらえず、痛くない中絶手術を施してもらえなかったのです。

その上、術後、私は抑鬱的になり、何で「子殺し」をしてしまったのかと苦しみ、あたかも私自身が鬼畜生のようなとてつもない悪いことをしたかのように、自分で自分を罰せさせられたのでした。私は避妊がわりに中絶しただけなのです。にもかかわらず、この社会では女だけが子産み子育ての義務を押しつけられて、義務をまっとうさせようとする意識操作が働いているために、私の中に内面化した「子殺し」と糾弾する声が聞こえたのです。

今からふり返れば、私の一連の体験は女に課せられた性の二重規範そのものです。「女は受け身でなければならない」「セックスは男にされるままで女は何も知らなくてよい」という能動性の否定、「結婚しないでセックスをすると女に罰がくだされる」という貞操遵守の強制、「女は子産み子育てが天与の義務で、中絶は子殺しで、子殺しする女は人間じゃない」という、子産み子育ての義務強制でありました。当時は性差別をここまで深く意識化できませんでしたが、私はこれを契機に一九七一年頃からウーマン・リブ運動に参加しました。七〜八人の女同士で運動の中で、自分の身体を自分の手に取り戻すためにさまざまなことをしました。

共同生活をし、意識変革をするために、個人史を語り合ったり、互いを鏡として批判し合いました。その中で、作られた「女らしさ」とは何かを究明し、化粧をやめたり、ズボンをはいたり、自分自身の中にある作られた女らしさをぬぐいとろうとしました。同時に、性の役割分業を廃止し、女の行動様式に能動性を回復することをめざして、電気の配線や家の建築などあらゆることをできるだけ女だけでやろうと努めました。結婚制度を否定し、女の経済的自立、精神的自立、性の自立を模索しました。

そのことは、男と女との間にある性差別構造を究明することでもありました。ウーマン・リブ運動が発見したことは、この社会が男優位社会であり、男が女を召使いとして支配する上下関係の階級に分化していて、その構造を維持するために、意識統制はもちろん、経済、政治、慣習などあらゆる局面、層に強制が働いている体系であるということでした。

例えば、性差別の発露の極限として強姦があります。私は一九七八年から「女たちの映画祭」という女の視点で作られた映画の自主上映運動を始めた一人ですが、一九八二年には『声なき叫び』というカナダの女性監督アンヌ・ポワリエの強姦を告発した映画を上映しました。

これは、スザンヌという看護婦が夜勤明けの帰宅途中で強姦され、事件後の処置で、病院、警察、裁判所などによって、強姦の被害者なのにあたかも犯人のように「性交を拒否したか」「どれだけ抵抗したか」を問われ、さらに消耗させられ、恋人とも別れ、最後には自殺に至る物語をドキュメンタリー画面を多用して描いた映画です。(1)

見る度に胃が痛くなりましたが、強姦にあったスザンヌがなぜ死ななければならなかったのかを討論するうちに女の置かれた状況を理解しました。

結局、男の正統な子供を産み育てるために、女にだけ純潔とか貞操とかが押しつけられていて、セクシャリティの選択などできないように女自身の身体を奪われ受け身にされているのです。なぜ強姦において、身体の中に無理やり男を受け入れさせられても、性交をしたということで、女は貞操を守らなかったと糾弾され罰せられるのでしょうか。強姦と「愛の行為」との違いが男の行為にはなくて、女の心の中にだけあるからです。女が相手の男を、その時、いいと思っているか、嫌だと思っているかのその違いだけが強姦と「愛の行為」を区別します。が、男が主導権を持っている限り、男と女のセックスは構造的に強姦の可能性をもったものであるということです。

ここまで男と女のセックスの意味を突き詰めてしまった私が、ヘテロセクシャルでいられるでしょうか。女の受け身性を否定し、自分のしたいことを自分でやれるという自立した能動的な生き方を通して、世界を理解した私は、フェミニズム・レズビアンになったのです。とはいえ、一朝一夕でなれるものではありません。私は一〇年という長い歳月をかけて徐々に真のレズビアンになりました。

それは女に刷り込まれた「女は男と性交すべきだ」という意識を払拭するだけでなく、それを強制する社会を見定め、その中で孤独の闘いを強いられてきた仲間に呼びかけてコミュニティづくりを進め、「この男社会を変える最終最強の手段としてのレズビアン存在」とレズビアン運動の政治性を主張し、レズビアンの仲間とともに活動することで、お互いを支え励ますというトータルな運動を通してでした。

（町野美和）

レズビアンからフェミニズムへ

私は一九六〇年生まれで、今進んでいる画一化、管理教育の締め付けが始まった頃の世代に当たります。そこでは、常に「みんなと同じになる」ことが要求されていました。その中で私は常に自分のしたいように振る舞っていたので、「何故、みんなと同じようにしないのか」と言われ続け、非常な疎外感をもって育ちました。

例えば、小学校の卒業式の予行練習の時に股を開いて座っていたら、先生が寄ってきて「股を閉じなさい、みんなを見てみなさい、あなた一人だけだよ、足を開いて座っているのは」と言われたことがあります。私が隣に座っている男子生徒も股を開いて座っていることを指摘すると、「男の子は股を開いて座っていてもいいが、きみは女の子だからダメだ」という答でした。こういうことはたくさんありました。運動会の行進の時に女子生徒だけブルマーをはかなければならないとか、野球をやりたくてもソフトボールで我慢しなくてはならないとか、ただ「女」というだけの理由で、してはいけないこと、できないことが実にたくさんありました。

これは、今考えると性差別からきていることだったのですが、当時の私にはそんなことは解りませんでした。ただ、感覚で「女」は損だと、常に感じていましたし、女だからしなければいけないと押しつけられることにできるだけ反発してきました。そのことで他の女の子の中にいても孤立して、「女の子らしくない、変わっている」という理由でいじめられてもいました。やがて、思春期を迎えると他の女の子は男の方を向き始め、話題も男の話か服装の話とか、芸能人や料理の話しかしなくなりました。そういう彼女たちを見ているうちに、私は自分が女であることは棚にあげて、女の子ってのは、馬鹿なんだ、ものを考えないんだと思うようになりました。社会の女性蔑視を、自分も女でありながらそのまま自分の中に内面化していくわけです。

ところが、そういうふうに女の人総体を馬鹿にしていたのにもかかわらず、何故か私が好きになるのは女の人ばかりでした。私にはそれが何故だか解らなかったし、この矛盾からくるとらえどころのない不安感に飲み込まれていきました。

ウーマン・リブの運動が起こってきたときにも、私はマスコミの作り上げたイメージをそのまま信じ込んでしまいました。自分が「女」という性に対して一体感をもてなかったこともあって、あれは男にもてないヒステリー女の集団だと思っていました。それに、初期のリブ運動が取り上げていたのは、ピルの解禁とか中絶の権利とかだったので、男性と関係をもつつもりのなかった私には、自分と関係のない、遠い世界の声にしか聞こえなかったんです。私はずっと女の人が好きだったけれども、学校の中で培われた疎外感と、根強い集団嫌悪、群れ集うことに対する反感もあって、レズビアンのコミュニティに出会うまでは、フェミニズムというものが自分とどう関わりがあるのかを、真剣に考えることなく過ごしました。

自分が世間で言われているレズビアンなのだろうと認識するようになってから、私は女の友人たちに「私は女の人が好きなんだ」ということを結構オープンに言っていました。しかし、それに対してはほとんど芳しい反応はなくて、同情的に「可哀そうね」と言われるのがせいぜいで、中には私がレズビアンであると言っただけで、「私はその気がないから襲わないでね」と言う人たちもいました。その当時、非常に嫌な気持ちがしたけど、何で彼女たちがそういう失礼なことを私に言うのかよく解らなくて言い返せなかったんです。

後になって、レズビアンというのは性の面で能動的な女、あるいは「性のモンスター」と思われているということを知りました。それは、受け身な女に性的なエネルギーを向けて関心を持たせようとする点で、男と同じだと思われているからです。つまり、男の歪んだ性行動と同じようにレズビアンは行動すると誤解されていて、男が女を襲うようにレズビアンも女の人を襲うと思われていたらしいと、解ってきたわけです。

誰にも解ってもらえないし、偏見に傷つけられていくと、女の人への好意も素直に表せなくなりました。そういうことを続けるうちに、だんだんと自分がレズビアンであることを人に訴えていくのも億劫になってきたんです。一生一人で生きるのはちょっと寂しいけれど、できれば一人で閉じ込もって、誰にも会わずにゆっくり暮らしたいと二〇歳頃から考えるようになりました。全体的に働きすぎの日本の社会の中でキャリア・ウーマンになるのもかなり難しそうだし、かといってもちろん結婚はしたくないし、女に課せられているすべてのことを、何とかして避けて通る方法はないものだろうかと、そればかり考えていました。つまり、自分のなりたいモデルというものを見つけることができなかったわけです。

それでも社会に出てしばらくしてから、初めて女の人と恋愛関係をもちましたが、それが破綻したときに、本当に孤立無援の状態に陥り、このままの逃避的な生き方では生きていけないと感じました。そして、数年間の、失恋の痛手をかかえた苦境の中で改めてレズビアンであることを選びました。レズビアンのコミュニティを探しだしコンタクトをとって、仲間と出会いました。

自分以外のレズビアンに出会って、アイデンティティを守るのに汲々としていた自分が嘘のように楽になりました。いくら自分だけで確信していても、周囲がそれを肯定しない状態の中で自分を貫き通すというのは、セクシュアリティを守るだけで精いっぱいになってしまう抑圧された状況なのです。コミュニティに出会って初めて、私は自分の人生について希望がもてるようになりました。

私がレズビアン・コミュニティに出会えたのは本当に幸運なことだったと思います。

レズビアン運動を始めたのがフェミニストたちだったということもあって、私はコミュニティの中で、フェミニズムというものにも改めて出会い直しました。それまでの私はフェミニズムを、女が男並みになるための権利拡張運動ととらえていました。男と対等になるために、男並みに会社で働いて、男並みに女が高い地位につけば、それで女の解放が達成できると非常に短絡的に考えている人たちの運動という偏見があったんです。女の人が今のままで男並みに社会に進出しても、結婚していて家に帰れば洗濯・炊事・掃除・育児までやって、男の三倍働かなくてはならないし、職場でも女らしさを要求される、それではあまり女の解放につながらないのではないか、という疑問をもっていました。しかし、コミュニティで仕事をするうちに、フェミニズムというのが、そういう権利拡張運動ばかりではなく、かつて私が不満に思っていたような女に押しつけられる役割分業を否定し、性別による二重規範を変えようとしていること、今の男社会で歪められた女の価値を取り戻そうとしているということを知って、やっと自分自身と結び付けられるようになりました。それと、どこの国でも、フェミニズムをリードしてきたのはレズビアンであったのを知ったことで、私の中のフェミニズムに対する偏見はなくなっていきました。

私はレズビアンから出発して、コミュニティの中でフェミニズムに出会い直したことで、自分の中の女に対する差別意識を認識し、できるだけ取り除くようになりました。自分がレズビアンであることも本当の意味で誇りに思えるようになったのです。

（敦賀美奈子）

レズビアン・フェミニズムの誕生

このように、いわば一八〇度異なる個人史をたどった私たちは現在、「女の解放」という共通の政治意識を持ち、女の腕に抱かれて心地よく眠るという欲望を満たすために、同じ屋根の下で共同生活をしています。

「れ組スタジオ・東京」というグループを拠点に、レズビアン解放運動を行ってもいます。

女の腕に抱かれて心地よく眠りたいという願望は、ホモセクシャルの男性以外、たいていの人間が当たり前に持つものです。

「朝も昼も夜も女たちと一緒に居て、ぬくぬくと気持ち良く楽しかった。歌も笑いも芝居もデモも座りこみも、金稼ぎも疾風怒濤の中で女たちと腕を組んでなんなくこなしていった。お互いの魂を信じ私たちは女の解放という共通の目的の同志だ。運動をすればするほど、男に向いていた過去の自分が嘘のように思えてきた。もう長らく私は誰とも寝ていない。女の腕の中でやすらぎたい。あのひとの胸の中で思う存分泣きたい。私たちは心がつながっているのだから、体だって悦びを与えあったっていいはず。心も身体も女から女に向かうことが運動をさらに豊かにのびのびとさせるはずだ。」(町野、一九七四年、ノートより)

敦賀美奈子がレズビアンであることを告げた時に「女を襲う女」と受け取られて驚愕したのも、自分の中では女に抱かれたいと思っていたからです。

子どもが母親に抱かれるように、女も男も女の腕に抱かれたいという願望をもっていて、心地よさと愛を求める気持ちは自然と女に向かうのだと私たちは思います。放っておいては男に向かわない女の情動を男に向かせるために、強制が必要となります。女は、子どもの時からてん足されて男の元から逃げられないようにされ、耳を切りとられて女からのエネルギーを受信できなくなり、電気ショックで女への欲望を抑制され、男のいいなりにされるのです。かくして、女は男の性の対象物にされたり、男のために子産み子育てをしたり、家事をする召使いに作られるのです。女を強制的に男に向かせ、支配しようとする文化は、女を憎み女を嫌悪する文化でもあるのです。

一方、女を愛する文化は、女の根底的な願望を満たす文化です。抱かれたい女同士のメーキングラブは、男が上、女が下で女は男にされるままという古典的ヘテロセクシャルの性交とまったく違います。私たちの「抱かれたい」はことばの上では受け身的ですが、社会に認知されないレズビアンという存在をたった一人で選択し、新しい生活スタイルを開拓してきた極めて能動的な私たちに裏打ちされた自立的な行為です。

私たちは対等で、かわるがわる抱いたり抱かれたりします。クリトリスを愛撫するだけでなく、身体中気持ちの良いことをお互いに楽しむスキンシップをしています。同じベッドで寝ている私たちは、自分を愛せないものは他人をも愛せないという信条を持っていて、セックスも、お互いに好きなようにやりたいようにしています。自分にだけ快感を与えたり、時に相手にも与えたり、同時に互いに与えあったりというような、自分から出発したメーキングラブをしています。

私たちにとって重要なのは日常のコミュニケーションです。私たちは素直な自分のままで、泣き言やら愚痴やら考えや感情、行動、それぞれの友人たちとの関係や自分の仕事について語り合い、おしゃべりしあっています。時に、家事の分担で言いつのったり争ったりもしますが、それもお互いを理解するコミュニケーションなのです。

フェミニズムが「女への愛」を一般的、抽象的なものとして提唱し、女同士の連帯という概念を女たちに広めました。その中で、女の運動を担いながら個人的には男に評価され愛されることを望む活動家が、自己の政治的信条と個人生活の亀裂に苦しみ、いつまでも男性からどう思われるかを気にし、男性の目で自分たちを位置づけようとする限界をしばしば抱えていました。

しかし、性を含めて女同士愛し合うレズビアニズムの思想と実践は、女同士のエロティックな関係を回復し、男による女の分断を乗りこえ、今の男優位社会、女を分断して支配蹂躙する女嫌いの社会を根本的

に変革する力になるのです。(2)

セクシャリティは動かせない、変えられないものだというのは、根拠のない思いこみなのです。女はヘテロセクシャルに生まれるのではなく、ヘテロセクシャルだと思いこまされるだけなのです。私たち「れ組スタジオ・東京」はフェミニズムを突き詰めた女と自らのヘテロセクシャリティについて真剣に考えるフェミニストの中から、レズビアンであることを選びとった女たちを歓迎し、支持します。さらに多くのレズビアン・フェミニストの誕生を期待します。そして、レズビアンであることを選んだ多くのレズビアンたちと、女が女を愛するということの豊かさや可能性を育み、やさしいのびやかな楽しい社会に少しでも変えていきたいと思っています。

(1) 「女たちの映画祭」東京都渋谷区代々木四-一六-二五東都レジデンス四一〇 電話03-3370-6007 16ミリフィルム映画貸出中。

(2) いままで、読み取れなかった女同士の集団内の濃密な感情も、女は情緒的結合を女同士持つものだというレズビアニズムの解釈ですんなり読み取れ、運動は飛躍的に発展するのです。

●在日外国人フェミニズム

在日女性と解放運動
——その創世期に

『フェミローグ』3、一九九二年

金 伊佐子

多くの在日朝鮮人二、三世がその民族を意識するきっかけに差別があるように、私の場合も「チョーセン帰れ」の連呼による。

生活に汲々としていた両親が祖国と日本の関係史や在日渡日の原因となった日帝の植民地支配、現在の民族的支配抑圧構造を幼少の私が理解できるように説明する筈もなく、ただ「放っとけ」としか言わない両親の姿や日常的に頻発する朝鮮人児童へのいじめを看過する教師の姿に、私は漠然と昔朝鮮人は悪いことをしたから末裔の自分がいじめられるのだと考えた。そしてあっぱれなことに私は先代の悪業を次代が引き受けるのは当然のことと思い、石飛礫《つぶて》と共に投げられる「チョーセン臭い、チョーセン帰れ」の言葉を「仕方の無いこと」と受けとめた。勿論その後、先代の悪業説が大きな間違いであることを認識するが、振り返っても我ながらその責任感に敬服する。先代が昔悪いことをしたから次代がその尻拭いを求められるのは当然で、自分はそれを受けとめる義務があり、責任があると、誰に教えられることもなく考えた。

しかし現在の日本人はどうだ。朝鮮人従軍慰安婦問題を口先だけでも公式謝罪する政府に「公式謝罪は金銭的補償を伴う。先代の悪業のために次代がそれを支払うのは納得できないので、むやみに謝罪するな」と投稿する日本人や「際限なく謝罪を要求するアジア諸国の人々に、いつまで政府は謝罪するのか。著作権でも五十年期限である」と提言する上坂冬子に、日本人の責任感は見られない。しかしこの人たちは決して特別な人ではなく、特に責任感の欠如した人でもない。公式謝罪以後、具体的補償を要求する動きの中で、男や政府にのみ責任追及する女たちに自らが黙殺し見殺しにしていた罪の自覚を感じることはなく、侵略戦争を支持し協力した加害責任を不問に付す傾向を感じる。

私が知る責任感のある良心的な日本人もまた、私には理解できない行動を見せる。

在日の言うことに何でも同意し頷く様は好意を感じても責任を感じない。勿論差別されている実情を訴える在日にステレオタイプと言い放ち、なぜステレオになるのかについては無関心な人が責任感ある人とは思えないが、ステレオにただ頷き、何をしたら良いのでしょうかとばかりに聞いてくる日本人も不思議な存在だ。

まして日本人が韓国を始めとするアジアで民主化と人権を求めて闘う人を招き「連帯」を口にする姿は不愉快ですらある。資源や低賃金労働と引き替えに、その国の強権弾圧独裁政治体制を支える日本の、日本人が、犠牲者であるアジアの人間を招くことがどのような意味をもつのか理解できているのか疑問である。アジアの人間を招く前に自分たちがどのように彼らの加害者となっているのかを自問自答してほしい。

自らをふりかえることなく彼らを招請し、話をさせて「支援連帯の輪を広げよう」というのは本末転倒以外、なにものでもない。しかし悲しいかな、帰国後どのような不安な状態が待っていても、加害者の国で被害状況を訴え、これ以上の被害を防ぎたいと願う人間は相手がなにものであっても出掛け、惨状を訴えるしかない。必死の思いで来日する者を、招く日本人はしかし安全と安定が保障されており、その保障に胡坐《あぐら》をかいて人を招き、過激な発言を期待する。そんな彼らの敵はあくまで政府や企業でしかなく、自分たちではないから見事に簡単に連帯する。そして「やってる」気になるから無邪気である。自分たちがどう加担しているかは問題外だから、被害者がより苛酷な局面に立たされればその連帯運動はより活性化し、日本の運動家たちは「元気になる」と威勢づく。これを無責任というより犯罪的と感じ、「生き血を吸う」姿に見えるのは私だけではない。連帯するなら連帯できる自己の確立が必要であり、信頼されるに足りる誠実な自己検証自己改革が必要である。

十分な自己検証が行なわれたら、日本人の身近に日本人の犠牲となる者が見えるだろう。身近な犠牲者被害者の声を黙殺し、遠くの活動家や犠牲者の声ばかりを追う日本人の姿に、身近な問題を避ける姿勢をかいま見る。身近な問題を避けることであらゆる課題が自身に降りかかることを拒絶するかのようで、素直に信頼できるものではない。在日朝鮮人はまさに日本の侵略戦争の犠牲者であり、差別抑圧、支配弾圧、搾取収奪の被害者である。国内にある問題を等閑にしたまま日本人は国外の人に民主と人権を求めるのか。遠方から人を招き話を聞いて、知った気になり「やった」気になる安易な感覚は無責任で厚顔無恥な日本政府を支える日本人の姿を曝け出す。日本人の敵が政府や企業でしかなくても、踏み付けにされる者にとって日本人はみな等しく敵の構成員であり、敵に通じる者である。敵となる自身を自覚し、改革する努力なくして信頼は得られず、連帯は可能ではない。誰もが傷つかず誰もが合意する相手を敵にするだけで問題解決が計れるとは、もはや誰も思ってはいないし、被害者は納得しない。

良心的日本人が在日の意見に何でも頷き、同意する姿は「良心」であるがゆえに一層やっかいである。在日の意見をなぜ自身に還元し自身の有様を問い返す原動力にできないのか、そうした行為抜きでなぜ頷くことができるのか、「良心的」日本人はあまりに自分勝手すぎる。問題の本質を探ること無く頷き同意する姿は「貞操を犯されたかわいそうな朝鮮人慰安婦を救けてあげなくては」と涙すら浮べる熱心な救済主義者と何等変わるところがない。彼らは被害者を一層辱め落としこめることはあっても「救済」できるのは、彼らの満足感だけである。

また、まるで自分を在日になったかの気分で在日の代弁をする日本人も気になる存在だ。幾人かの在日と出会い在日を知った気になり理解しあえた気になる日本人が在日の心境を代弁してくれるのは迷惑なお世話である。代弁する前に自身の有り様を問い直し、周囲の日本人の意識変革、社会変革を実現してほしい。自身の意見と立場で放つ意見は他者の代弁よりも説得力をもつだろう。在日であるが故に受容される傾向に乗っかって在日の気分になるものではない。力量不足や複雑困難な状況とともに、在日の意識や運動も多様化している現在、物知り顔で何を話せる気でいるのか。そうして在日の間に亀裂を走らせる事態を招くことにも代弁者は無知無自覚である。既に日本人は在日の生き血を貪り「元気」になってきたではないか。これ以上罪を犯して在日同士を混乱させてはならない。どれほど多数の在日朝鮮人と出会っても、日本人は日本人であり、在日ではない。在日の立場に立つことも、在日の代弁もありえない。「自分は違う」と代弁者が思っても当事者の在日の総意でもなければ合意もない。在日の解放を願ってくれるなら日本社会を変える努力を続けてほしい。日本が変わらないと在日も変わらない。日本を変える力は在日以上に日本人がもつ。日本人自身が踏み付けている状況を自覚し変革する努力を続けなければ在日が解放される日も、在日が解放を願って続ける努力が報われる日も訪れることがない。

学校教育現場において朝鮮人従軍慰安婦の問題を「教科書に載っていない」ことを口実に「重い問題だから何をどう話せば良いのか分からない」と自己弁護する教師は日常、子供たちとどのように向き合っているのだろう。民族教育の必要性が唱えられて久しいが、民族教育が在日の子供たちでなく、むしろ日本人の子供たちに必要であることは『フェミローグ2』で金香都子氏が述べている。「学校で民族教育を受けた在日の子供が卒業後、民族的に生きようとしても、それを阻む日本人社会が変わらなければ元の木阿弥であり、その社会を構成する圧倒的多数の日本人の子供に正しい歴史教育が必要である。」

そしてここで加えていうなら、それが日本人にとっても生きやすい社会を形成する重要な条件である、ということだ。反差別教育が実施され子供たちは「差別はいけない」ことを十分に認識した様子だが、何が差別で何が差別でないのか、差別がなぜいけないのか、実感をもって理解したとは言えない。大人たちが「朝鮮人」と言い切ることを躊躇し「朝鮮の人」としか言えない現実を鋭く察知し、腫物に触る雰囲気を理解しただけではないだろうか。民族衣装や民族文化が目新しい間は例え腫物でも意図的に傷つけられることは減るかもしれないが、特別視される在日の子供にとってはそうした雰囲気だけで十分傷つく材料となる。人が生きることに何が大切で何を大事にし、何を守らなければならないのか、それは決して「在日の子供たちのため」では無い。形を変えて行なわれるいじめがなぜ後を絶たないのか、日本人の人権意識が問われるものと捉えなければならない。

日本政府の朝鮮人従軍慰安婦問題についての公式謝罪について一月一九日(一九九二年)付け琉球新報の社説で歴史教育の必要性が述べられている。そしてなお「さらにここで強調しておきたいのは、過去の戦争を単に歴史の事実として、あるいは知識としてだけ教えるのではなく、何が正しく何が間違いか、今後の世界はどうあるべきか、まで判断できる教育をしてほしい。そして平和への思想、隣国や隣人への思いやりの心を骨肉化させること。これが宮沢首相のいう『未来志向的関係強化』への基本である」と述べている。まさに日本の学校教育の本質的問題提起と受けとめてほしい。

日の丸や君が代を「在日外国人もいる」ことを理由に反対されるのは困ったものだ。人をだしにせず、はっきりと自分がイヤだから、強要される非民主性がイヤだから、その歴史性や社会政治性を拒否するからと自分の立場で反対してほしい。在日にとって日本の学校で直面する問題は多く、解決の緊要性を痛感する課題は多い。日の丸や君が代への拒否感、抵抗感はすさまじいが反対行動するには民族的立場がもつ課題と状況は多く複雑だ。積極的に反対している日本人がいれば任せたいものだが、その日本人が「在日の人たちがどんな気持ちになるか」と言って反対するのは、人のふんどしで相撲をとるようなもので、自分のためにしていることを前面に出さない態度は卑怯でもある。日の丸や君が代は日本の、日本人の問題である。自分のふんどしで相撲をとってもらいたい。

痛みは、痛い思いをすればする程、何とか生きようとする力となり同時に痛みをもつ者に共鳴する力となってほしい。自身が痛いと感じても他者の痛みに無関心な痛みは単なるエゴである。そして私はこうしたエゴイストに出会うと嫌になる。在日女性である私にとって、日本人女性の女性運動がもう一つ信頼しきれないのは、そうしたエゴフェミニストが多いからのように思えてならない。

従軍慰安婦問題の浮上と共に、否それ以前から、アジア諸国に向けられた目は女性問題で連帯しようとする。

しかし女性問題を普遍化できないことは、一九七五年メキシコで開かれた国連婦人年会議におけるボリビアの一鉱山主婦委員会の女性の訴えでもわかる。徹底的な搾取支配抑圧構造を発見し、闘争する者に徹底的な強権弾圧が加えられる中、彼女は「私らは、今私らが生きておる資本主義体制を変えられんかぎり私らの問題の解決はないと考えてることを、あんたらは理解せにゃいかん」と訴え「私らが何かにつけてどれほど完全に他国に依存して暮らしているか、またその外国が経済的にも文化的にもいかに好き勝手なことを私らに押しつけておるか」を話そうとするが、ベティ・フリーダンをはじめとするフェミニストは「男に操られて」「政治のことだけ」考え、女の問題を完全に無視していると批判した。しかし彼女は「ドレスや運転手、立派な邸宅をもつあんたの立場と、私のこういう状態に何か共通するものがあるかね。今この瞬間には、いくら同じ女だといったって、私らは平等だとはとても言えんことよ」「あんた方にとっては、この解決は男と闘わなければならん、ということだ。だけど私らにとって根本的な解決はそうじゃない」と跳ね返す。そして「ブルジョア階級の利害は、私らのそれとは全く違うってことを新たに確認しなおした」という。

日本の女たちが皆等しくブルジョア階級であるとは言わないが、彼女の声に等しいものを今私はこの日本で、日本の女たちと在日の自分たちの間で感じる。

女性解放を理論化運動化する日本人女性たちの努力と成果は、在日の私には羨望でもあるが、その皺寄せは無いのか、どこにいくのかを危惧する。

在日同胞が自営するヘップサンダルや皮革、ゴム加工や鉄工などの零細家内工業で働く女は守られているだろうか。一日中、機械を動かさなくては仕事が成り立たず、総動員された家族の誰かが休むと別の家族がその分働かなくてはならない労働条件では、誰が雇い主で誰が雇われている側か、が問題ではない。雇い主の父や夫、兄は雇われている妻や娘や妹と同様、低賃金に苦しんでおり、女たちは苦しむ父や夫、兄を助け家計を維持しようと家内工業に従事する。若い娘が、着飾って出社するOLとなった同級生を見送りながらシンナーやゴム臭の充満する工場で油と埃にまみれ旋盤機やミシンを回す時、着飾って出社できる会社に就職できない民族的差別と、家族が家内工業を助けなければ成り立たない在日の労働状況を身を以て知る。これを封建的な家父長制度にのみ原因を見いだし、その精神基盤となる儒教を否定するだけで解決できるとは、誰が信じるだろう。日本人女性が理論化運動化し勝ちとった成果も、ここでは絵にかいた餅であることを知ってほしい。

また日本人が放置しつつあるサービス業、下請け業で、そこに従事するアジアからの出稼ぎ労働者、特に女性たちは守られているとは言えない。最近日本人が好んで食べだしたキムチを韓国から出稼ぎにきたアジュモニ(おばさん)たちが最低賃金法を完全に下回る時間単価で作り、韓国料理の店ではより多い収入を求めてアガシ(娘)たちが深夜まで働く。彼女たちは国に残した家族の生活費、学資を稼ぐために日本人が嫌がるいわゆる3K仕事につき、不法就労が発覚することを恐れながら稼げるだけ稼ごうと体を休めない。

韓国からやってくる彼女たちの多くが在日が経営する店や工場に職を得る。知人の紹介もあり、言葉や文化が通じ同胞でもある在日を信頼し就職するのは当然すぎることであり、日本社会の最底辺労働を担わされる在日経営の職場に安い賃金で勤めようとする者が極度に少なく慢性的人出不足に苦しむ現状で、祖国から仕事を求め頼ってやって来る同胞を信頼し歓迎することも当然である。しかし生活苦からあらゆる犠牲を払って海外日本へより良い労働条件を求める者と、自らの生活安定すら保障されず日々汲々と生き、便宜を計りたい同胞相手でも良い条件を保障できない者の立場は相反し、いつしか相互に不信不満が募り溝ができた話もよく聞く。祖国からきた者は在日同胞を日本人化された金の亡者と言い、在日は祖国の同胞を生活苦から労働以上の報酬を求める金の亡者と言う。相互の不信の元となった「金の亡者」はまさしく底辺層を操り相互不信、相互差別を生み出し徹底的な搾取支配を欲しいままにするが、こうした構図に乗っかった日本人は同胞間に起きるいざこざを金を巡る醜い争いと受けとめ、再び民族差別蔑視を被差別当事者である在日や本国同胞に原因と責任をなすりつける。

出稼ぎ労働者はよく働くという話を聞く都度、よく働かなくてはならない背景を感じ、彼らを搾取する構図を感じる。アジアから出稼ぎに来日する女は、日本の女が拒否し、拒否できる仕事一切を請け負い搾取を欲しいままにされるが、日本の女は男たちに一方的に罪をかぶせる売買春問題に関心を寄せても、自らが拒否した仕事の行方は気にしない。彼らを搾取して潤う消費社会を満喫する日本の女の解放運動を疑問視する。

同性として生を語ろうと願い、日本の女たちと時間を費やしても思考や志向、発想の違いは社会政治的優劣差異を思い知らされるだけであった。見えてくるのは決定的な立場の違いであり、優位上位に立つ自身の位置に無自覚な女の姿であった。一方、既存の民族団体に女として主張しても、ただトラブルメーカー、文句の多い女としか受けとめられなかった。そこは厳密な家父長制度が布かれ、男に従えない女は蔑視冷笑、排除排斥の対象でしかなく、活動家の夫を支える内助の功を認められた女だけが受容される世界だった。そうした世界で生きられる私でない。悶々と苦しみ「これで良いのか」と月日を重ねた頃、在日女性の解放運動を形作ろうとする女たちと出会った。「在日女性解放運動」に私は輝かしい夢と希望を抱いたが、同時に「どうせ男組織の女性部だろう」と斜め見ていた。喉から手が出るほど自らのものにしたい解放運動だが、これまでの経験が「どうせ男の道具になる」と直感させていた。しかし女性解放をうたった在日女性の運動体が他に何も無かった状況下、例え斜めでも目を離せず、「もしかしたら」と希望を抱く私の姿は在日女性を取り巻く状況を語るものでもあった。

男の手足となる運動、男なみの働きでやっと評価される運動、男の価値や手段で進める運動を拒否し、女が自分で考え決定行動し、自分たちの価値と成果を見いだす運動形成を求めた。しかし能力権威主義、多数主義、男性依存、男性中心、男性優位運動に慣らされた女たちの集団は女の価値と成果を見いだすことができなかった。むしろ自分がどのように苦しみ、なぜ苦しむのか、どうすれば解くことができるのかを考える以前に、自分が女であるが故に苦しんでいるなどという自覚すらなかった。スローガンであった「女性解放」は解放の必要性すら感じない女たちの新しいファッションとなり、その中身を吟味し、運動化するにはまだまだ経なければならない段階があった。

自身の有様を問いなおすことなく進められる運動はいつしかスローガン倒れ、運動のための運動となり、空洞化形骸化するうえ、その運動の意義は自己満足自慰行為的意義しかもてず、社会正義と自己解放をめざす歴史的意義をもった運動とは遠くかけ離れる。人が人として当たり前に生きることが可能な社会の実現はまさに自身の生き方を問いなおす努力を抜きには考えられない。これは、これまでの男たちの運動で立証されていた筈だ。しかし在日の女たちはあまりにも長い間、自身の生き方を自身が問い直し決定する機会を奪われ続けた。

決定権を奪われ、決定能力を奪われ、決定意志すら萎えさせられていた女たちは意識的であれ無意識であれ、上意下達ピラミッド運動に安住し、男性主導、男性優位、男性中心の運動の中で妻や娘や母の役割を担おうとした。元より、この「女性解放」をうたった運動体は既存の男性団体のテリトリーの中で形成された共同体の婦人部となる危険性を十二分にはらんでいた。「そうはさせまい」と考える女と「それで何が悪いの」と一切疑問を抱かない女の意見が一致する筈もない。活動家の夫を支える内助の功たちは「女性解放」を求めた女の運動体そのものも男組織を支える運動とし、自らの安穏とした生活を守ろうとした。机上の論と化した女性解放を歓迎する男の組織と、男の力に守られたい女の組織は相互に守り守られる関係が完成し、再び家父長制を厳密に守った秩序正しい共同体となったのである。家長たる男の、その手のひらに乗る女性解放運動は実に享楽的で屈託がない。男はかわいい女たちの女性解放に協力的となり「適切なアドバイス」までしてくれるが、その様子を女たちは自らの運動の成果ととらえる現状である。「もしかしたら」と希望を抱いた私は失望絶望の境地に陥り、当初「どうせ男の婦人部だろう」と斜め見た自分をふりかえる。そして斜め見ることとすらできない結果に、在日女性の解放運動史が辿らなくてはならない過程を実感する。

在日女性を取り巻く状況は苛酷である。未だ押しつけられる儒教道徳、厳密な家父長制度に喘ぐ女や、差別と屈辱にたえきれず酒と暴力に溺れる父や夫に苦しむ女がいる。高い学歴もないまま家内工業を手伝った後に結婚、出産した在日の女に条件整備された職場がめぐることもなく、緊迫家計に追われて再びつく職場の搾取と支配に苦しむ女もいる。どこからも何の補償もない在日一世の、年老いた父母を抱え生活を支えなければならない女や、民族差別を恐れ「どうか今日一日何事もないように」と祈る気持ちで登校する我が子を送り出す女、酷い民族差別を受け登校拒否にまで陥った我が子を抱える女、屈辱や蔑視を恐れ本名を名乗れずに生きる女、民族文化や風習を嘲笑されることを恐れおののく夫や父の怒声を浴びキムチやにんにくの匂いが隣家に及ばないよう窓を締め切る女、法事や冠婚葬祭の一切を自宅で行なうことを避ける女がいる。「ちょうせん」の音の響きだけで怯える女がいる。「女は黙っとけ」と言われ続け、良い嫁、良い母、良い妻を求められる儒教社会でそれを美徳と盲信する女と、「仕方がない」とあきらめる女、

「何といっても腐ってもタイだから」と男性中心社会を甘受する女がいる。また「日本人も朝鮮人も関係がない、個人として見る」と民族性を不問に付すことで日本社会に溶け込もうとする女、日本社会と同胞社会の矛盾を承知の上で生きる術を身につけようとする女、女であることだけで日本人と一体化しようとする女がいる。そして在日の共同体の中でのみ生き、共同体の中でしか生きられない女、そういった自身の有り様を自覚する女と無自覚な女がいる。

在日女性が生きる状況が苛酷な今、女たちがそれぞれの状況を打破しようともがきながらも一つの大きなうねりに形作られない現状は、そのまま在日女性の現状を示している。朝鮮女性運動史の研究を進める在日女性の「私には在日女性運動の先輩がいなかった」という言葉や、問題を抱える在日女性の運動体を批判しながらも「無いよりマシ」と認める同胞女性の言葉は、実に在日女性の現実と取り巻く状況を痛切に物語る。

何よりも在日女性、在日社会と一言で括れない最大要因である祖国分断は有形無形、あらゆる形で在日の女を細分化する。祖国分断を固定し搾取支配しようとする日本で、細分化された女たちは思うままに搾取支配され、抜本解決よりも応急措置に追われ、その場その場を何とか切り抜ける。その繰り返しが女たちにあらゆる窮場をしのぐ力をもたせ、その様子を見た日本人は在日の女を「たくましい」と感嘆称賛する。日本人だけでない。在日の男たちもまた「たくましい」在日の女を誇りに思い、なぜたくましくなったのかについてはひたすら日本の帝国軍国主義、支配侵略主義、差別抑圧主義にのみ原因を見いだし、自らの加害性など思いもしない。「父が母を殴った様に自分は女を殴らない」と心に誓う在日の男は、沈黙と服従を美徳とするかよわい女を求める。そして彼らは須《すべから》く母性志向、母性至上主義で「たくましい」女に母を見る。かよわい妻でありながら子にはたくましさを求める在日の男たちにとって、女は守ってやる相手か守ってもらう相手でしかない。守ってもらう不自由さと守らなければならない窮屈さから解放されたい女が男性中心の在日社会で排他排斥の対象となる現実の中、それでも私が在日の男と女に思いを寄せるのは日本の中で在日が排他排斥の対象となる現実ゆえである。日本の成長経済のおこぼれで何とか手に入れた利益ゆえに傲慢ともなる在日同胞を、それでも憎みきれないのは、その幾許《いくばく》かの利益のために払った辛酸と屈辱を感じるからであり、その辛酸と屈辱を与えながら在日が手にした利益以上の利益を確実に手にした日本人の姿を感じるからである。若い世代に厳格な男性中心男性至上を求める年老いた女を、それでも否定しきれないのは彼女の惨澹たる人生を思うからであり、その中で生きた自身を誇りにする彼女の、毅然ともいえる価値観を無残に覆すことの残酷さを思うからである。日本社会に溶け込む女や在日共同体で生きる女にそれでも思いを寄せてしまうのは彼女たちの生きる現実と取り巻く状況を知るからである。

そんな中、自らの体験から再び同じ苦痛を娘たちに味わわせまいとする一世の女の存在は勇気と自信を与えてくれる。這いつくばって生きた人生の終末期に送られる「女だからって我慢ばかりしなくて良い」という言葉は、母や祖母の苦痛を見て育った女にとって深く重い最大最高のエールを実感させる。

在日であることと、女であることは私にとって別のものではない。そのいずれか一方のみを共有することで理解し合えると思うほどお人好しでない。民族問題で女「性」を無化する在日の男も、女性問題で民族「性」を無化する日本の女も、在日の女には支配と抑圧の加害者である。その加害者を模擬し受容し依存しなければ生きにくい状況下、在日の女が自前の足で立つとき彼らはそれを阻害する要素ともなる。

「在日の女と手を取り合おう」と声高に掛け声をあげる在日の男も日本の女も、結局はそれぞれの利害追求と思い込みで在日の女を翻弄し、細分化された在日の女たちが一つのうねりを作り出そうとすることを阻害する。翻弄される側の弱さにつけこむ翻弄する側の姑息で図々しい態度と思考に怒りを覚え、翻弄されない力を培うエネルギーの噴出を覚える。

踏み付けられることを拒否し、踏み付けることを拒否したい。被害者であることに捉われ己れの加害性に無自覚な解放運動を否定し、重層的な差別構造に組み込まれた自身が再び他者を踏み付けることのない解放運動を模索したい。在日朝鮮人の女が差別される被害者である故に認められるのではなく、一個の人格をもった人として認められたい。何物にも束縛呪縛拘束翻弄されず、在日朝鮮人の女である自分を確立したい。自分を構成する要素を全て肯定し、自分が自分でありえる生き方を求めたい。厳しい向かい風に煽《あお》られても、おかしいことをおかしいと感じる力、言える力、そして変える力をつけたい。私は私でありたい。

在日女性の解放運動は今、創世期である。

欧米女性や日本人女性の解放運動に学び、アジアの女性たちの解放運動に共鳴し、祖国の女性たちの解放運動に連携しながらただ祖国追随の運動に終始しない在日女性の解放運動は今、創世期である。沈黙と服従を強要された長い暗黒の時代から抜け出ようとする在日の女たちは、外圧と内圧に喘ぎながら凝視する現実から学ぶ解放を自らの生きる形に還元、具現化しようとする。その動きは在日の女はもとより男たちにも、そして日本人社会にも、新しい息吹をもたらすだろう。歩みだした在日女性の解放運動が歴史に刻まれる日、在日の男たちや日本の女たちと共にその喜びを分かち合えることを信じたい。

『前夜』二〇〇五年七月夏号

●解題

金伊佐子(キム・イサヂャ)は一九五七年三月十三日大阪府堺市に生まれた。そして、二〇〇二年一月九日、四十五歳で世を去った。民族団体の青年活動で彼女と出会ってから二十五年、けんかし、励まし合い、お互いを確認してきた。

この論考は、一九九二年、雑誌『フェミローグ3』(フェミローグの会編、京都玄文社)に掲載された。その二年前、私たちは仲間とともに、活動していた民族団体を離れた。民族運動、結婚、子育てのなかで女性解放運動をどう進めていけばよいのか随分悩み、女性解放理論の学習を重ねていた。本稿が『日本のフェミニズム1 リブとフェミニズム』(岩波書店、一九九四年)へ再録される話があった際、日本のフェミニズムの彩りの一つにされるのでは? と危惧するイサヂャだったが、私は数少ない発表の場だと強くすすめた。私たちにとって、民族差別と女性差別は別個のものではない。私たちを構成する全ての要素を肯定できる社会を手に入れたいと、いつも話し合っていた。元「慰安婦」の金学順《キムハクスン》さんから「キックンサラム(背の高い人)」と親しまれ、日本や本国の女性たちと「慰安婦」問題の活動を始めてすぐ、闘病生活を余儀なくされた。その後八年間、ホームヘルパーの仕事をしながら娘三人を育て、最後まで社会の不条理に対して怒りを持ち続け、闘い続けた。十三年前に書かれたこの論考は今なお、鋭く核心をつく力に溢れている。芝居が好きで、保育所や学校でチャンゴ(長鼓)の演奏や寸劇を一緒に演じた。「二人芝居」で世界を巡業する約束は果たせなかったが、私が脚本を書き、イサヂャが巫女の役をした構成劇「私たちは忘れない　朝鮮人従軍慰安婦」を日本全国九ヵ所で上演できた。二人ともパワー全開だった。

(皇甫康子)

増補編Ⅰ　リブ・フェミニズムを記録／記憶する

二〇〇〇年代に入ってから、高齢期を迎えたリブ世代より少し年長の世代から、回想録が刊行されるようになった。ここに収録した中西豊子や吉武輝子の文章も回想録である。女性学についても水田宗子の回想録が登場した。性教育のパイオニアである北沢杏子の自分史も出た(→文献案内⑦)。何歳からを高齢期というのかは人によって違うだろうが、リブやフェミニズム、女性学・ジェンダー研究等に関わった担い手たちの高齢化にともなって、これから先も自分史や回想録は次々と出版されるにちがいない。歴史的使命を終えて解散や終刊を迎える組織やメディアも、自らの記録を残そうとするだろう。そのたびに、記録は更新され、記憶は書き換えられていくだろう。リブとフェミニズムが「歴史になる」とは、このような「再審」に対して開かれるということでもある。

記録し、記憶することは、たんに自分たちの共有した経験を「思い出」として保存するノスタルジーのためではない。それは後続の世代に、自分たちの経験を手渡すためでもある。戦争体験と同じように、半世紀近く経って、リブはすでに、経験者の世代から経験を持たない世代へと記憶を継承する段階にはいった。だが、記憶を受け渡すとは、手渡そうとする者の意思ばかりでなく、受けとろうとする者の意思に大きく依存する。女をめぐる問題は少しもなくなってはいないが、女をとりまく環境がこれほど変化した現在、リブの記憶の受けとり手はいるだろうか。そしてそれはどのように受けとられるだろうか。

(上野)

女の本屋の物語より 『資料 日本ウーマン・リブ史』

『女の本屋の物語』二〇〇六年

中西豊子

ダンボール箱いっぱいの資料

資料は、大きなダンボール箱六箱にぎっしり詰まっていた。貴重な資料だった。三木草子さん・佐伯洋子さん・溝口明代さんの三人が、日本のウーマン・リブの遺したビラやパンフ、ポスターから冊子まで、かなりの年月をかけて熱心に集めていることは私も聞き及んでいた。日本のリブ運動を形あるものにして遺したいという情熱を持ち続けてきた三人だった。十年にも及ぶ歳月をかけて蒐集し、地域別、グループ別、年次別に整理を進めてきたのだった。よもや私の手でそれを出版することになろうとは！

意識的にこうやって集めた彼女たちがいなければ、ビラやポスターなどは、すぐに消えて無くなってしまっていただろう。ガリ版で細かく書かれ、手から手へ渡されたビラの文言こそが、当時の女たちの主張そのものだ。あの時代の熱気を伝えるには欠かすことが出来ない生きた資料だった。どんな小さなものも見逃さず、リブの軌跡を残そうと、三人は努力をかさねてここまで収集してきた。

彼女たちが版元を捜しているが、なかなかいい返事が貰えないと風の便りに聞いた。それなら私も彼女たちのために「出版社を探すお手伝いをしなければ」と思った。

そのためには一度その資料を見てどんな状態なのかも知っておきたいと、資料の整理に行くという三木さんとともに、名古屋の溝口さんのお宅に伺った。集められたビラ、パンフレット類は形も態様も実に様々で、もう触れると破れそうに劣化しているものもあった。本にするなら早いほうがいいとそれを見て私は思った。でもこれはやはり大手の出版社でないと、到底無理だろう。何しろすごい量なのだ。その時点で、手付かずのものが段ボール箱六杯に詰められていた。整理はかなり進んでいたはずだが、グループ毎に仕分けられて大型のファイルブックに収められていたビラやパンフはまだ一部分にしか過ぎなかった。

どこか出版してくれるところはないだろうかと、私は心当たりの何軒かの出版社に依頼してみた。私の知人でもあったある出版社の社長には、東京まで会いに出かけた。会って頼み込んでみたが、結局いい返事は得られなかった。

どこもまず「ウーマン・リブ」は禁句だというのだ。「フェミニズム」は学問的なイメージがあるが、リブはよくないという。リブに対する偏見のひどいことにはもう驚かなかったが、とにかくタイトルには「ウーマン・リブ」というのをつけないことと言われてしまった。それに、と付け加えられた。「もし出版することが出来るとすれば、資料をよほどセレクトしてまず一冊に収まるようにすること、有名な先生の名を編著者にして解説を書いてもらうこと(何と失礼な！　リブの精神とは相容れない！)」というのだ。こちらの三人には到底受け入れられるような条件ではない。

ワープロもコピーもなかった時代の手書きのポスターや、ガリ版の冊子。この貴重な資料の全てを本に入れたい三人の思いとは全く違う。それに、タイトルには「ウーマン・リブ」をはずすことなど考えられないと三人は言っていた。とすると、彼女たちの考えで本にすること自体が到底無理なわけである。出版社の言うことも私は判らぬではなかった。確かにリブ史といっても殆どの人は知らない。当時の歪められたリブ像からは、肯定的なイメージはない。本が売れるか売れないかということで判断すれば当然の反応といえるだろう。

女たちで出版しよう

リブは女たちの多くの心の底にある叫びだった。リブに対する誤解を解きたい。それに全国で沸きあがった女の運動のことを、私だってもっと知りたい。女の運動の足跡を残すことそのものも女の運動の一つではないか。私はこの資料をできるだけ三人の希望に沿う形で残すことができないものかと考えた。

紆余曲折があったが、結局私のところでやるしかないという思いに駆られてしまった。「三人の編者がわがままだったから、あのような形で残すことができたのね」と後に上野千鶴子さんが言っていたが、結局、このわがままを貫き通して、女たちだけで出版するしかないという結論になったのだ。出版すると決めて、何度か名古屋の溝口さんのお宅に伺った。資料を見るほどにその量と種類の多さ！　これを本の形に収める——そんな事、出来るのか？「えらいこっちゃ！」が、正直な感想だ。こんな大変な仕事は、私の力だけではどうにもならない。結局この本が出来るまでには、さまざまな形で大勢の女性たちの助けを借りることになったのである。

まさに難題続きの編集作業　省略

次世代の女性への贈り物

今では、この本は、女性学や社会学の論文に資料としてよく取り上げられるようになった。研究者たちが実に綿密に読み込んで、分析されてもいる。このような論文などを見ると、全ての文章やビラが出せなかったのを心から残念に思う。こうして資料となったものと、ならなかったものを別けた作業だったのだから、いくら時間をかけてもかけ足りないといえたのだ。

あの沢山の資料の中の一部しか紹介できなかったとはいえ、それでもこの本は実に多くのことを伝え得たと思う。そして、この本が伝えようとしているメッセージは、すべての女性に届いてほしいと思う。研究者たちに分析されるのもいいが、とりわけ私には三木草子さんの「はじめに」の言葉が今も胸に響く。

――これは七〇年代のリブの女たちから、九〇年代にリブを生きようとする女たちへの贈物である。あなたたちが悩むとき、あなたたちが行く手に立ちはだかる壁を越えられないと思うとき、あなたたちが孤独を感じるとき、きっとこの本が力になってくれる。

わたしにとってリブが大いなる力づけであったように、いま自分の解放をめざして生きようとする女たちにも、この本は大いなる力づけになるにちがいない。ここには自分を偽らないで生きようとした女たちの、ありのままの姿があるから。

女たちからとどいた、ダンボール箱いっぱいの女たちへのよびかけ。いくたびかの引っ越しをくぐりぬけ、押し入れの一角をいつも占めていた。黄色く変色してボロ紙同然になっても、なお捨てられなかったのは、それがわたし自身であったから。リブの女たちの声は、わたし自身の叫びでもあったから。ただそれだけの理由で、ここに集められた「資料」は二〇年を生きのびた。

この先も、リブが「資料」としてでなく、あなたの生となって生きのびることができたら、どんなにすばらしいことか。リブは知識ではなく生となってこそ、真に輝くのだから。――

若い人たちに、三木さんの言葉を是非受け止めて欲しいと思う。

●リブを記憶する

おんなたちの運動史より　「国際婦人年」をきっかけに

『おんなたちの運動史』二〇〇六年

吉武輝子

新しい女性解放グループの誕生

畏敬すべき先輩・田中寿美子さんとの出会い

当時、社会党の参議院議員であった田中寿美子から、思いがけなくも夜遅く電話がかかってきたのは、一九七四(昭和四十九)年の十月も残り少なくなっていた頃のことであった。

「社会党の田中寿美子です」

と深みのある落ち着いた声音で名乗られた途端、わたくしは思わず緊張のあまり絶句してしまった。

一九九五(平成七)年の三月十五日、長い闘病生活の末に八十六歳で亡くなった田中寿美子は、一九〇九(明治四十二)年神戸市に生まれた。ちょうどわたくしが生まれた三一(昭和六)年に津田英学塾(現・津田塾大学)を卒業したが、在学中より山川菊栄に師事、狩野弘子のペンネームで翻訳を始めていた。四八(昭和二十三)年に労働省婦人少年局(局長・山川菊栄)に入局、五三(昭和二十八)年同婦人課長に就任、女性の地位向上を実現するための民主的な婦人行政に携わった。わたくしが田中寿美子という畏敬すべき先輩が存在することを知ったのは、この年であった。婦人課長に就任した田中寿美子の紹介記事を新聞紙上で見たとき、あまりに知的で誇りに満ち満ちた美しさにしばし茫然としたことを昨日のように思い出す。進駐軍の兵士たちの性的暴力の記憶が生々しく、女という性をもった自分自身がいやでいやで、萎縮して生きていたわたくしにとっては、女であることを誇らしく生き生きと生きている先輩が存在しているという事実を知るということは、生きることへの意欲を取り戻す力になったのである。

この日から田中寿美子は、漆黒の闇を割って、強力な光を投げかけてくる灯台の明かりのごとき存在となったのだった。

一九五五(昭和三十)年社会党に入党、労働省を退職したあとは著述や講演活動など評論家として活躍、六二(昭和三十七)年に山川菊栄とともに「婦人問題懇話会」を設立、後進の育成にあたった。「婦人問題懇話会」から赤松良子や樋口恵子など、多彩な女性解放のオピニオンリーダーが育っていった。女が女の足を引っ張り合うのではなく、先輩から後輩へさらなる後輩へと個々に得た知識や技術を惜しみなくバトンタッチしながら生きることの大切さを、この大先輩は文字通り惜しみなく後輩のわたくしに教えてくれた。

友人に何回となく「婦人問題懇話会」の入会を勧められたが、女という性を誇らかに生きる女たちに励まされながら、だが一方、気後れするという厄介な後遺症に阻まれて、ついに入会するチャンスを逸してしまったのである。

中年リブ運動の展開に居場所を見つけた

一九六五(昭和四十)年、田中寿美子は社会党の参議院議員になり、後に社会党の副委員長に就任した。田中寿美子さんからの電話は新しい女性解放グループ結成のお誘いだった。

「ねえ、吉武さん、日本にもリブ運動が誕生はしているけれど、どちらかというと運動はアウトドロップ型で、若い方が中心。来年はいよいよ国際婦人年。国際婦人年を契機に、当たり前に働いて生きているそれなりに年輪も重ねてきた女たちのリブの会。中年リブ運動を展開していく必要があるのではないかしら。いろんな女性たちに声をかけて早急に相談会を開きたいと思うの。吉武さんからもご存じの方たちに呼びかけていただきたいの」

惑うことなく、わたくしは二つ返事で引き受けた。

性暴力を起点とした暴力の象徴は戦争。戦争の根を絶つためには、社会の隅々、世界の隅々にまで男女平等ひいては人間平等を実現させねばとわたくしは、学生時代は学生運動に、東映時代には組合運動に、退社後には「ベトナムに平和を！市民連合」(べ平連)にと、自分でもいじらしく思えるほど理想の旗をへんぽんと翻しながら、戦争を頂点とするあらゆる暴力の根絶に取り組んできていた。

だが天皇制さながらの男主体のピラミッド型運動体では、いつもいつも居心地の悪さを感じさせられていた。護憲だの反戦だのとまるで経文のように唱えていながら、今なら確実にセクシャルハラスメントとして弾劾されるような言動が日常化している男主体の運動体は、たしかに右傾化された政策への異議申立ての行動を行うことはできるが、戦争の根を絶つまでには至らないという思いが年ごとに強まっていったのである。

一九七〇(昭和四十五)年の十月二十一日、国際反戦デーのデモの最中に、カリド、田中美津、麻川まりたちが「怨」と大書された旗を打ち振り、「ぐるーぷ・闘うおんな」が堂々と名乗りを上げるのを見聞きしたとき、「ああ、日本でもリブ運動が旗揚げしたのか。これでわたくしの居場所がやっと見つかった」と、感動で胸がキューンと引き絞られるような痛みさえ覚えたものであった。だが四十代を目前に控え、婚姻制度の中で子どもを生み育て、そのうえ、マスコミの中でそこそこに働いている女は、体制にからめ取られたエリート女と、若いきわめてラディカルなリブの女たちの目には映じたのだろう。願いに願っていた女主体のリブ運動の中にあっても、やはり居場所がないという寄る辺のない寂しさがたえず付きまとっていた。

田中寿美子がつくりたいと考えていた中年リブ運動は、同じ女同士でありながら、年齢や職種や立場の些細な違いを巧みに言い立て「普通の女」と「特別な女」、「家庭の女」と「働く女」、「既婚女性」と「未婚女性」などといったかたちで分断されてきてしまった女が、たとえ年齢の違いや立場の違いがあろうと女であることで生きがたくされている根っこの部分に視線を当て、その根っこの部分を取り除く闘いの中で、手を結び合うことができるのではないかという期待が、大きく大きくわたくしの心の中で膨れ上がっていったのだった。

〝これでわたくしにも居場所ができた〟と声にならぬ声で叫びながら、わたくしは改めて、男社会の中でわたくし自身がどんなに身を縮めて生きていたか、どんなに恐怖心から解放してくれる居場所を求めつづけて戦後を生きていたか、少女時代の性暴力の後遺症のただ事ならぬ深さに震撼とさせられたのだった。

●回顧と記録

行動する女たちが拓いた道

『行動する女たちが拓いた道』一九九九年

行動する会記録集編集委員会

一九七五年一月一三日、「国際婦人年をきっかけとして行動を起こす女たちの会」が発足した。

この会は、六〇年代終わりに始まったウーマンリブ運動のラディカルな意識変革の提起に共感し、さらに性差別社会の変革を目指して具体的な行動を起こしていきたいと思う女たちの集まりだった。ときあたかも国際婦人年。世界の女性解放運動のうねりの中で設定された国連の行事をまさにきっかけとして、世界の女たちと手を結びながら、私たちが生きる日本の現実、女を抑圧している家庭、学校、職場、メディアなど、社会のあらゆる場を変えるために行動しようと、熱い想いの女たちが集まって活動を始めた。

その後の一〇年および名称を「行動する女たちの会」と変更した後半一〇年に会が起こした行動は、数の上でも、質の点でも、そして社会に与えた影響の面からみても、日本の女性解放運動の歴史に大きな足跡を残したと思う。

いま女性の運動は大きく広がり、政府や自治体の女性政策は「男女共同参画」の名のもとに展開されている。私たちは、その広がりを心強く思うと同時に、男女や女性同士、行政などとの対立を避けようとの配慮から、差別の現実と平等の本質があいまいにされるのではないかとの危惧も感じる。こうした状況の中で、告発と提案を車の両輪とした私たちの活動の経験が、性差別社会を変えるために生かされる必要があるとの声があがった。

八〇年代に始まる日本の女性学は、残念ながら欧米諸国とは異なり、運動と一線を画すところからスタートした。その後運動を重視する立場の研究者も女性学研究に携わるようになったが、研究対象としての戦後フェミニズム運動は七〇年代初めの初期リブ運動に限定され、国際婦人年以降は外圧による行政主導の動きに収れんされて運動はなくなったなどと分析されることが多い。そのため、女性学を学ぶ若い研究者や学生たちの中には、日本にはフェミニズム運動はなかったとか、七〇年代初めの短期間の運動に終わったと思っている人たちが少なくない。

このような女性解放運動史の欠落は埋められる必要がある。私たちがこの記録集をまとめようと考えた動機はここにある。

二〇〇〇年にニューヨークで開かれる第五回世界女性会議を目の前にし、私たちの活動のプラス面が少しでも多くの女性たちに引き継がれ、限界が乗り越えられていくことを心から願ってやまない。

以下、「プロローグ」より抄録

くすぶる怒りに火がついた――「行動する会」発足

きっかけは国際婦人年――メキシコ会議へ向けて

当時、国連の国際婦人年構想など、海外の女性たちの動きは一般的にあまり伝わっていなかった。ただ、新しい運動を模索する人たちは、外務省や労働省婦人少年局に出かけて資料や情報を集めたり、国際NGOを通じて得た知識をつなぎあわせたりして、一九七五年のメキシコ会議についてだんだんと知るようになってきた。女性の国会議員の間でも当然メキシコ会議は話題になり、市川房枝さん、田中寿美子さんなどが政府間会議へ向けて情報を伝え合っていた。両議員は民間会議にもぜひ参加者を出したい、また国内で開かれる国際婦人年日本大会は政府主導ではなく、民間の女性たちの力で盛り上げたい、と相談を進めた。この機会に、これまでの日本の女性団体や、新しいグループが性差別撤廃に向けて連帯できれば――との願いから、一九七四年後半、お二人は周囲の女性たちに声をかけはじめた。市川さんは婦人団体のリーダーたちに、田中さんは女性の評論家、学者、労働省婦人少年局の後輩や、組合の活動家たちに向けて、「女性自身の力で日本の国際婦人年を盛り上げよう」と働きかけた。女たちの口から口へ、その呼びかけは伝えられて、国際婦人年への関心はあっという間に広がった。市川さんが無所属の議員であり、田中さんが社会党色を出さずに広く一般の女性たちに呼びかけたことから、あらゆる分野の女性たちが呼応して「国際婦人年を自らの手で」と望みはじめた。

「この際、民間女性が広く連帯する会を作ろう」というムードが急速に高まり、一九七四年の秋に婦選会館の一室で準備会が開かれた。各界で活躍する女性たちが一堂に会し、国際婦人年へ向けての熱気に溢れた準備活動が始まった。

集った人々の層が広いだけに会のイメージは一つではなかった。民間の女性団体やグループの連絡会のような組織にしたいと言う人たちもいたし、会やグループに関係なく一人一人が個人として結集できる会にしたいと言う人も多かった。そこで両方ともが必要だし、もちろん両方に参加することも自由、という形で話が進んだ。

個人で参加する新しい女の運動を待ち望んでいた人たちは、すぐさま会の結成に取り組み、翌年一月一三日には「国際婦人年をきっかけとして行動を起こす女たちの会」(以下「行動する会」と略称)が結成された。会の名前のように、みんなすぐにでも行動に移りたいと心を躍らせていた。くすぶっていた怒りに火がついたのである。合い言葉は「行動」。長い名前だが、ずばり会の内容を表していた。

「会」の初仕事は、各界の人たちに向けて「女性問題に関する第一次公開質問状」を発送すること。三木首相にもそれを手渡したのが三月七日。一三日には声明文「私たちは行動を起こします」を決議している。婦選会館の会議室にあふれ返った女性たちは国会議員から、組合活動家、評論家、ジャーナリスト、アナウンサー、弁護士、教員、公務員、企業で働く女性たち、自営業の女性たち、主婦、学生、とあらゆる立場の人たちで、年代も八〇代から一〇代まで、と幅広く、三、四〇代の年頃が一番多かった。人生の半ばまで、割り切れぬ思いで社会の性差別に耐えてきたいわゆる「中年リブ」のエネルギーと熱気が一挙に噴き出したのである。メキシコ宣言や世界行動計画で出会った性別役割撤廃、女性の労働権の確立といった言葉はまだ使われていないが、決議文はまさに国際婦人年の精神に沿ったものだった。市川房枝さん、田中寿美子さんの嬉しそうなお顔が忘れられない。

六月、メキシコ会議に吉武輝子さんはじめ数名の会員が旅立つまでの三か月、短期間の間によくもこれだけのことをしてのけた、と運動の渦中にいた私でさえ今は信じられないほどである。それというのも、会の発足が報道されるや、日に日に会への参加者が増えて、思い立ったことを即、行動に移すという形で、いくつもの分科会がいっせいに動き出したからであった。一方で婦人団体・グループの連絡会として、市川房枝さんを中心に四〇あまりの団体が集って国際婦人年日本大会に向けての準備を始め、後に「国際婦人年日本大会の決議を実現するための連絡会」に発展している。その中には「行動する会」のメンバーもかなり加わっていた。

行動する会の運動は何を創りだしたか――その特色と意義

性差別撤廃を目指して社会変革を！

男女平等のための条件として性別役割分業の意識やシステムをなくすことを提起したメキシコ宣言や世界行動計画は、性差別社会の現実の中でのたうっていた日本の女性たちに、鮮烈な問題意識を投げかけた。「男らしさ」「女らしさ」といった男女の特性を「期待される人間像」として評価する教育課程、役割は違っても夫婦は対等、という核家族のあり方、男性と同じに働いていても、結婚・出産によって家庭に追い込まれていく半端な女性の労働、それによって一層拡大される雇用の男女差別、そうしたまやかしに怒っていた女性たちが結集した「行動する会」だったから、今は「ジェンダー」という言葉でくくられる男女の特性論、性別役割論をなくすのが先ず第一の行動目標だった。これこそが性差別の根源だと気づいたからである。

男女の特性や役割の違いを当然とする、NHKを始め、放送、出版などあらゆるマス・メディア、女子だけが学ぶ家庭科のように「女だから」「男だから」と区別される学校教育、妻となり母となることが女の生き方のモデルとされ、独身や離婚を不幸ととらえる社会通念などを、片端から告発する行動を、始めは過激で、エキセントリックだと非難する人たちもあったが、それは、性別役割の否定が社会を根底から揺るがす提起であったからである。「ワタシ、作る人、ボク、食べる人」のコマーシャルを中止させた行動は、新聞や週刊誌でいっせいに、かなりセンセーショナルに攻撃され、賛否こもごもながら「会」の活動への世間の注目を集めた。それだけ社会の衝撃が大きかったといえよう。会はただちに女性週刊誌のひとつ、『ヤングレディ』を相手取って裁判を起こした。裁判は性別役割の否定に対する世論の理解が深まるにつれて有利に展開し、女性問題でのメディアへの最初のアクセス権行使の事例となった。

「主婦の失業者宣言」には女性たちからの風当たりも強かった。妻の役割を評価する女性にとっては、自らを失業者と認識することは耐えられなかったのかもしれない。しかし、「結婚・出産したら家庭で」「主婦だからパートで」という企業社会の常識を覆すには、自らを職業から締め出された失業者、と主張することが必要だったのだ。だからこそ、それまで労働運動に無縁だった主婦もこの運動にたくさん参加したのである。「行動する会」の性別分業否定は、単に男女が役割を相互乗り入れで融通しあう、と言うようなものではなく、「労働権」が、女性にとっても基本的人権であることの宣言であった。「会」の運動に関わったすべての人たちがこのことをしっかりと認識していたからこそ、もう一つの大きなテーマである男女雇用平等法要求の運動に展開していったのである。

「性差別の撤廃」に代わって、北京会議の頃から、総理府が打ち出した「男女共同参画社会」と言う言葉がこの頃はかなり定着してきた。政府の英訳はジェンダー・イクォリティだそうだが、会の運動を経験した人たちは、この言葉に強い異議を唱えている。性別役割・性差別の撤廃を軸にして社会変革を目指してきたのに、「男女共同参画社会」では、その本質があいまいにすり替えられて、またもや「たてまえの男女平等」がまかり通ることが懸念されるからである。

ナイロビ・北京会議以来、家事・育児・ボランティア活動などのアンペイド・ワークが女性に偏っていることが指摘されてきた。日本でもその数値が試算され、実に女性がその90%を担っていることが明らかになった。新たに見えてきた「男はペイド・ワーク、女はアンペイド・ワーク」という強固な性別役割構造を打ち壊すのに、男女共同参画といったあいまいな言葉で闘えるものだろうか。性別役割・性差別の撤廃をうやむやにして、ほんとうの「男女平等社会」はあり得ないことを、今こそ強調したいのである。

「告発」と「提言」は行動の両輪！

一九七六年、司法研修所の教官が、「男が生命をかける司法界に女の進出を許してなるものか」「女は二年間の修習で得た能力を、家庭にはいってくさらせるのが良い」と発言した。それに怒って会が起こした、差別裁判官訴追の運動は、性別役割を肯定しようとする司法界への挑戦であった。司法と言う権威の中でこうした発言がなされること自体、性別役割分業が権力による支配であることを明らかにしている。会は外部の市民たちにも呼びかけて運動の輪を広げた。地裁・高裁を取り巻いた抗議のビラまきと座り込み、砦のような最高裁に要望書を突きつけるといった行動は、司法と言う権威に対しても「許せないこと」は徹底的に告発する「会」の基本姿勢を示していた。同じ一九七六年、総理府が発表した国内行動計画への抗議は、政府や行政に対する告発であった。

一方では、総理府や自治体の国際婦人年への取り組みとタイアップして、自らプランを作成し、提言していく活動も多かった。自治体の行動計画策定に参加したメンバーもいたし、東京都に提言して、女性の駆け込み施設を設置させるなど、行政を批判しつつ具体的な提案を行い、実現させていく活動も会の特色であった。

この両面活動は、会にとってはきわめて当然な姿勢であった。社会改革を目指すからには、改めるべきことははっきり告発し、自分たちでできることは先取りして主体的に取り組み、その実現に努力する――私たちが主権者として法や制度を作り出す主役でなくてはならないと考えたからである。男女雇用平等法要求に当たって、イギリスの性差別禁止法を翻訳して学び、独自の「男女雇用平等法骨子」とガイドラインをつくって提示したりといった作業は、「市民立法」に先鞭をつけたもので、立法へ向けての会の運動の積み重ねの成果であったといえよう。「告発」と「提言」は会の活動にとって、車の両輪であったのだ。

フェミニズムの歴史からみる社会運動の可能性

『社会学評論』二二六号、二〇〇六年

牟田和恵

はじめに　省略

1　リブからフェミニズムへ――現代フェミニズム運動史再考

1―1　ウーマンリブの時代(一九七〇年代前半)

……(中略)……

多くの運動の例にもれず、「ウーマンリブ」は、その端緒や生成の経緯を正確にたどるのは容易ではないが、一つの「定説」は、日本の「リブ」の誕生を、女性解放を掲げる女だけの隊列がデモにはじめて登場した、一九七〇年一〇月二一日の国際反戦デーの頃におくものである(溝口・佐伯・三木編 1992：209、上野 1994：27 注14、江原 1985：105 等)。実際のところ、こうした集会やデモといった顕在的なかたちをとる以前の「前史」としての活動は、これに少し遡って始まっていた。七〇年一〇月四日の朝日新聞都内版には、「ウーマン・リブ」と見出しをつけた記事が掲載されている。「女性解放運動準備会」・「女性解放連絡会議準備会」(「ぐるーぷ闘うおんな」の前身)・「レディース・カルチャー・センター」の三つの女性グループが「リブを目ざすグループ」として登場し、「家族制度、一夫一婦制、出産、職業など、女性にかかわる問題を根元的に洗い直そうとしている」「現在の婦人運動が老齢化しているなかで、リブ派は十代後半から三十代まで、中心は二十代前半という若さ」と紹介されている。当時のリブ活動家のひとりであった秋山洋子によれば、この記事が日本のリブ運動がマスメディアに登場した初めであり、「ウーマンリブ」という和製英語が登場した初めでもあるという(秋山 1993 : 35-6)。リブ運動当時のビラや資料を収集し編集された『資料 日本ウーマン・リブ史』(以下、『資料』)によれば、ここに紹介されている三グループのほかにも、七〇年秋以前に、多摩美大学生たちによる「思想集団エス・イー・エックス」(七〇年四月二六日発足)など、いくつかのグループがあったことが確認できる。

しかしやはり、リブが活発化するのは一九七〇年秋の国際反戦デーの頃から七一年にかけてで、この頃各地でさまざまなグループが結成されミニコミの発行が相次ぐ。「リブ」の名称も、七〇年の時点では当事者の女性たち自身にまだ使われていなかったが、七一年八月の長野での「リブ合宿」では「リブ」の語が積極的に使われるようになり、七二年五月に渋谷の山手教会で行われた集会が「第一回リブ大会」と呼ばれた。七二年九月には「ぐるーぷ闘うおんな」が中心となって「リブ新宿センター」が生まれた。

ある意味ではもっとも強固に「ウーマンリブ」のイメージを作った「中ピ連」(「中絶禁止法に反対しピル解禁を要求する女性解放連合」)が登場したのもこの頃だった。上記一九七二年五月のリブ大会に榎美沙子が『ピルを解禁せよ』と題するパンフレットをもって登場し、六月一八日には彼女を中心として中ピ連が結成された。彼女たちの、ピンクヘルメットに、サングラス、タオルで覆面をした姿でミスインターナショナルコンテストの会場に、「ミスコン粉砕」のプラカード持参で抗議突入(七二年一〇月)するなどの行動は、マスコミの取材の的になった。さらに榎は、七四年八月に「女を泣き寝入りさせない会」を作り、婚約破棄をした男性の会社にピンクヘルメット姿で抗議デモするなどしたが、これにもいっそう揶揄的なマスコミ報道が集中することになった（溝口・佐伯・三木編 1994：244）。

一九七二年という時期にウーマンリブ運動が活性化したのには、一つの重要な背景があった。The personal is political（個人的なことは政治的なこと）のフレーズに象徴されるように、ウーマンリブは、欧米においても日本にあっても、学生運動や反戦運動から出発しながら、私的領域にたたかいの領野を見出して、性、身体性の問題をするどく追求した。日本ではとくに七二年に、妊娠中絶の規制を強めようとする優生保護法改正案が国会に上程されたことによって、法改正阻止がリブの運動にとって危急の課題となった。五月に国会に上程された優生保護法改正案は、審議未了で一度は廃案になったものの、七三年五月ほぼ未修正のまま再上程され、運動はいっそう法案阻止に焦点を当てるようになった。リブ新宿センターを中心に約三〇団体が「優生保護法改悪阻止実行委員会」を結成し、署名運動や精力的な情宣運動を行うほか、厚生省（当時）で話し合いを求めての抗議の座り込みを行うなどした（一九七三年五月一六日付朝日新聞）（首藤 1996：261-9）。

こうした危急の情勢に対応した運動の盛り上がりは、逆に、優生保護法改正案が一九七四年に審議未了で廃案というかたちで一段落すると、活動の収束を招くことにもなる。『資料』はリブの活動を七五年で区切りとしているが、たしかに残存するものを見る限り、この時期に集会や情宣運動は沈静化している。七七年に「リブ新宿センター」が休館になったのは、リブの「季節の終わり」を示す象徴的なことだった。

同時にまた、リブ運動の収束は、以下に述べるように、七〇年代半ば以降の女性の運動をとりまく状況の変化を反映するものでもあった。

1—2 「国際婦人年」と運動の展開(一九七〇年代後半)——「リブ」から「フェミニズム」へ

国連による一九七五年の「国際婦人年」は、リブ運動に代わる女性の運動の方向を指し示した。六月のメキシコシティでの国際婦人年世界会議の開催と「メキシコ宣言」の後、日本政府は婦人問題企画推進本部を七五年九月に設置、ここから八五年まで続く「国連婦人の一〇年」と連動した政府・自治体の女性施策がスタートする。これにもっとも深くつながる女性の運動を日本で中心的に担ったのが、「国際婦人年日本大会の決議を実現するための連絡会」(以下「連絡会」。なお、現在の名称は「国際婦人年連絡会」)である。この連絡会は、「国際婦人年日本大会」(七五年一一月二一日)開催のために、前年の一二月、国連NGO国内婦人委員会(一〇婦人団体で組織)のよびかけで集まった民間の四一の婦人団体と労働組合婦人部によって実行委員会(市川房枝委員長)が組織されたのが始まりで、大会の後、連絡会にかたちを変えて活動を続けた。

連絡会は、メキシコの後、一九八〇年コペンハーゲン、八五年ナイロビでの世界女性会議に呼応して、それぞれ同じ年に日本大会を開いた。大会には各回、民間女性団体・労組婦人部の二〇〇〇人以上が集まり、行動の方向づけを行った。七九年に国連総会で女子差別撤廃条約が採択されてから八五年に条約批准するまでの数年間が、批准促進と批准のための国籍・教育・雇用における平等の法制整備に向けて連絡会の活動が最も盛り上がった時期で、とくに八五年六月の男女雇用機会均等法成立、条約批准可決成立に至る最後の一年間は、「息つく間もない連帯行動の連続であった」とされる(連絡会編 1989：7-8)。

活動の時期は重なっているものの、ウーマンリブの女性たちは国際婦人年をめぐる運動に必ずしも同調しなかった。当時の資料からは、むしろリブの女たちの抱いている距離感や強い反発が見てとれる。『資料』所収のチラシには、「おためごかしにする政府の国際婦人年行事には、決してだまされたりはしない」、「果してこの国際婦人年とは、私たち女にとって、一体何を意味していたのだろうか」(一九七五年一一月、天皇皇后出席「婦人年行事」反対実行委員会、文責グループサバト)(溝口・佐伯・三木編 1995：27)などの文章が見える。また、当時のリブ活動家のひとりである三木草子は、「(七五年の国際婦人年会議は)ウーマン・リブとはぜんぜん関係ない」と、一九九五年の北京会議に多くのNGOが参加した状況とはまったく違っていたと振り返っている(女たちの現在を問う会編 1996：299)。国連や政府主導で行われる国際婦人年や関連行事への批判や距離感が生じるのは、そもそも個人の生き方と既存の権力構造とを問題にした、「解放の運動」としてのリブ運動からすれば、当然のことだっただろう。

連絡会の構成からも、このことは明らかだ。参加団体は、日本看護協会などの専門職団体や日本キリスト教女子青年会(YWCA)などの宗教組織のほかには、戦前からの雑誌『婦人の友』の読者組織である「友の会」ほか、主婦連合会や日本母親大会連絡会、農協婦人部、総評婦人部などの、既成の組織の「婦人部」であったり、主婦・母といった固定化された女性の性役割に基づく団体であり、リブの原則からすれば対極にあった。リブのなかで連絡会に参加できたのは、「あごら」のみで、リブの流れを汲みながら国際婦人年に発足した「国際婦人年をきっかけとして行動を起こす女たちの会」(七五年発足)ですら、一九八〇年にこの連絡会に参加申請しながら、却下されている(連絡会編 1989：413)。後にこれを「あごら」の斉藤千代は、「穏健派」と目されたのだろうかと「複雑な心境」だったと記している(連絡会編 1989：413)。

連絡会の運営の組織原則も、リブのそれとはおよそかけ離れたものだった。参加団体資格は、①全国組織であること、②代表者(責任者)が明確であること、③規約、会則などを有することを原則とする(連絡会編 1989：400)というものだった。これも、草の根のグループを中心とし、代表を置いたり「組織」を制度化することに抵抗を示すリブの運動原則とはまったく異質である。

また、第一回の大会実行委員会の会場は、参議院議員会館であった。市川房枝参議院議員がこの連絡会の中心を担っているのだから、この会場に不思議はないが、これも、リブとの埋め難い距離の象徴であろう。さらに、たとえば「なくそう男女の差別・つよめよう婦人の力」という大会スローガンや、「国際婦人年日本大会の歌」もリブと大いに異なる「文化」を感じさせる。著名な作曲家(中田喜直)による、「今こそ婦人は立ち上る」と始まり、「明るく、力強く、そして美しく」と曲想指示のあるこの歌が(連絡会編 1989：14)リブの感性といかに遠いものであったか、想像に難くない。

連絡会を構成していた組織や女性たちの側にも、リブへの距離感は当然あっただろう。リブ以前から、あるいはさらにさかのぼって戦前から、女性の権利獲得と地位向上のために活動を堅実に続けてきた連絡会の女性たちにとって、マスメディアによって流布されたリブのイメージは、一般の人々と同様、いやむしろそれ以上に、否定的に受け止められていたかもしれない。国際婦人年世界会議日本政府首席代表の藤田たきは、「婦人年などというものは一部エリートの関心事であって、自分たちには関係のない」という批判があるのが悲しい、と一九七五年日本大会挨拶で述べているが(連絡会編 1989 : 27-8)、この発言の背景には、上述のように反発を強めるリブたちの存在があっただろう。

1―3　第二波再考

これまでしばしば、ウーマンリブと、一九七〇年代後半の国際婦人年以降の運動は、現代の第二波フェミニズムを構成するものとして連続的に捉えられてきた。しかし、多数の小規模グループよりなるリブを一くくりでとらえるわけにはいかず、また連絡会のみが七〇年代後半の運動を代表するとみなすこともできないけれども、上に見てきたように、両者は必ずしも連続的なわけではなく、むしろ七五年の時点では乖離していた。フリーマンは、アメリカの女性解放運動には、NOW〔全米女性組織〕に代表されるような改良主義的で目標達成のための組織的活動を重視する年長派と、多くの草の根グループよりなるラディカルな年若派が並存したことを論じているが(Freeman 1979＝1989)、これらの特徴は、日本の両グループにもあてはまる。しかも日本の場合は、「年長派」の運動のほうは、行政の施策に密接につながっていたのだから、その距離はさらに遠かったといえよう。

トゥレーヌは女性の運動を、フェミニスム(féminisme)と女性運動(le mouvement des femmes)の二種にはっきりと区別していた。トゥレーヌによれば、フェミニスムは、女性の自由と平等を求める日常的権利要求である。その典型は婦人参政権運動であり、男女間の賃金や職業機会の平等を求めるものである。これに対し、彼が女性運動と呼ぶ第二の形態は、女性の権利を防衛しようとするものではなく、「女性を従属した存在として生産し、男性を支配の手先として生産した支配システムに抗議するために、女性たちを立ち上がらせようとするもの」である(Touraine 1980＝1982 : 123-4)。前者のフェミニストのイデオロギーは、いかに「情熱的に擁護されているときでさえも穏健」で「商品生産の要求に順応したもの」であって、それ自体で社会運動ではなく、女性運動を構成するものではない。これに対し、後者は、「支配関係に対抗する闘争を通じて、しかもこの支配が破壊しているものの防衛を目的として、自己を構築」する、「なによりも価値観の変革をめざす」文化運動である(Touraine 123-9)。

この意味で、リブはまさしく「女性運動」であっただろうし、連絡会の活動は、いかに真摯で、政府に働きかける力をもっていたとしても、既存のシステム内での女性の権利拡張を求めるという意味での「フェミニズム」であった。

だが、両者は乖離・分断したままだったのではない。二〇年を経て当時を振り返るリブ活動家の座談会でかつてのリブたちは、両者の接近について、リブはそれまでの、「近代の市民社会の価値観を前提にし」、「清く正しく美しくというイメージ」「女イコール母であるというイメージ」の女性運動に「ノーを突きつけ」壊したけれども、「七〇年代半ばになると、とくに政党色のない運動家には、リブの発想がしみ通り共通の認識になっていった」、一九七五年の国際婦人年以後、「かなり雰囲気が変わって、伝統的な婦人運動団体とリブとの運動の融合化が始まった」(女たちの現在を問う会編 1996 : 55-6)と語る。そこには、「国連女性の一〇年」で行政が行動計画作りに取り組み始め各地に女性センターを開設するといった動きの中で「改良主義的な運動の中に巻き込まれていった」(女たちの現在を問う会編 1996 : 56-7)面がありながらも、両者は七〇年代後半から、トゥレーヌの言う「フェミニスム」より広義の、女性の権利の獲得と解放とを求める思想・運動としてのフェミニズムとして合流していった。この意味で、「フェミニズムの担い手たちは、リブから直接・間接のメッセージを受け取って、それを言語化・運動化しようとしているひとびと」(上野 1994: 24)であった。

しかしながら、現在のフェミニズム理解において、両者が元来はらんでいた明白な相違や葛藤が十分に認識されることなく、「第二波」としてまとめて捉えられがちなのは、ウーマンリブの「ラディカル」さが、その後の運動に必ずしも引き継がれなかったことの反映でもあろう。江原はこの点に注目し、「こうした運動組織の交替、主体の交替という形で達成された『女性解放思想』の『社会的承認』は、前半のリブ運動の提起した問題の深化を不可能にし、表面的な理解にとどめさせる働きをしたように思われる。すなわち初期リブ運動の提起した問題は充分ひきつがれることなく、今日にいたっているのである」(江原 1985: 108)と述べている。「母」や「主婦」「女子労働者」といった社会的に承認された役割イメージに依拠することを拒否し同時に「エリート女性」を批判しつつ、女性の社会進出・社会的成功という意味での男女平等ではなく「女の論理」による社会全体の変革をめざした(江原 1985: 154-7)リブの主張は、次節で詳述するフェミニズムが現在直面している困難を考える上で示唆に富むように思われる。

2　フェミニズムの「成功」と制度化

2—1 男女共同参画社会基本法とフェミニズム——行政権力との結びつき

一九九九年に成立施行をみた男女共同参画社会基本法は、たしかにフェミニズムの「成功」と制度化を示す一つの象徴だろう。

同法は、女性差別撤廃条約第二条で求められている「国内法の整備」に応じるものであり、その骨子に、男女が性別による差別的取り扱いを受けないこと(第三条)、社会制度・慣行が男女の社会における活動の選択にたいして及ぼす影響を中立なものとするよう配慮すること(第四条)、国・地方公共団体または民間団体の政策・方針の立案および決定への男女共同参画が確保されねばならないこと(第五条)等を定める。これらの条項は、女性差別撤廃条約以来、いや、フェミニズム的思惟が生まれてからの二百年余りの長きにわたってさまざまな地点・時代のフェミニストたちが目標としてきたことにほかならない。さらに同法は、国と地方自治体に積極的改善措置(ポジティブ・アクション)を含めた「男女共同参画社会の形成を促進」する施策を策定・実施する責任を定め(第二条)、施策における「ジェンダーの主流化」をうかがう(第一五条)など、広い射程と包括性をもつ。

このような画期的な法が制定に至ったのには、政府や行政の内部で果たされた女性の役割が非常に大きかった。

まず第一には、有力な女性政治家の存在があった。基本法の策定に向けての政策が大きく進んだのは、橋本政権においてであったが、当時自民党と連立与党であった社民党と新党さきがけの三党合意には、男女共同参画を推進する国内本部機構の充実強化、女性に関する基本法の制定などが含まれていた。当時の社民党党首は土井たか子、新党さきがけの議員団座長は堂本暁子であり、橋本政権において男女共同参画をすみやかに推進できたのは、「九〇年代なかばの連立政治、それも自民党単独よりは確実に「左」に軸心があり、かつ女性がリーダーの座を占めるという特徴をもった連立政治の、所産の一つだった」と大沢は評している（大沢 2002: 146-7）。さらに、猪口邦子（当時上智大学教授、現内閣府特命担当大臣〔少子化・男女共同参画〕）、大沢真理（東京大学教授）はじめ、深い学識と実力を持つフェミニスト学者が、行革会議、男女共同参画審議会などで希有な働きを見せたことも、基本法成立のために欠かせない要件であっただろう。このように、国政への影響力をふるう立場に女性たちが立ち得たという意味でも、基本法はフェミニズム的思潮の達成であることは間違いない。

2―2　アカデミズムにおける発展

フェミニズムの達成は基本法のみにとどまらない。「女性学」として、さらには「ジェンダー論」「ジェンダー研究」として、フェミニズムにかかわる学問研究が発展していったのも、一九七〇年代後半以降、フェミニズムがなしえた達成の一つといってよいだろう。

そもそもリブは、何らかの要求を掲げて直接的な行動に訴えること以上に、「女であること」の意味を徹底的に問おうとする思想の運動であり、それゆえに、男性中心社会で疑われてこなかった既成の知の枠組みを問い直す側面を当初からもっていた。リブ運動の初期から、各大学のキャンパスで女子学生たちによる、「女性解放」に関する勉強会や自主講座が盛んにもたれていたことは、『資料』所収のチラシからも明らかなとおりである。

リブの洗礼を受けた者が教える立場になり、大学の授業の一環として「女性学」の講座が大学で開設され始めたのは一九七四年だった(井上輝子による和光大学、藤枝澪子による京都精華大学。女たちの現在を問う会 1996 : 59)。女性学の研究者たちのネットワーク作りもすみやかで、国際女性学会・日本女性学研究会が七七年に、女性学研究会が七八年、日本女性学会が八〇年に発足した。また、「女性学」「女性問題」の講座は、行政の「啓発」の取り組みの一環として、各地で建設された女性センターでも、主婦をはじめとした一般の女性たちを対象としてひろく行われた。

一九八〇年代になると、「フェミニズム」の書物が多く出版されるようになり、アカデミズムの中でフェミニズム研究が徐々に地歩を固めていくことになる。「フェミニズム」の語をタイトルに冠したものだけを取ってみても、八〇年代の末からは毎年二〇冊以上の本が出版されるようになって一般にも「フェミニズム」の語を定着させた。九〇年代の後半は、「ジェンダー論」「ジェンダー研究」の名称で、学問・教育上さらに盛んになった。二〇〇四年の国立女性教育会館の調査によれば、全国六〇九大学で女性学・ジェンダー論関連の講義がもたれている。日本の学術の権威とされる日本学術会議において、「ジェンダー」関連の委員会が誕生したのは、フェミニズムのアカデミズムにおける定着を象徴することだろう。

3　フェミニズムの困難と隘路

3―1　ジェンダーフリー・バッシング／3―2　困難の深層1：基本法のはらむ問題／3―3　困難の深層2：フェミニズムの非政治化　省略

3―4　フェミニズムの定着と停滞

……（中略）……

一九八〇年代終わりから九〇年代にかけて「フェミニズム」は新たな思想として一種脚光を浴びた。しかし、事態は変化し、いまや若い世代のフェミニズム離れが言われるようになった。また、最近は、厳しい雇用と経済の状況を反映してか、若い女性の専業主婦願望が高まっているとも言われる。江原由美子はこれを、フェミニズムの「定着による拡散」と指摘した。若い世代の女性たちは、「男女は家庭でも職場でも対等であるべきだ」という、フェミニズムがめざしてきた考え方に賛同するにもかかわらず、それらの考えが当たり前になったからこそ、いまさらフェミニズムなんて、と考える（江原 2000：3）。

こうした意識を、一種のバックラッシュとみなす論者もある。伊藤公雄は、ジェンダー課題をめぐるバックラッシュは、政治的なバックラッシュだけでなく、「若い世代の意識のレベル」でも起こっており、そこには、フェミニズム＝「男社会を一方的に批判するだけ」と受け止められがちなフェミニズム言説の

「単調さ」と、フェミニズム理論が発展し精緻化して当事者性の不在を招いて現状破壊力を失っていることが背景にあると分析している(伊藤 2003: 102-7)。

さらに、定着・精緻化という以上に、フェミニズムが「権威化」しているという指摘もある。海妻径子は、フェミニズムの主張が学校教育の中に取り入れられ、ジェンダーフリー教育が推進されるのを、「それ自体は誇るべき達成」であるのだが、そのために、小倉利丸が「反差別教育や人権教育が導入されればされる程、反差別や人権は学校教育のもつ憂鬱でエリート主義的な傾向におかされ、対抗文化のなかには差別主義や反人権意識が生み出されれ」る(小倉 2000: 187)と論じるような現象が起きている、と分析する(海妻 2005: 46-7)。

学校や行政のお墨つきを得、それが「正しいもの」であると上から押しつけられるとき、それが男女平等思想であれ何であれ、権威を帯びた、抗すべき対象となってしまう。これは、皮肉なことではあるが、リブや、リブの一つの源泉であった一九六〇年代末の学生運動が、既成の権威や正統的価値を否定する対抗文化として生まれた経緯を思い出させる。

権威と化した、あるいは、権威とみなされるフェミニズム――それは、現実を反映しない、ためにする貶め、カリカチュアのようにも思える。しかし、フェミニズムの歴史を振り返るなら、それを一笑に付すわけにはいかない。本稿でみたように、三十余年を経て、たしかにフェミニズムの運動は、一定の正統性と権力、影響力を得て、そうした地点に足を踏み入れている。

これは、「成果」をおさめるに至った社会運動がたどらねばならない、運動の「自然史」の一部であるとも言えるのかもしれない。しかし、フェミニズムの場合、「女性」は総体としては社会のマイノリティであり続けているという現実のために、その自覚が行われにくいのではないだろうか。普及している定義によれば、第二波フェミニズムはいまだ継続していることになるが、リブから三〇年を経、一定の成果を達成して、ありようがこれほど隔たった後も、同じ「第二波」の範疇にあり続けているとみなし、自らの変容に無自覚であるとすれば、そしてそのためにフェミニズムへの反発や関心の薄れの真の意味に気づかないとすれば、それこそがフェミニズムの陥っている困難ではないだろうか。かりにこの見方が正しいならば、フェミニズムは「定着により拡散」している以上に、定着によって停滞し、さらには「逆行」ですらありうる地点にさしかかろうとしていると言わねばならない。

後に第一波フェミニズムと呼ばれるようになった一九世紀に始まる女性たちの運動において、サフレジェット(suffragette 婦人参政権論者)とは、参政権獲得をめざして「非常識」な直接行動を取る女性たちの蔑称であった(DuBois 1998：267)。リブもまた、否定的なラベリングを付与されたごく少数の反逆者であった。それらが各々、運動の継続によってひろがりを得て、社会において一定の正統性を獲得するに至ったのが、フェミニズムの歴史であった。フェミニズムが、変革と解放の思想・運動であり続けるとすれば、現代の社会状況の中で、女性たちの生きる多様な現実に即した新たな展開が求められねばならない。

そして現在、その必然性は高まっているのではないか。グローバリゼーションとネオリベラリズムの進行によって、労働市場においてますます周縁に追いやられる女性たち、離婚によってあるいは自らの意志によってシングルマザーとなる女性たち、風俗産業が繁茂する中で増加するセックスワーカーたち、ヘテロセクシズムに抗するレズビアン女性たち、意識的にしろ無意識的にしろジェンダーと性の規範を疑い攪乱する「ゴスロリ」や「やおい」に「はまる」女性たち、そしてまた未だかつて経験されたことのない自由な女の老いを生きようとする高齢女性たち……さまざまな意味で「マイノリティ」であるそんな女性たちから、フェミニズムの再生の可能性は見出されるのではないか。政策における「主流化」をめざしうるような、あるいは権威ともみなされるような地点に達した、第二波のいわば「末裔」たちは、フェミニズムを我有することなく、そのような女性たちにつながり、彼女たちから学ぶことによって、フェミニズムの再生のプロセスの一部となっていけるに違いない。それが、フェミニズムの歴史の示唆するところであるように思われる。

4 結びに代えて 省略

●参考文献

秋山洋子 1993『リブ私史ノート』インパクト出版会。

DuBois, Ellen Carol ed., 1998, *Woman Suffrage and Women's Rights*, New York: New York UP.

江原由美子 1985『女性解放という思想』勁草書房。

——— 2000『フェミニズムのパラドックス——定着による拡散』勁草書房。

Freeman, J., 1979, "Resource Mobilization and Strategy: A Model for Analyzing Social Movement Organization Actions," M. N. Zald & J. D. McCarthy eds., *The Dynamics of Social Movements*, 167-89.（=1989 牟田和恵訳「フェミニズムの組織戦略」塩原勉編『資源動員と組織戦略——運動論の新パラダイム』新曜社）

伊藤公雄　2003『「男女共同参画」が問いかけるもの――現代日本社会とジェンダー・ポリティクス』インパクト出版会。
海妻径子　2005「対抗文化としての反フェミナチ」木村涼子編『ジェンダー・フリー・トラブル』白澤社、三五―五三頁。
国際婦人年日本大会の決議を実現するための連絡会編　1989『連帯と行動――国際婦人年連絡会の記録』財団法人市川房枝記念会出版部。
溝口明代・佐伯洋子・三木草子編　1992『資料　日本ウーマン・リブ史Ⅰ』松香堂書店。
――　1994『資料　日本ウーマン・リブ史Ⅱ』松香堂書店。
――　1995『資料　日本ウーマン・リブ史Ⅲ』松香堂書店。
小倉利丸　2000「スペクタクルとサブカルチャーの価値崩壊」『現代思想』二八(六)、一八六―九〇頁。
女たちの現在を問う会編　1996『全共闘からリブへ』インパクト出版会。
大沢真理　2002『男女共同参画社会をつくる』ＮＨＫブックス。
首藤久美子　1996「優生保護法改悪阻止運動と「中ピ連」」女たちの現在を問う会編『全共闘からリブへ』インパクト出版会、二六一―二六九頁。
Touraine, Alain, 1980, *l'Après-socialisme*, Paris : Grasset.（＝1982 平田清明・清水耕一訳『ポスト社会主義』新泉社）
上野千鶴子　1994「日本のリブ――その思想と背景」井上輝子・上野千鶴子・江原由美子編『リブとフェミニズム』岩波書店、一―三二頁。

増補編Ⅱ 「男女共同参画」とバックラッシュ

スーザン・ファルーディが『バックラッシュ』(文献案内⑧)で論じたのは一九八〇年代のアメリカ。二〇年遅れで日本に生まれたバックラッシュは、その背景にちょうど「二〇年遅れの新自由主義改革」を持っていた。日本におけるネオリベ改革は、同時にグローバリゼーション、ポスト冷戦、ポストバブルの三点セットから成る歴史的な環境変化に対する適応戦略でもあった。そのもとで、フェミニズムは国策としての男女共同参画行政に巻きこまれ、告発から提案へ、批判から参加へという道をたどる。同時期に進行していた急速な少子高齢化のもとで、女性に子どもを産んでもらいながら、同時に労働力でもあってもらいたいという政府財界の利害が、男女共同参画行政を後押しした。九〇年代の「失われた一〇年」は、女性政策の前進という点では「実りの一〇年」であり、九九年には男女共同参画社会基本法、改正均等法、二〇〇一年にはDV防止法等の成果を達成した。それだけでなく、二〇〇〇年施行の介護保険法が家族介護の常識を大きく変えたことも忘れてはならない。

だがその達成のゆえにこそ、家父長的な保守派とネオナショナリストたちによって、ジェンダーは攻撃にさらされるようになった。そこには新自由主義によって既得権を失った男性たち、とりわけ若年男性たちの「嫌フェミ」も合流した。誤解と曲解にさらされたフェミニズムを救い出し、それを後続の世代につないでいく課題は、ますます困難を強いられている。

(上野)

●「主流化」の罠

「男女共同参画」と「日の丸」フェミニズムとの危うい関係

『くらしと教育をつなぐWe』八二号、二〇〇〇年

堀田　碧

女性をめぐる「進歩」と「日の丸・君が代」的反動

現在、女性をめぐる日本社会の状況は大きな転換点を迎えています。昨年の「男女共同参画社会基本法」や「均等法改正」をはじめとする法的整備やさまざまな施策、DV対策や昨今のセクハラ摘発の動きなど、フェミニズムの主張が取り入れられたかのような動きが政府の肝いりで進んできています。日本政府(や経済団体)は、女性の「排除」「私的領域隔離」から「動員」「公的領域進出」へと決定的な政策転換をとげたように見えます。そして、他方、こうした一見「進歩的」「フェミニズム的」な施策と並行して進んでいるのが、「日の丸・君が代」「盗聴法」などといった「きな臭い」法律の強行や昨今の教育現場等での「日の丸・君が代」の強制です。こうした、一方での「進歩的」「フェミニズム的」動き、他方での「反動的」「ナショナリズム的」動きという、一見反対の方向に見える二つの動きは、しかし、関係のないものなのでしょうか……。

そんなことを考えていたときに、「何かがおかしい！」という危機感を抱かせたのは、数枚の写真。そ

れは、昨年来の総理府や政府関係の「共同参画」「女性の人権」をかかげた集会に麗々しく掲げられた「日の丸」でした。さらに、「君が代斉唱」が行われた「女性」関係の集会があるとさえ耳にしています。私たちのなかの「アラーム(警報装置)」は鳴りっぱなし——「フェミニズム」が「日の丸」と結びつけられようとしている！

私たちはしばしば、市川房枝や平塚らいてうといったかつてのすぐれたフェミニストたちが戦争の賛美者となっていった歴史を「批判」してきました。でも、こうした現状を見るとき、問われているのは、「過去」の「彼女たち」を「批判」するかどうかではなく、「現在」の「私たち」がどうするか、であるように思えます。

「日の丸」ナショナリズムと「共同参画」フェミニズムの類似性

こうした危機感のもとは、単なる「日の丸・君が代アレルギー」ではありません。というのも、今進行していることは、単なる「封建オヤジの暴挙」ではないからです。今日の「日の丸」ナショナリズム状況を、私は次のような三つの要素の結合と読んでいます。それは、

①封建オヤジ的妄想——「反動オヤジ」は今でも権力の一角にいる
②日本的新保守主義とグローバリゼーションに対応した新たな「国家主義」
③日本的ポストモダン状況——無知、無関心、非／反政治的傾向

中心的推進力となっているのは②であると思います(自民党若手政治家、官僚、首相ブレーン学者に実体をも

つ)。そこに、「どっこい根強い」①と「ポスト性」「大衆性」で強い③とがくっついているので、なかなか手ごわい。

従来の「日の丸・君が代反対論」では、①には対抗できても、②と③には対応できない。今の「新ナショナリズム」の優勢を見るとき、「反対勢力」のもつそのへんの弱点をつかれているように思えます。

それとの関わりで言えば、今政府がしかけている「男女共同参画」も、似たような構造をもっているのではないでしょうか。というのも、「男女共同参画」は「男女平等」を意図的に言い換えたものですが、それによって「差別」がうすめられ「共同」が強められた結果、やはり似たような三つの要素を見ることができると思うからです。

①保守的男女特性論「共同参画」――「男は男の、女は女の特性を守って協力・共同」

②新保守主義的「共同参画」――「男、女は関係ない、能力主義」「自由競争――保護なんかがあるから敬遠される」

③ポストモダン的無関心――「嫌フェミ」「パーソナル」傾向

フェミニズムもまた、①には対抗できても、②と③には効果的に対応できていない。むしろ、「リベラル・フェミニズム」の中には、②的要素を歓迎し積極的に推進しさえする傾向があります。政府の肝いりで進む「男女共同参画」は、そのへんのフェミニズムの弱点をうまくついているとも言えます。こうして見るとき、「日の丸」と「男女共同参画」は無関係ではない、ましてや反対の動きなどではないように思えます。

すすんでいるのは「日の丸」フェミニズム？

このままでは、これまで女たちががんばってきた成果がいよいよ社会の主流のルールとして取り入れられようとするときに、変な具合にねじ曲げられてしまいます。

女たちはあらゆる性差別をなくすよう要求してきたけれども、今、一見それを受け入れるようなかたちを取りながら、実は、政府や企業に都合のよいところだけ「差別」がとりはらわれて、女性の「分断と選別と動員」が押し進められようとしているからです。「日の丸・君が代」はそうした政府の意図のシンボル。「男女共同参画」が「日の丸・君が代」と一緒くたにされるとき、それは「男も女も共同して」↓「国のために力をつくせ」「企業のためにがんばれ」という主張になってしまう。それは国家主導の、いわば「日の丸」フェミニズムではないでしょうか。

では、「日の丸」フェミニズムがすすめようとしていることは何でしょう。それは、構造的な不況と危機の時代にあって、これまでのように女たちを一緒くたに「排除」するのでなく、「使えるものはどしどし使う」ことです。そのために女たちを選別して「強い女」と「弱い女」、「エリート」と「周辺」に分け、「強い女」にはそれなりの「権利」を与えるとともに矛盾を「弱い女」にしわよせしようとしているのです。それはまさに国家による「分断と動員」です。そのためにもちだされているのが、「ひと時代遅れ」の感のあるレーガン・サッチャー流の「新保守主義」的経済政策のキャッチフレーズ、「能力主義」「規制緩和」「自由競争」「自己責任」などの言葉。そして、今のような社会や職場での制度化された性差別が廃止されないまま、「能力主義」の名のもとに「男女に関係なく」労働がわりあてられるとき、結果として起こることは、「スーパーウーマン」を強いられるほんのひとにぎりの「エリート」女性を「飾り」にしながら、大多数の「非エリート」女性のいっそうの周辺労働力化がすすんでゆくことではないかと危惧されます。

そんな「日の丸」フェミニズムは、女たちを、そして男たちをも、幸せにはしないでしょう。そして、「景気回復」の名のもとに「もっと働いて、もっと消費しろ」というかけ声のなかで、女も男も「カネ」のために生命をすりへらし、国家支配の単位としての家族は温存されながら、親密な共同体としての家族は解体されてゆくのです。

求められているのは新しい状況に答えるフェミニズムの発展

もちろんこんなことは、フェミニズムが掲げてきた「理念」とはほど遠いものです。これまでフェミニズムに関わってきた者にとって、こんな「日の丸」フェミニズムの進行には異議を唱えこそすれ、おそらくだれ一人賛同しないでしょう。

それでは私たちは、政府や行政や企業がらみの「男女共同参画」への関わりから一切手を引くべきなのでしょうか？　あるいは、「日の丸」を掲げた政府関係の「女性」集会をボイコットすべきなのでしょうか？　それは一見、きっぱりした「フェミニストらしい」行為に思えますが、問題はそれほど簡単ではありません。

今、私たちが直面しているのは、フェミニズムの主張がある程度主流化してゆくときの「苦闘」なのだと思います。「反対派」として「批判」に全精力をそそいできた「対抗勢力」が、「それではやってみて下さい」と言われたとき、とつぜん与えられた「権力」にとまどい、かといって保守派のように無批判に「権力にあぐらをかく」こともできず、結局どっちつかずのまま、何らポジティブな役割を果たせずにその「対抗勢力」としての良さそのものも失う、というのは結構昔から繰り返されてきたパターンです(自さ社政権に参加した社会党の崩壊に、そのもっとも卑近な例を見ることもできるでしょう)。

そうした「罠」から自由であるためには、批判精神を失うことなく、しかもどんどん政策を先取りしてゆくような積極性が求められます。これはずっと「反対派」でやってきた者にはとてもむずかしいことです。「批判」は得意だけれども、「提案」は苦手だからです。そして、「批判」をしないと今度はずぶずぶになってしまいがち。

むずかしいですが、求められるのは、根本は「批判」的でありながら体裁は「提案的」であることなのです。「日の丸」フェミニズム的な「男女共同参画」の推進には徹底的に批判的でありながら、むしろ批判的であるがゆえに、その領域を相手からぶんどってしまう迫力なのです。「男女共同参画というからには、女も男も、エリート女性もそうでない女性も、仕事も家庭も、生き生きと担ってゆけるような平等な社会を作ることが必要なのよね」と言い切って、そのための提案をどんどんしてしまう、そんなことなのです。それはある種の「アクロバット」かもしれません。(後略)

●バックラッシュへの抵抗

やっぱりこわい？　ジェンダー・フリー・バッシング

『ジェンダー・フリー・トラブル』二〇〇五年

竹信三恵子

1　焦点は性別役割分業

国連の北京女性会議が開かれた九五年以降、日本では、ジェンダー格差の是正をあらゆる政策に反映させることを目指して、さまざまな法制度の改革が行なわれた。

一九九六年には、「選択的夫婦別姓」などを盛り込んだ民法改正要綱案がまとめられた。九七年には、女性の残業規制の撤廃と引き替えにではあったが、男女雇用機会均等法が改正され、募集・採用、配置・昇進・教育研修の各段階の差別が、従来の「努力義務」(均等にするよう企業は努力する義務がある)から「禁止」となり、セクシュアルハラスメントの防止へ向けた雇用主の配慮も義務づけられた。九九年には「性別にかかわらず力を発揮できる社会」を目指す「男女共同参画社会基本法」が制定され、〇一年には、ドメスティックバイオレンス(DV)防止法が施行となった。また、この前後には、結局は経済界の反対で厚労省のガイドラインに終わったものの、パートと正社員の均等待遇の法制化を求める運動も盛り上がりを見せた。

これらの男女平等の進展へのバッシングのはしりは、夫婦が別々の姓を名乗ることも選べる「選択的夫婦別姓制度」への保守的な層からの「家族の一体感を壊す」(つまり、別姓を選ぶ人がいることが許せない)という激しい反対だった。この結果、民法改正は、いまだに実現していない。

旧日本軍による「慰安婦」問題を告発した女性たちへの風当たりも強まり、やがて戦時下の女性への暴力を裁く国際法廷を推進したジャーナリスト、故松井やよりさんの講演会への妨害に発展、男女共同参画社会基本法づくりの中心となった経済学者の大沢真理さんの講演会にも、脅しが舞い込む事態も生まれた。「ジェンダー・フリー」たたきを通じて、男女平等教育への攻撃が強まっていったのも、このころからだ。

「ジェンダー・フリー」については確かに、それまでも、「官製の言葉」「英語として間違っている」「社会構造の改革より意識改革を優先した皮相な運動」といった女性運動からの批判は少なくなかった。だが、ここでの「ジェンダー・フリーたたき」の本当の理由は、こうした批判とは無縁のものだった。

戦後の「男女平等教育」は、「男は仕事、女は家庭を前提にした平等」を貫いてきた。女性差別撤廃条約の批准のために導入された家庭科の男女共修の後でも、この路線は十分には修正されなかった。こうした従来型の男女平等教育への疑問が教育現場で広がったのは、北京女性会議に参加し、海外の平等教育の実情を肌で知った女性の教員たちの力によるところが大きい。これらの教育関係者は、従来の性別役割分業を前提にした「男女平等教育」と区別し、個人が性別を越えて生き方を選べるための教育、との意味を込めて「ジェンダー・フリー教育」という新しい言葉を使い始めた。

北京会議以降、ジェンダーを法制度にも生かそうとの機運は政府の中でも高まり、旧文部省は、「男女平等教育に関する学習ガイドブック」(九九年度)づくりを委嘱、「ジェンダー・フリー教育」の推進が強調された。現場では、なお少数派だったジェンダー・フリー派の教員たちが、こうした「権威」も応援団に、現場にカリキュラムの改善を働きかけたことは想像に難くない。だが、それは責められるべきことなのだろうか。

大手労組の連合で「ジェンダー・フリー」が頻繁に使われることについて「男性一辺倒の労組で、男女平等を敬遠しているからでは」という声を聞いたこともある。だがこれも、連合の中で女性の発言権が比較的強い組織が日教組であり、その女性部がジェンダー・フリーの言葉を使っていたから、と見るのが妥当だろう。ある意味で、日教組女性部の男女平等へ向けた連合への懸命の働きかけの足跡がそこにある、ともいえる。

この言葉は上からというより、むしろ現場から始まった。そう考えれば、「ジェンダー・フリー教育」たたきは、ようやく男女分業の弊害を認識し始めた文科省を国権派・男権派の下に取り返し、男女分業堅持の教育へと押し返そうとする狙いの中で起きた、と見ることができる。

2　きれいすぎる連係プレー

ジェンダー・フリーたたきの動きが、必ずしも草の根の一般市民による自然発生的な動きではないと疑われるのは、その手法が、ひとつのパターンの繰り返しだからだ。

まず一部雑誌が、ジェンダー・フリー教育のせいで男女が一緒に着替えさせられた、といった根拠のないエピソードを織り交ぜた「識者」の文章を掲載し、これらの雑誌と資本関係のある一部大手新聞などが「識者の意見」として同様の論を掲載、これが地方議会や国会の一部議員たちの「質問」を通じて、振りまかれ、その「質問」がさらに、一部新聞や雑誌で「報道」されて増幅されるという、きれいな連係プレーがそこに見て取れる。日本に長く在住したオランダ人ジャーナリストで、現在アムステルダム大学教授のカレル・ヴァン・ウォルフレン氏は〇四年に来日した際、「こうした運動は戦後の日本社会にはほとんどなかった。米国のキリスト教原理主義運動のやり方に極めて似通っているのが興味深い」と話している。

ここで定着した概念が、それまで「ジェンダー・フリー」にも「男女平等」にも関心が低かった他の全国紙記者やテレビ番組制作者に検証なしで援用され、ジェンダー・フリーとは体育の時間に男女が一緒に着替えるよう強制すること、トイレを男女一緒にすること、騎馬戦を男女混合で行なうこと、性のない人間をつくること、といった情報が一段と拡大される。議会やマスメディアの動きに敏感な行政も、こうした報道に自主規制を始める。ここでも、十分な事実の検証はない。萎縮の連鎖の始まりである。

内閣府は、ジェンダー・フリーという言葉の使用法が混乱を招いていることを理由に、差別をなくすという意味で自治体がきちんと定義して使う分には構わない、と通知を出した。それが、多くの自治体で「内閣府が禁止した」とゆがめて解釈され、これをタテに、東京都や神奈川県のような主要な自治体でもジェンダー・フリーを使わない、とする通知が出始めている。

男女平等は、憲法でも自治体の行動計画でも肯定されている。だから、「ジェンダー・フリー」(この場合は、性別役割分業を乗り越えようとする本来の意味での男女平等）を標的にし、本来の意味での男女平等をこの言葉と一緒に押し流してしまおうというバッシング派の意図がそこに感じられる。

こうした情報の真偽はどうなのか。〇四年六月三〇日付「朝日新聞」の「更衣室不足に四苦八苦、小中学校、予算回らぬ悩み」の記事の取材では、「男女同室着替え」はジェンダー・フリーと関係がないことが明らかになっている。

ある都内の小学校では、近隣にマンションが増えた結果、生徒数が増え、更衣室のスペースがとれないため、男女別更衣室がつくれない。千葉県の中学校では、少子化で生徒数が減り、空き教室のひとつを更衣室に転用した。だが、これでも足りず、同じ教室で女子生徒はタオルや上着をかぶって男子生徒と一緒に着替えを続けている。

日教組女性部が〇四年一月にまとめた児童・生徒用更衣室の実態調査によると、調査に協力した二八都道府県の小学校九〇九五校と、中学校四一九六校のうち、小学校で四割、中学校で二割が「更衣室がない」と回答している。あっても「場所が不便」「ロッカーがないなど設備が不十分」といった使いにくさを訴える例が目立つ。文部科学省は施設整備指針で「更衣室は利用しやすい位置に男女別に計画することが重要」とうたっているが、「それぞれの地域の考え方もあり、急な改善は難しい」と更衣室不足を認めている。

また、「ジェンダー・フリー教育」を進めてきた教員の中には、男女一緒の健康診断や男女の同室着替えに対し、「女性の人権に反する」として、改善を求めてきた人たちが少なくなかったこともわかってきた。

男女同室着替えの原因は、ジェンダー・フリーではなく、男女別更衣室を整備できない教育予算の不足だったのである。

……(中略)……

混合名簿をめぐる動きも、似ている。日本の学校では男子が先の男女別名簿がほとんどだったが、九〇年代半ばから五十音順の名簿に変える動きが続いた。これも、北京女性会議のNGOの集まりで、世界には「男女別名簿」の国が極めて少ないこと、男女別名簿によって人間を性別でしか見られない現象が起きること、特に男子の名前が先に来る日本型の男女別名簿は男子優位の「隠れた教育」になっていることを指摘され、日本から参加した教員たちが衝撃を受けたことがきっかけだった。

それも「ジェンダー・フリー」同様、職場での十分な討議がないまま男女別に戻す自治体が出ている。

東京都は〇四年夏、「ジェンダー・フリーにもとづく混合名簿」は禁止だが「男女共同参画にもとづく混合名簿」はOKというわかりにくい通知を出した。「判断するのは校長」というが、日の丸・君が代の例から、「校長の判断」任せでは、自主規制して混合名簿すべてをとりやめようとする学校が増えるのではないかと心配する声が上がっている。

東京都は、評価の高かった都立養護学校での性教育についても、教材を没収するなどの措置を行ない、関係した教員たちを別の理由の下に処分している。その影響で、性教育を自粛したり管理を強化したりする学校が他の自治体でも目立っている。埼玉県や東京都の教育委員会、各地の男女平等条例の検討委員会では、「ジェンダー・フリーたたき」や「性教育たたき」を推進する「識者」を委員に起用する動きも目立つ。「男女平等の啓発」のための講演会に、これらの男女平等とは逆行するとしか思えない考え方の人々を講師に招く自治体まで出ている。

悪い冗談のような試みが相次ぐ中で、〇四年六月、自民党の憲法改正プロジェクトチームが憲法改正草案のたたき台として公表した「論点整理(案)」には、「公共の責務」のひとつに「家族を扶助する義務」や「国防義務」を設けることや、DV法や選択的夫婦別姓制など九〇年代後半以降の女性の諸権利を守る法律の根拠ともいわれる「婚姻・家族における両性平等の規定(現憲法二四条)」を、「家族や共同体の価値を重視する観点から見直す」ことが盛り込まれた。

「家族を大切にする」という言葉を聞けば、男性の長時間労働の見直しなどを進めて家族が暮らしやすい社会にすることかと思いがちだ。だが、「家族の扶助義務」や「国防義務」を設けることが同時に盛り込まれていることを見ると、実は、家族への社会の支えを極力減らし、男は女・子どもを養いつつ戦地にも出かけ、女は分を守って家族への無償労働に献身するような為政者に都合のいい家族を「大切にする」との意図が透けて見えてくる。

3　女性の無償労働で攻防　省略

4　女性たちの抵抗

……(中略)……

教育界では、性教育や卒業式の国旗・国歌への対応を理由にした教員の処分が問題になっている。ここでも、「不服従の悪い教員」の存在がクローズアップされれば、教育予算の不足による子どもたちの荒廃や学力不振といった「女性と子どもにお金を使わない政策」の問題点から目をそらし「先生が悪い！」へと人々の不満の矛先を向けることができる。更衣室の不足を背景にした男女同室着替えを、「悪いジェンダー・フリー教員」の責任にすり替えたやり方と似ている。スケープゴートづくりは、ここでも先取り的に始まっている。

新自由主義政策によって、男性はリストラに脅え、女性は男性の安定雇用による「主婦」という隠遁場所をなくしたことに脅えている。こうした不安心理が、スケープゴートの受け入れを容易にする。

だが二四条改定反対運動では、スケープゴートとして互いに分断されかねなかった教育問題に関わる人々と女性運動に関わる人々が合流し、協力した。いま必要なのは、「ジェンダー・フリー」という言葉の是非論の応酬ではない。この言葉を必要とした現場の切実さをくみ取り、この言葉をたたくことで押し戻されていくものを正確に見極め、スケープゴートにされようとしている人々を支えることだろう。

あちこちの現場で起きていることは見えにくい。こうした事実を丹念に拾い上げる情報のパイプを女性たちが自力でつくりあげ、立場の違う人々への想像力を働かせながらひとつの流れへと育てていく。こんな動きが今、必要とされている。

バックラッシュの流れ

――なぜ「ジェンダー」が狙われるのか

若桑みどり

『「ジェンダー」の危機を超える!』二〇〇六年

……(中略)……

前提――アメリカにおけるバックラッシュ

アメリカと違って日本では、一九八〇年代には保守派は男性の伝統的権威がフェミニズムによって揺るがされるとは思っていなかったようである。初期の胎動をのぞけば、ジェンダー・バックラッシュが本格化するのは、男女共同参画社会基本法が施行されたあとの二〇〇〇年代に入ってからである。アメリカでERA(男女平等憲法修正条項――「男性と女性は、合衆国およびその法が支配するすべての場所において平等の権利を有する」)批准反対運動が起こったのが一九七〇年代であり、それがバックラッシュの中軸となったように、日本でもバックラッシュが勢いづいたのは男女共同参画社会基本法の施行とその全国的な広がりを見てのことである。バックラッシュは二〇〇一年に各所で陸続と起こり、〇二年には性教育と家庭科教育に罵倒攻撃を集中させ、〇三年には性教育バッシングが地方議会や教育委員会などを通して全国的に波及、〇四年には、ジェンダーフリー教育への教育行政を巻き込む包囲網が張られ、〇五年では、ジェンダーフリー否定は政府与党と保守集団の協同による政策となってバックラッシュはそのピークに達した。林道義のバックラッシュ認識によれば、一九九〇年以前は学習と浸透の時代、九〇年代にジェンダーは権力の中枢を占め、二一世紀に入ってフェミニズムを甘く見ていた男性らが「事態の深刻さに気づき反撃開始、現在は双方とも総力戦の段階」だということである。二〇〇六年に、それはまた新たな段階を迎えようとしている。

……(中略)……

まとめ

第一に、ジェンダー・バックラッシュは、日本の一九九〇年以降におけるその他の保守化とともに推進されてきた。すなわち、政治における憲法改悪、教科書を中心とする歴史認識(過去の戦争を美化、軍事国家の復活)、教育基本法の改悪、経済における新自由主義、政界・財界における構造改革である。ジェンダーつぶしは以上の流れに沿って、意識的・確信的イデオロギーをもつ全国組織をもつ集団によって遂行されてきた。したがってこれは恣意的・個人的・感情的なもの(むろんそれを伴っているが)の一過性のリアクションではなく、日本という国および社会の方向を決定する一定の党派、それも政権政党の多数を占める権力側の党派による計画的で全国的なアクションである。

第二に、このイデオロギーの核には、戦前から命脈を保つ右翼ナショナリズム(神道など)の強力な復古思想がある。儒教的美徳の復活や日本固有の伝統文化の尊重がその重要な綱領にあがっており、彼らによればジェンダー理論や男女平等は、「日本の美しい伝統に反している」がゆえに否定される。

第三に、この勢力は、グローバリゼーションと呼ばれる、アメリカを頂点または中心とする世界経済を構築しようとする新自由主義の資本家とその子分である政治家によって支持されている。つまり、歴史軸と共時軸の双方の結節によって支持されているのである。

第四に、新自由主義とナショナリズムの方向に国家を動かそうとする勢力にとって、社会主義と同様に、福祉・平和国家を希求するジェンダー勢力は最悪の敵である。女たちがただ家庭のなかでその主人である夫を支え、家族を増やすこと、介護など福祉の肩代わりをすることが家父長制資本主義国家の秩序を支え、その繁栄を約束する基本構造である。すべてのバッシングはそこに源を発しており、攻撃しやすい対象(過激な性教育)を見いだしてこれを叩き、一般市民にネガティブキャンペーンをおこなうのはそのためである。彼らが死守しようとしているものは家父長制パラダイム(枠組みとなる構造)であり、男性家長による家庭と国家の支配/女性の周縁化、私的領域(家庭)への囲い込み/性別役割の固定化(出産/育児/家事=女性)/必然的に生物学的決定論(本質主義)/強制的異性愛(男女二元論)にある。アメリカ社会、日本社会のいずれもが「家父長制社会の制度、通念、伝統、慣行」を守るべく「人類史的保守派」として最後のたたかいをしているのである。

第五に、われわれは何をすべきか。人類が進歩する最新の段階であるいまという過程のなかで、永年にわたって差別されてきた女性という人類のなかの半分の存在が、男性の支配や従属から自分自身を解き放とうとしている。その規模も範囲も、人類史上はじめてのことだから、強硬な反撃は避けられない。しかし、家父長制パラダイムの脱構築は、暴力も流血も必要としないので革命ではない。それは「政治闘争」であり、結局のところ、それは、既得権をもった性とそのもとで実施されてきた諸慣行や諸制度の、政治的交渉による「改善」である。当面の項目をあげれば、それは第一に、「男女の個人としての尊厳が重んぜられること、男女が性別による差別的取扱いを受けないこと、男女が個人として能力を発揮する機会が確保されること」であり、第二に、「性別による固定的な役割分担の慣行によって男女の社会における活動の選択が自由でなくなることがないようにすること」。第三が、「男女が、社会の対等な構成員として、国若しくは地方公共団体における政策又は民間の団体における方針の立案及び決定に共同して参画するようになること。第四が、「家族を構成する男女が、相互の協力と社会の支援の下に、子の養育、家族の介護その他の家庭生活における活動について家族の一員としての役割を円滑に果たし、かつ、当該活動以外の活動を行うことができるようにすること」である。

いうまでもないことだが、これはみな内閣が決定した男女共同参画基本計画第二次の条文そのものである。われわれは理不尽なことをやろうというのではない。決めたとおりのことを実現したいと望むのである。男女共同参画社会基本法を守ること、そのことを支えるすべての変革と施策を実現するために、すべての領域で国内的にも国際的にも共同し連帯し行動すること、そこに当面の指針がある。

●「連帯」の困難

フェミの嫌われ方

北原みのり

『フェミの嫌われ方』二〇〇〇年

幼いころ、オンナはみんなフェミニストだと、思いこんでいた。

オンナへの差別と闘うのが、フェミニスト。だったら、当然、オンナはフェミの味方、そしてフェミ。そんな風に思っていた。

「いつからフェミに興味が生まれたの?」

ということを聞いてくる人はとても多いのだけれども、気がついたら……、というしかない。フェミニストでいることは、私にとって、とても自然なこと。改めて発見したのでも、気がついたことでもなかったのだ。

だから、私が改めて「フェミ」を自覚したのって、フェミニストの本を読んだからというよりも、たとえば、中野翠のエッセーや、曽野綾子の本を読んじゃったりしたときなんだと思う。フェミを毛嫌いする女性の物書きの文章を読んで、腰を抜かしたことがたぶん、私を「フェミニスト」としての自覚に駆り立てたようなところがある。

とは言っても、フェミをあからさまに「バカ」にしたり、「否定」するような女性の知識論者や物書きが、オトコ雑誌に連載をもったり、オトコ社会に受け入れられている様子もしっかり認識していたりするので、「フェミ」でいることが決して「オトク」じゃないんだってことも、同時に分かっていたのだけれども……。

「フェミニズムって、抑圧・被抑圧といった二項対立、だからイヤなのよね。そんな単純に社会をみることなんてできないのに、古いよね」

先日、某ジャーナリストにそう言われた。

「フェミニストだ、なんてあなたも言わなければいいのに」

とも。

古い、と言われたことは別に気にならなかったのだけど(確かに、そんな運動の仕方って、古いもの)、抑圧・被抑圧といった二項対立をまるで「フェミニズム」が生み出したかのように語っていることが、気になった。「オンナ対オトコ!」なんて言ってるフェミなんて、いないのになぁ、と不思議な気持になったのだ。

だって、フェミが言っているのって、「オンナだけが抑圧されている」というものではないし、「抑圧者はオトコだ」と言っているのでもない。フェミが問題にしているのは、たとえば「抑圧」ということで言えば、

「オンナが抑圧される方法と、オトコが抑圧される方法が違う」ってことなのである。オンナとオトコで、こうも生き方や、性のあり方や、社会との関わり方が変わってくるのは何故なんだろう。その違いが、差別を生む可能性を含んでいるのは、実際に差別を生んでいるのは、何故なんだろう。そういったことを問題にしているのだ。だから、一部の人たちがフェミを理解しないまま、

「フェミって、オンナが差別されてるって言っていて、なんだか腹立つぅ」とか

「権利ばかり主張して、オンナとしての義務を果たしているのか！　子供産め！」(笑)とか

「オトコばかりが悪いというなんて、おかしい」とか……。

反論するにも当たらないようなくだらない批判を耳にするたび、なんだか、ホント、がっかりしちゃう。そんな理解の仕方で、フェミを批判するなよぉ。オンナたちを分断するなよぉ、と思わずアジりたくなるものである。

ホント、オンナがシンプルにつながることさえもままならない社会で、それでもフェミでいることは、なかなか、しんどいことである。

フェミ。

どうして、そんなに、嫌われている？

……(中略)……

オンナの中にも根深い「フェミ嫌い」。そして、オンナとつながることを、オンナ自身が軽くみる風潮。とかくこの世は生きにくい。

……(中略)……

その中で印象に残ったのが、Hさんの言葉だった。

「私はフェミニズムとか別に意識していないけど、言っていることがフェミだって言うんで、勝手に怖がられてるんだよね」

「どういうこと?」

「たとえばさ、職場で飲み会とかあるのね。その時にさ、オンナの人がお酌をしたりとか、いろいろと男性社員にサービスみたいなことをさせられるわけ。で、それってオカシイ、って言うと、彼女はフェミニストだから……と、妙な理解のされ方をしちゃうんだよね。でも、それってさ、フェミニストとか関係ないんじゃない? 同じ職場で働いているのに、なんでオンナがオトコにサービスしなくちゃいけないの? って。フェミだろうが、フェミじゃなかろうが、疑問に思うことでしょう?」

「そうだよねぇ」

「なのにさ、そういうことをいうと、あの人はフェミだから、仕方がない、って風にキャラクターづけられちゃうんだよね。そして、会社は何も変わらない」

彼女の話を聞きながら、私は大きくうなずく。

オンナ、というだけでひとくくりにすることは、もちろんできない。だけど、「オンナである」ことで味わう体験は、それほどみんな違わないはずだ。「オンナ」であることで傷つくオンナがいることを、知っているはずだ。そんな社会で、

「私は公平な人間です。フェミニズムは一つの思想として認めるけど、私には必要がない」なんて言う人の欺瞞と、どう、闘えばいい？

●バックラッシュと闘う

闘って得たものは闘って守り抜く

『女性情報』二〇〇六年一〇月号

上野千鶴子

日本のフェミニズムは行政主導型フェミニズムだ、という人がいる。とんでもない。歴史を歪曲してはならない。

一九八五年に国連女性差別撤廃条約の批准を前に、滑り込みで成立した男女雇用機会均等法は、関係者にとっては少しも新しくなかった。結婚退職の禁止も、若年定年制の廃止も、それ以前に女性労働者が法廷で闘って勝ち取っていた。大卒女性の採用はそれ以前から始まっていたし、総合職扱いの女性幹部要員も一部の企業ではすでに生まれていた。職場の状況が変わったとしたら、それは法律のせいではない。それ以前に女性が変化していたからだ。法律の内容の多くは、すでに起きていた変化を追認するものだった。均等法はそれに、女性がのぞまなかったものを付け加えた。保護の撤廃だ。保護抜き平等で、働けるだけ働いてもらう……ネオリベと男女共同参画フェミニズムの結託は、この頃からすでに始まっていたが、これでは少子化が進むのも無理はない。

八〇年代には女性センター建設ラッシュと啓発事業ブームが起きたが、それだってすでに民間が先行していた動きに追随したものにほかならない。ハコモノ行政に利用したのは、首長たち。女性は大理石のバブリーな建物をのぞんだわけではなかった。草の根の女性団体が集会場所をつくりたいと、一円募金で建てた大阪市の婦人会館のように、もとはといえばローカルなニーズから始まったものだ。ようやく財団ができ、プロパーの職員が誕生し、女性運動の担い手の中から相談事業の相談員や専門的な職員が次々に生まれていったが、それというのも行政の側にノウハウも情報もなく、民間の力を借りなければならなかったからだ。社会教育事業ももとはといえば、手弁当で集まった民間の学習サークルから始まった。そしてそのなかから、自分の生活実感を理論化しようと女性学の担い手たちが育っていった。こういう水面下の動きが目に入らない人々は、法と行政の動きだけを見て、日本のフェミニズムを「行政主導型」と呼ぶ。

今どきの若い女たちは、あたりまえのように大学へ進学し、卒業すれば企業に就職することを選択肢のひとつに入れ、セクハラに遭えば怒る。彼女たちがあたりまえだと思っている権利は、ほんの四半世紀前にはあたりまえではなかった。どれもこれも、年長の女たちが闘って獲得してきたものだ。恩に着せようというわけではない。

闘って獲得したものでなく、与えられた権利はたやすく奪われる。闘って獲得した権利ですら、闘って守りつづけなければ、足元を掘り崩される。女の元気を喜ぶひとたちばかりではない。「女は黙っていろ」、「おとなしく台所へひっこんでいろ」、「生意気だ、でしゃばるな」という声は、潜在的にはいたるところにある。グローバリゼーションとネオリベのもたらした危機のもとで、保守派はすでに余裕を失っている。そして規格にはずれた女をターゲットにする反動の戦略は、昔も今もホモソーシャルな「男同士の連帯」

をつくりだすには、いちばん安直だが有効な手段だ。バージニア・ウルフはナショナリズムを「強制された同胞愛」と呼んだ。「女ではない」ことだけを男性的主体化の核に置く脆弱なアイデンティティの持ち主たちが、「ジェンダーフリー」バッシングというミソジニーを、「よっ、ご同輩」と男同士の「同胞愛fraternity」のために利用するのはあまりにみえすいた構図だ。

歴史には「一歩前進二歩後退」もあることを、過去の教訓は教えてくれる。未来は明るいばかりではない。というより、「明るい未来」はだまっていてもやってこない。ある朝起きてみたら、こんなはずではなかった……と思わないですむために、今、果たさなければならない責務がある。

増補編Ⅲ　リブが語る老い

リブ世代も老いた。日本社会が未曾有の高齢社会を迎えているだけではない。そのなかで、個々の女たちも、長い老後に直面しつつある。

リブの女たちは老いてもリブである。リブ世代よりも少し年長の世代は、リブよりも一足早く老いという経験に向き合っている。彼女たちは回想録の執筆者であるだけでなく、老いの現在を生きている当事者でもある。非婚、離婚、レズビアンなどの結婚の外の性を生きてきた女たちにとっては、家族のなかの老後を期待できない老いが待っていた。また家族を持った女たちも、家族に依存しない老後を自らの手でつくりだそうとしていた。そのなかから、シニアハウスのパイオニアが生まれ、高齢社会をよくする女性の会や、向老学学会が誕生した。老いという経験は衰えること、他人の世話になることと切り離すことができない。抑圧的でない関係のあいだで介護すること／介護されることとは、フェミニストにとっての新しい課題となった。

高齢社会を論じるフェミニストが、高齢社会とジェンダー平等には密接な関係があると主張するのは、少しもふしぎではない。男社会の原理であった競争や効率とはことなる生存の原理が、老いを生きる者には、男女を問わず必要とされるからだ。そしてそれはリブやフェミニズムが求めてきた社会と、おのずとつながっている。

（上野）

『老いを楽しむ向老学』二〇〇三年

高橋ますみ

●向老学の挑戦

老いを楽しむ向老学より

身近な人々の老齢化とお見送りを重ねながら、私も六十五歳になりました。以前から、自らの「老い」に向けてどう生きるか、人が生まれてから老境をへて死にいたるまでのプロセスを研究し合う仲間と場を、求め続けておりました。

「向老学《こうろうがく》」という言葉にその願いを集約しえたのは、三十七歳、英国へ夏期研修に向かう機上でのことです。七歳と四歳の息子たちを友人や実家へ、同居していた夫の母を親類に預けての旅立ちでした。自分を取り巻く状況に距離をおき、心のありようを整理したかったのです。狭い空間での主婦的な状況に、心が行き詰まっていました。夫と息子たちの見送りを受けて、羽田空港を飛び立った機上からの眺めは快晴で、地図で見たとおりの日本列島と大海原の広がりは、私の心をパッと大きく開いてくれました。どんなに目を凝らしても、私の家は見つけられません。私は「どうして、そんな小さな空間で、悶々と家族の人間関係に悩んでいたのか」と思いました。それまで人生経験や価値観の異なる夫の母との折り合いをどうつけ、明るい家庭への夢をどう実現するかに、私は途方に暮れていたのです。しゅうとめは、戦中戦後の困難な時代に、自分の老後のことなど考える余裕もなかったのでしょう。しかし、三十代の私には、自分の「老い」への準備期間は充分にあったのです。人はちょっとしたきっかけで、状況への感じ方や対応の仕方を変えられることを知りました。そのうえ、彼女とともに過ごすことは「私自身が、どう老いに向かって生きるか」の学びにもなると、気づいた瞬間でもありました。

あのときからずっと抱き続けてきた私の中の「向老学」は、友人たちに支えられ、二十五年の月日をへて、「日本向老学学会」の設立にこぎ着けることができました。設立にあたっては、関西から学会設立に詳しい講師を招き、準備のための学習会を数回行いました。一般市民のイメージにある研究者中心の敷居の高い学会ではなく、学歴・年齢不問、生活実践者を即学会員として歓迎しています。「向老学」とは、「人間が生まれ、老い、死にいたるまでのプロセスを、各個人が人間の尊厳を保ちつつ主体的に生きること、そのような人生を歩めるような社会を、いかに創造していくかを研究する学問」と、発起人たちでひとまず定義しました。

……(中略)……

最初の一年は、参加者が「老い」にかかわる体験や関心分野をお互いに紹介し合いました。高齢者福祉施設で職員として働いている若い女性は、介護労働の厳しい現実を踏まえながらも、入居者へのあたたかい配慮のうかがえる語り口でした。定年退職後に、趣味の手品で子ども会や老人クラブでボランティアをしている男性や、自宅を開放して向老学研究会を開催している人などさまざまです。毎月、夫が休暇をとって妻と参加されている四十代の夫婦は、「老い」に向かって共通認識をもつことが目的、と言っています。参加者の多様な経験を本音で語り合うことによって、相互理解を深め、向老学のありようを探る船出でした。

……(中略)……

学会には多数の男性が参加し、「男の沽券」を捨て、説教的ではなく自らを本音で語られます。会員は、経済中心の組織的なタテ社会で人生の大半を過ごす男性たちと、共働きを含めて地域社会で平面的な横のつながりのネットワークを創り上げてきた女性たち。「老いのプロセス」について、男女共学で双方の人生経験や価値観を交流させ、一人の人間としての自立への道筋を改めて創り上げていくときは「今」と、実感しています。研究会の席上、「これ、すぐコピーして!」と職場の習慣のまま隣席の女性に頼み、「それは、ご自分で。操作のご説明は、して差し上げます」といったやりとりが交わされることもたびたび。これは、なんでもないことのようですが、男性のかなりのカルチャーショックとこの種の応対をする女性の勇気が交錯している、とても前向きな瞬間といえましょう。

現在、全国の各自治体が「男女共同参画プラン」の策定を急いでいます。従来の伝統的な男女の役割分担、つまり「男性は外で働き、女性は家庭内で家事、育児、介護」の意識と習慣のままでは、高齢社会とこれから到来する超高齢社会を乗り切ることはできません。男性の生活者としての自立、女性の経済的な自活力と社会のあらゆる分野への進出、そしてそれを可能にする条件づくりが求められています。(後略)

320

●高齢社会への道

働く女と老人問題

『朝日新聞』一九七五年一月一六日

樋口恵子

老母の解放阻む共働き——難問解決へ論議のとき

この夏の盛りに母が亡くなった。最後の二年間の入院生活を除けば、七五年の生涯を家と子どものために捧《ささ》げ尽くした「女の一生」だった。母のおかげで私は、幼い娘を抱えても、安心して外に出て働くことができた。疲れて帰れば、いつでもあたたかい食事と寝床が用意してあった。私の仕事関係の電話も一手に引き受けて、電話に向かって何度もお辞儀をしながら誠実に応対した。

「おたくは〝老秘書〟がしっかりしてるからいいわねえ」「おばあちゃまに子どもを見てもらえるのがいちばん安心よ」

友人たちからは口々に羨《うらや》まれた。母もまた家庭をまかされていることに、満足しているかのようにみえた。

家事以外にも

だが、その関係に甘えていたこと自体、まちがいだったと思う。母だってほんとうは、孫の守りや家事以外にもっとやりたいことがあったかもしれない。昔の女だから学問はないが短歌に親しんだ人で、折にふれてつくった歌を鉛筆でメモしていた。しかし、それも精進し合う仲間と出会う機会も、集う時間もなくて終わった。

私が今、ささやかながら得ている女の自立。女性解放の第一の必要条件とだれもがいう経済的自立。それは実は、おばあちゃんの女性解放をふみにじったところに、かろうじて成り立っているのではないか。母が一応「満足そう」というのも、長いあいだ自分の可能性に目を向けたりしないよう飼いならされてきたからではないか。そう思って、母をつとめて外に出そうと心がけたときはもう遅かった。老後にさえ「自分の時間」を持たなかった母だけに、フランクにつき合う性格をもはや母は失っていたからである。さまざまな人たちと、ずっと私が何とか外で働けたこと、それはこれから先、ずっと私の負い目となって残ることだろう。

いずれツケが

おばあちゃんに頼る共働きの家事、育児。それはおばあちゃんという女性の解放を阻むばかりでなく、やがて働く女性自身にツケが回ってくることを忘れてはなるまい。私など自由業の身だからなんとかやりくりがついたものの、母の発病から入院前後、「もし勤め人だったら退職に追い込まれるだろう」と思うことがしばしばあった。日本の職場は家事都合上の欠勤に決して寛大ではない。老人の病気はどうしても長びくし、まして病気でなく単なる老衰となれば、わが家でだれかがつききりでみとらなければどうしようもない。そんなとき、自分の親であっても夫は決して「俺《おれ》がやめようか」はおろか「俺が一日休んで代わろうか」ともめったにいわぬものである。共働き家庭のお年寄りが寝たきりになったとき、退職するのは、賃金が夫よりも安く、伝統的に家事担当者とみなされる妻の側だ。だいいち保育期の共働きを助けてくれた功労者であることを思えば、「これが見捨てておかれようか」という気になるのが当然の人情でもある。

だが、正直いってやめるほうの女もつらい。育児のための退職ならば、それでもまだ失った仕事と引きかえに、日々子どもの成長を見、確実にいつか育児から解放される日を、喜びとともに予感することができる。それにまだ若くて、仕事への根も浅いだろう。中年過ぎて、親の看取りのため退職に追い込まれるころは、職場に根が生え、仕事は血肉と化しているはずだ。経済的に考えても、年功序列賃金が多少ともモノをいって、共働き家計簿の黒字が増えるころにやめるのだから、大きな痛手である。定年退職金まであと少し、年金までもうちょっと、しかし自分自身の老後の自立資金に目をつぶって、親の老後をみとるのだ。

接点みつめて

女が男と同じ定年まで勤めつづけるのは容易なことでない。まず出産育児という壁があるし、それを幸運にも乗り切ったとしても、今度は親の老後という壁にぶつかる。そして、第二の壁のほうが問題の解決は困難だ。子どもの保育にはとにかく保育所という場が市民権を得ている。集団保育は、単に働く親の都合だけでなく、子ども自身の発達のために必要なことがよく知られてきた。しかし、同じ発想で「保老所」を、ということはむずかしい。見ず知らずの老人が嫁や娘の就労のために一カ所に集められるとしたら、お年寄り自身がまず拒否するだろう。これまで働きつづける女が少なかったから、今、こうした問題はようやく出てきたばかりだけれど、女の自立をめざすなら、決して避けて通ることのできない問題である。

私自身、母を亡くしたばかりでいい知恵も浮かばない。しかし、どんな発想が、どんな条件整備が必要か、老人問題と婦人問題との接点を見つめ、いい分を出し合い、論議をかわす時期が来たような気がする。

地域で看る　みんなで看とる　より

『地域で看る　みんなで看とる』一九九六年

古今未曾有の超スピードで、世界最高の高齢社会へ。

日本という社会の基本的枠組みの変化は、その中を構成する私たち一人ひとりの生き方が、家族の人間関係が大きく変わることにほかなりません。

その中でも、変化の鍵を握る側は、男女でいえばどの角度からみても女性の側です。女性は男性より六歳も長生きです。心身が衰える後期高齢者は女性のほうが多いということになります。とりわけ八五歳以上では、女性は男性の二倍になります。

一人暮らし高齢者は一九九五年の国勢調査で、六五歳以上世帯の一七パーセントを占める大勢力となりました。その八割は女性です。

一九九六年七月発表の国民生活基礎調査では、在宅のいわゆる「寝たきり」高齢者(六五歳以上)は二八万四〇〇〇人、要介護高齢者は八六万一〇〇〇人、家族介護者の二人に一人以上が六〇歳以上、五人に一人が七〇歳以上と発表されました。いずれも少し以前からはっきりしていた傾向ですが、今回またすべて史上最高の数字を更新しました。そして家族として介護する人の八四パーセントが女性です。

老いを長く生きる側も女性が多いのですが、それ以上に老いを看とる側に圧倒的に女性が多く、一人暮らしもまた女性が多くを占めています。にもかかわらず、女性は日本の政策決定に関わるという点で、世界有数の貧しい地位にいます。国会(衆議院)の女性議員でいえば世界一四〇位を前後していますし、福祉の実施主体であるはずの町村議会では、女性議員が一人もいない議会がなんと四分の三を占めているのです。日本の政治手法の柱である代議制度にみるかぎり、内政上の最大の課題である高齢社会の政策に女性の声が届く道は、じつにか細いものでしかありません。

女は経済的により貧しい老後を、家族を介護した果てに一人長く生きる。施設はどれをとっても入居者は女性が七~八割。そこで働く人々も女性が多く、人間の命の質の安全保障という仕事のわりに、経済的にも恵まれていないし、社会的評価も高いとはいえません。ボランティア精神は大切なものですが、ボランティアを労働力としてアテにするとき、「社会の嫁」としての期待が込められているように思います。「嫁」労働の二大特長は、一にタダ働きかそれに近い安さであること、二に従順で文句をいわないこと、ですから。

以上いろいろ申し述べたとおり、女性にとって老いるも看とるも関わり深い存在です。そして高齢社会のキーポイントは介護です。介護の社会化こそ、今や個人のみならず、家族の崩壊を防ぎ、社会の新たな連帯の出発点とするために緊急の課題です。介護の営みは、ついの住みかのある地域で、身近に供給されて当然です。そうなると、女・老い・福祉・地域は、女というカッコにくくられて、より問題点が鮮明になってきます。(中略)

福祉を語るとき、人は女性問題を忘れがちになる。地域を語るとき、人は地域の中の男女差別に気がつきません。地方分権などいかに言葉だけ広がっても、「男男分権」では今と変わりますまい。しかし一方、フェミニズムに熱心な人は、ボランティアというと白い目を向けたり、「福祉なんて行政のおしきせ」と断じたりしがちです。

みんなで福祉を語り地域で活動するとき、本書で述べるように、女性差別やジェンダー的視点が正しく理解され、と同時に根強くある慣習的差別が解消するよう願っています。(中略)

「介護から広がれ、ゆたかなデモクラシー」。そして、「男女同権なくして地方分権なし」です。

●介護という経験

介護とは「待つこと」「入れて出すこと」なり

『お気楽フェミニストは大忙し』二〇〇三年

駒尺喜美

たった今、この街の女性情報誌のために、アヤちゃんとSさんと三人でインタビューを受けたところです。「加齢」の特集だとか。アヤちゃんはほとんど喋らなかったのですが、最後に若い人たちに一言といわれて「次に続く女性たちに何を残すか考えてください」とピシッと決めたのには驚きました。

私は「あなた方若い人は、老人というと何か特殊な動物と思うかもしれないけど、あなたたちと一緒のAさんでありBさんなのだ。一人ひとりの個性なのだ。弱者はとかくひとまとめにされるけど、そこが難しいところ」などと、もごもご言ったのでした。しかし、やっぱり老人の特質というのはあるんだよね。とにかく手がかかる。中村さんの「介護とは待つことと見つけたり」は名言ですね。私も一言付け加えると「介護とは入れて出すことなり」です。

中村さん親子の在宅介護の様子を想像してつらいものがありますが、お母さまが笑いを取り戻された由、ホッとしました。老人家族って人は暗いものに思うかもしれないけど、ほんとは笑いが絶えないのよね。トイレへ連れて行って、ウンよくウンチが出たとまるで宝くじにでも当たったみたいに大笑いし、オムツを濡らす前にトイレへ座らせたといっては大喜びし、いつもは二時間かかる食事が一時間ですんだと拍手喝采する。人が見るとバカみたいに見えることが嬉しくて、笑いの種になる。苦多ければ笑いも多しなんて、昔は絶対に軽蔑していたことを考えたりもする。年を取ったんですね。

最近、若い友人と電話で長話をしていて、老人と子どもはよく似ていることに気づきました。彼女は子育て真っ最中で、三歳になってやっとラクになったという話から、子どもも老人もこちらがイライラしていたり、早く片付けようとすれば余計にぐずる。しかし、まず相手を受け入れてちゃんと説明すれば、ぐずっていても必ずわかる。相手がわかっていてもわからなくても、手を抜かずに話をすれば通じる。結局、誰でも向き合ってほしいのだ。そしてコミュニケーションがうまくできれば、老人も子どもに負けず可愛いのだ。ま、そうは言ってもこっちも人間だから、そうそううまくいく時ばかりではないけれど、これは満更ウソの話ではない。ああだこうだの話の最後に二人で一致したことは、子育ても老人介護も苦労が苦労とならぬためには、一人で背負わぬこと、共に語り相談しあい共に笑いあえる人がいること、というのでした。

老人生活、老人介護に明け暮れているうちに、世の中はどんどん流れている。昨夜の夕刊で、映画監督の原将人さんが、ジョン・レノンの「イマジン」を国歌にしようと提言していました。賛成というよりも、私は国歌も国家もいらない。私ははじめから白旗主義なのだ。

1　リブとフェミニズム　出典一覧　抄録にともない注・文献は抄録・省略しています

ぐるーぷ・闘うおんな「便所からの解放」一九七〇年のビラ↓溝口明代・佐伯洋子・三木草子編『資料　日本ウーマン・リブ史I』松香堂書店、一九九二年
田中美津「わかってもらおうと思うは乞食の心」『いのちの女たちへ——とり乱しウーマン・リブ論』田畑書店、一九七二年↓河出文庫、ウイメンズ・コレクション、一九九二年↓増補新装版、パンドラ、二〇〇四年
「全学連第30回定期全国大会での性の差別＝排外主義と戦う決意表明」一九七一年のビラ↓『資料　日本ウーマン・リブ史I』前掲
東京こむうぬ「ひらけひらこう・ひらけごま！——ガキ持ち女がひらく扉はこれだ！」一九七一年のビラ↓溝口ほか編『資料　日本ウーマン・リブ史II』松香堂書店、一九九四年
集団エス・イー・エックス「はてしなく欲情し　はてしなく奪え！」一九七一年のビラ↓『資料　日本ウーマン・リブ史I』前掲
秋山洋子「榎美沙子と中ピ連」『女性学年報』一二号、一九九一年所収↓『リブ私史ノート——女たちの時代から』インパクト出版会、一九九三年
深見史「産の中間総括」「現代子育て考」編集委員会編『現代子育て考　その1』現代書館、一九七五年
伊藤雅子「「べつ」意識の構図」『婦人公論』一九七八年一二月号所収↓『女性問題学習の視点——国立市公民館の実践から』未来社、一九九三年
高橋ますみ「主婦の壁を破るセミナー」『女40歳の出発——経済力をつける主婦たちの輪』学陽書房、一九八六年
田中喜美子「エロスとの対話」田中・木内信胤『エロスとの対話』新潮社、一九九二年、第三部より抄録

森崎和江『第三の性――はるかなるエロス』三一新書、一九六五年（→河出文庫、ウイメンズ・コレクション、一九九二年）9より抄録
富岡多恵子「母親からの解放」『藤の衣に麻の衾』中央公論社、一九八四年、同章
岸田美智子「子宮とのつきあい」岸田・金満里編『私は女』長征社、一九八四年、同章抄録
町野美和／敦賀美奈子「あらゆる女はレズビアンになれる、もしあなたが望むなら」広渡清吾・大沢真理ほか編『フェミニズムって何だろう――あるゼミナールの記録』日本評論社、一九九〇年
金伊佐子「在日女性と解放運動――その創世期に」フェミローグの会編『フェミローグ』3、玄文社、一九九二年
皇甫康子「解題」『前夜』二〇〇五年七月夏号所収（前掲の金論文への解題）
中西豊子『女の本屋《ウィメンズブックストア》の物語』ドメス出版、二〇〇六年、7章抄録
吉武輝子『おんなたちの運動史』ミネルヴァ書房、二〇〇六年、第8章抄録
行動する会記録集編集委員会『行動する女たちが拓いた道――メキシコからニューヨークへ』未来社、一九九九年「はじめに」「プロローグ」抄録
牟田和恵「フェミニズムの歴史からみる社会運動の可能性」『社会学評論』二二六号、二〇〇六年所収より抄録
堀田碧「「男女共同参画」と「日の丸」フェミニズムとの危うい関係」『くらしと教育をつなぐWe』八二号、二〇〇〇年所収より抄録
竹信三恵子「やっぱりこわい？　ジェンダー・フリー・バッシング」木村涼子編『ジェンダー・フリー・トラブル――バッシング現象を検証する』白澤社、二〇〇五年、第1章抄録
若桑みどり「バックラッシュの流れ――なぜ「ジェンダー」が狙われるのか」若桑・加藤秀一・皆川満寿美・赤石千衣子編『「ジェンダー」の危機を超える！』青弓社、二〇〇六年、第三章抄録

北原みのり『フェミの嫌われ方』新水社、二〇〇〇年、2より抄録

上野千鶴子「闘って得たものは闘って守り抜く」『女性情報』パド・ウィメンズ・オフィス、二〇〇六年一〇月号所収

高橋ますみ『老いを楽しむ向老学』学陽書房、二〇〇三年、「はじめに」抄録

樋口恵子「働く女と老人問題」『朝日新聞』一九七五年一月一六日

同『地域で看る みんなで看とる』(シリーズ女・老い・福祉①)ミネルヴァ書房、一九九六年、「はじめに」抄録

駒尺喜美「介護とは「待つこと」「入れて出すこと」なり」駒尺・中村隆子『お気楽フェミニストは大忙し——不老少女コマタカのぼやき通信』家族社、二〇〇三年、33より抄録

●執筆者紹介

上野千鶴子　うえの　ちづこ（一九四八—　）
東京大学大学院教授。社会学

ぐるーぷ・闘うおんな　一九六九頃—
国際反戦デーのデモの主催、七一年八月のリブ合宿、七二年五月のリブ大会を実施。

田中美津　たなか　みつ（一九四三—　）
鍼灸師。治療院れらはるせ主宰

澄　江　すみえ（一九四八—　）

東京こむうぬ　一九七〇—七七
共同生活・保育。子殺し裁判救援、優生保護法やベビーカー立入禁止反対、女の駆込み寺機能も。

武田美由紀　たけだ　みゆき（一九四八—　）
会社員

集団エス・イー・エックス　一九七〇初頭—
多摩美術大学自主講座の女子学生を中心に結成。

秋山洋子　あきやま　ようこ（一九四二—　）
駿河台大学教授。女性学・中国文学

深見　史　ふかみ　ふみ（一九五三—　）
行政書士

伊藤雅子　いとう　まさこ（一九三九—　）
元・東京都国立市公民館職員

高橋ますみ　たかはし　ますみ（一九三八—　）
日本向老学学会事務局長、ＮＰＯウイン女性企画代表理事

田中喜美子　たなか　きみこ（一九三〇—　）
『ファム・ポリティク』編集長、グループわいふ代表。ライター

森崎和江　もりさき　かずえ（一九二七—　）
作家

富岡多恵子　とみおか　たえこ（一九三五―　）
作家、詩人

岸田美智子　きしだ　みちこ（一九五三―　）
生活自立センター「まいど」代表

町野美和　まちの　みわ（一九四九―　）
元・れ組スタジオ・東京会員。会社員

敦賀美奈子　つるが　みなこ（一九六〇―　）
編集者、ライター、英日翻訳者

金伊佐子　キム　イサヂャ（一九五七―二〇〇二）
「在日」二世。「朝鮮人従軍慰安婦問題を考える会」ミリネ設立メンバー

皇甫康子　ファンボ　カンヂャ（一九五七―　）
「在日」二・五世。ミリネ代表。小学校講師

中西豊子　なかにし　とよこ（一九三三―　）
編集者、書店経営者

吉武輝子　よしたけ　てるこ（一九三一―　）
評論、文筆家

行動する会記録集編集委員会
金谷千都子、小林みち子、駒野陽子、須藤昌子、高木澄子、竹内みどり、谷合規子、俵萠子、中嶋里美、中島通子、仲野暢子、盛生高子、山口智美、山田満枝、吉武輝子（五十音順）

牟田和恵　むた　かずえ（一九五六―　）
大阪大学大学院教授。社会学・女性学

堀田　碧　ほった　みどり（一九五〇―　）
翻訳・著述家。フェミニズム、ジェンダー研究

竹信三恵子　たけのぶ　みえこ（一九五三―　）
朝日新聞編集委員

若桑みどり　わかくわ　みどり（一九三五―二〇〇七）
元・千葉大学名誉教授。西洋美術史、ジェンダー文化史

北原みのり　きたはら みのり（一九七〇―　）
「ラブ・ピースクラブ」代表。文筆家

樋口恵子　ひぐち けいこ（一九三二―　）
高齢社会をよくする女性の会代表。評論家

駒尺喜美　こましゃく きみ（一九二五―二〇〇七）
ライフ・アーティスト。女性学

新編 日本のフェミニズム 1
リブとフェミニズム

2009年5月28日　第1刷発行

発行者　山口昭男

発行所　株式会社 岩波書店
〒101-8002 東京都千代田区一ツ橋 2-5-5
電話案内 03-5210-4000
http://www.iwanami.co.jp/

印刷・三陽社　カバー印刷・NPC　製本・中永製本

ISBN 978-4-00-028136-2　Printed in Japan